Als Tragikomödie, Pantomime und Komödie faßt Arthur Schnitzler die drei Stücke dieses Bandes. Friedrich Hofreiter in ›Das weite Land‹ ist ein Täter, aber kein Mörder, ein fast zwanghafter Spieler, immer bereit, sich von außen verführen zu lassen; den Glauben an sich und die Menschheit verloren, muß er zerstören, weil er nicht lieben kann. So kommt es zur Katastrophe – willkürlich, sinnlos, ausgelöst durch die Person des Protagonisten. Obgleich er agiert, bleibt er im tieferen Sinne unfrei, getrieben, weil ohne Halt, ohne Ethik. Während Friedrich Hofreiter den Untergang beschwört, bricht – wie in ›Der Schleier der Pierrette‹ – in ›Professor Bernhardi‹ das Unheil von außen herein. Aber selbst dort, wo Antisemitismus und Neid den jüdischen Arzt in die Enge zwingen, erhält dieser sich die innere Freiheit des Denkens und Handelns, begründet in einer Haltung konsequenter Toleranz, die ihm gebietet auch dort zu verstehen, wo er nicht verstanden wird. In meisterlichen Dialogen zeichnet Arthur Schnitzler ein faszinierendes Bild der menschlichen Seele, in dem Leidenschaften entflammen und wieder vergehen, um endlich den Blick freizugeben über jenes »weite Land« auf die tiefe Einsamkeit des Individuums.

Arthur Schnitzler wurde am 15. Mai 1862 in Wien geboren. Noch bevor er auf das Akademische Gymnasium kam, als Neunjähriger, versuchte er, seine ersten Dramen zu schreiben. Nach dem Abitur studierte er Medizin, wurde 1885 Aspirant und Sekundararzt; 1888 bis 1893 war er Assistent seines Vaters in der Allgemeinen Poliklinik in Wien; nach dessen Tod eröffnete er eine Privatpraxis. 1886 die ersten Veröffentlichungen in Zeitschriften, 1888 das erste Bühnenmanuskript, 1893 die erste Uraufführung, 1895 das erste Buch, die Erzählung ›Sterben‹ bei S. Fischer in Berlin. Beginn lebenslanger Freundschaften mit Hugo von Hofmannsthal, Felix Salten, Richard Beer-Hofmann und Hermann Bahr. Das dramatische und das erzählerische Werk entstehen parallel. Stets bildet der einzelne Mensch, die individuelle Gestalt »in ihrem Egoismus oder ihrer Hingabe, ihrer Bindungslosigkeit oder Opferbereitschaft, in ihrer Wahrhaftigkeit oder Verlogenheit« (Reinhard Urbach), den Mittelpunkt seiner durchweg im Wien der Jahrhundertwende angesiedelten Stoffe. Arthur Schnitzler hat, von Reisen abgesehen, seine Geburtsstadt nie verlassen; am 21. Oktober 1931 ist er dort gestorben.

Arthur Schnitzler
Das dramatische Werk

In chronologischer Ordnung

Arthur Schnitzler
Das weite Land

Dramen 1909–1912

Fischer
Taschenbuch
Verlag

6. Auflage: Dezember 1998

Ungekürzte, nach den ersten Buchausgaben durchgesehene Ausgabe
Veröffentlicht im Fischer Taschenbuch Verlag GmbH,
Frankfurt am Main, Januar 1993

Lizenzausgabe mit Genehmigung des
S. Fischer Verlags GmbH, Frankfurt am Main
© S. Fischer Verlag GmbH, Frankfurt am Main 1962
Umschlagentwurf: Buchholz / Hinsch / Hensinger
Gesamtherstellung: Clausen & Bosse, Leck
Printed in Germany
ISBN 3-596-11508-6

Inhalt

Das weite Land

Tragikomödie in fünf Akten

Personen

FRIEDRICH HOFREITER, *Fabrikant*

GENIA, *seine Frau*

ANNA MEINHOLD-AIGNER, *Schauspielerin*

OTTO, *ihr Sohn, Marine-Fähnrich*

DOKTOR VON AIGNER, *der geschiedene Gatte der Frau Meinhold*

FRAU WAHL

GUSTAV

ERNA } *ihre Kinder*

NATTER, *Bankier*

ADELE, *seine Frau*

DOKTOR FRANZ MAUER, *Arzt*

DEMETER STANZIDES, *Oberleutnant*

PAUL KREINDL

ALBERTUS RHON, *Schriftsteller*

MARIE, *seine Frau*

SERKNITZ

DOKTOR MEYER

ERSTER

ZWEITER } TOURIST

ROSENSTOCK, *Portier im Hotel am Völser Weiher*

EINE ENGLÄNDERIN

EINE FRANZÖSIN

EINE SPANIERIN

PENN, *Führer*

DIE ZWEI KINDER DER FRAU NATTER

DIE MISS

STUBENMÄDCHEN *bei Hofreiter*

TOURISTEN, HOTELGÄSTE, KELLNER, BOYS *usw.*

Ort der Handlung: Baden bei Wien; nur im dritten Akt das Hotel am Völser Weiher. Rechts und links vom Zuschauer.

Erster Akt

Veranda der Villa Hofreiter und Garten.
Rechts die Veranda, geräumig, mit Balustrade, die auch beiderseits längs der sechs in den Vorgarten führenden Stufen weiterläuft. Doppeltür von der Veranda zum Gartensalon steht offen. – Vor der Veranda Rasenplatz mit Rosensträuchern in Blüte. – Ein grüner, ziemlich hoher Holzzaun schließt den Garten ein, der Zaun biegt rückwärts im rechten Winkel um und läuft hinter der Villa weiter. Fußweg außen längs des Zauns. Fahrstraße parallel dem Fußweg. Innen, längs des Zauns Buschwerk.
Die Gartentüre, links, Mitte, der Veranda gegenüber, steht offen. Rings um den Rasenplatz Bänke: eine vorn dem Zuschauerraum gegenüber, eine der Gartentür gegenüber, eine dritte jenseits des Rasens, also mit der Lehne zum Zuschauerraum.
Auf der Veranda ein länglicher Tisch mit sechs Sesseln. In der Ecke hinten ein Oleanderbaum. Die Veranda ist durch eine rot-weiß gestreifte Markise überdeckt. Eine elektrische Lampe auf dem Tisch. Ein Wandarm rechts von der Türe. Auf dem Tisch Teegeschirr. Später Nachmittag, nach einem Gewitterregen. Wiesen und Blätter feucht. Lange Schatten der Gitterstäbe fallen in den Garten.

FRAU GENIA, *31 Jahre, einfach-vornehm gekleidet; dunkelgrauer Rock, violette Seidenbluse, sitzt am Tisch der Veranda auf dem Sessel an der Schmalseite, die dem Publikum zugekehrt ist. Sie stellt eben die Teetasse hin, sieht einen Augenblick vor sich hin, steht auf, rückt den Sessel fort, sieht nach hinten über die Balustrade in den Garten, dann geht sie über die Stufen in den Garten hinab, die Hände auf dem Rükken, wie es ihre Gewohnheit ist.*

DAS STUBENMÄDCHEN *kommt aus dem Gartensalon auf die Veranda mit einer großen Tasse, will das Teegeschirr abräumen, zögert.*
GENIA *noch auf den Stufen, wendet sich nach ihr um* Servieren Sie nur ab. Der gnädige Herr wird wohl in der Stadt Tee getrunken haben. *Nach einer kleinen Pause, in der sie den Himmel betrachtet.* Übrigens könnten Sie aufziehen.

STUBENMÄDCHEN *während sie das Serviertablett hinstellt und die Markise hochzieht* Soll ich der gnädigen Frau nicht was zum Umnehmen bringen? Es ist kühl geworden.

GENIA Ja. Den weißen Mantel. *Sie riecht an einer Rose am Strauch, dann setzt sie ihren Spaziergang fort, längs der Veranda nach hinten.*

STUBENMÄDCHEN *hat die Markise ganz aufgezogen, räumt ab und entfernt sich mit dem Teegeschirr.*

FRAU WAHL *und* ERNA *kommen auf der Straße von rückwärts, längs des Zauns und nähern sich dem Eingang.*

GENIA *weitergehend längs der Wiese, nähert sich gleichfalls dem Eingang.*

FRAU WAHL *und* ERNA *grüßen schon von draußen durch Kopfnicken.*

GENIA *winkt leicht mit der Hand, beschleunigt ihre Schritte ein wenig und trifft am Tor mit beiden zusammen.*

FRAU WAHL *und* ERNA, *beide in dunkeln englischen Kostümen mit Jacke, bleiben stehn.*

FRAU WAHL, *schlank, beweglich, etwa 45, von einer gewissen lässigen, aber sehr bewußten Vornehmheit. Sie näselt ein wenig, spricht ein nicht ganz echtes Aristokratisch-Wienerisch. Blick und Redeweise bald zu müde, bald zu lebhaft. Während sie spricht, schaut sie meist an ihrem Partner vorbei und erst, wenn sie zu Ende geredet hat, betrachtet sie ihr Gegenüber freundlich-forschend, wie um sich beruhigt zu finden.*

ERNA, *größer als ihre Mutter, schlank, bestimmt und gradheraus bis zur Unbedenklichkeit, ohne vorlaut zu wirken. Fester, unbefangener Blick.*

GENIA *reicht beiden freundlich die Hand* Wohlbehalten aus der Stadt zurück?

FRAU WAHL Wie Sie sehn, liebe Frau Genia. Es war ein fürchterliches Wetter.

GENIA Bei uns heraußen auch bis vor einer Stunde.

FRAU WAHL Sie haben schon recht gehabt, daß Sie lieber zu Hause geblieben sind. Auf dem Friedhof ist man geradezu versunken. Ich bin wirklich nur Erna zu Liebe mit hinausgefahren. Es hätte wohl genügt, der Zeremonie in der Kirche beizuwohnen – meiner Ansicht nach! Ich bitte Sie, wem erweist man am Ende einen Dienst damit...

ERNA Da hat die Mama freilich recht... Zum Leben haben wir ihn doch nicht wieder erweckt, den armen Korsakow.

GENIA Die Beteiligung war wohl sehr groß?

FRAU WAHL Enorm. In der Kirche hat man sich kaum rühren können. Und auch auf dem Friedhof waren sicher ein paar hundert Menschen – trotz des miserablen Wetters.

GENIA Viele Bekannte?

FRAU WAHL Ja, natürlich... Natters kamen in ihrem neuen scharlachroten Automobil angefahren.

GENIA *lächelnd* Von dem hab' ich schon gehört.

FRAU WAHL Es hat einen phantastischen Eindruck gemacht, an der Friedhofsmauer... Nicht g'rad phantastisch, aber sonderbar hat's schon ausgeschaut...

DAS STUBENMÄDCHEN *kommt mit dem weißen Mantel, den sie Genia umgibt* Küss' die Hand, gnädige Frau, küss' die Hand, Fräulein.

FRAU WAHL *leutselig* Grüß' Sie Gott, liebe Kathie.

ERNA Guten Abend.

Stubenmädchen ab.

GENIA Haben Sie meinen Mann nicht gesprochen, draußen auf dem Friedhof?

FRAU WAHL Ja... flüchtig.

ERNA Er war sehr erschüttert.

GENIA Das denk' ich mir.

ERNA Ich hab' mich eigentlich gewundert. Er gehört doch sonst nicht zu den Menschen, denen leicht etwas nahe geht.

GENIA *lächelnd* Wie genau Sie ihn kennen.

ERNA Nun, sollt' ich nicht? *Sehr einfach* Schon als siebenjähriges Mädel hab' ich ihn geliebt. Lang vor Ihnen, gnädige Frau.

GENIA Schon wieder »gnädige Frau«.

ERNA *beinahe zärtlich* Frau Genia. *Küßt ihr die Hand.*

GENIA Er hat übrigens Alexei Korsakow sehr gerne gehabt.

ERNA Offenbar. – Früher dacht' ich nämlich, daß Korsakow einfach – ein Klavierspieler gewesen ist.

GENIA Wie meinen Sie das... ein Klavierspieler?

ERNA Nun, so wie der Doktor Mauer sein guter Freund ist, Herr Natter sein Bankier, ich seine Tennispartnerin, der Oberleutnant Stanzides... sein Sekundant.

GENIA Oh...

ERNA Wenn's einmal zu so was käme, mein' ich... Er nimmt sich von jedem, was ihm gerade konveniert, und um das, was sonst in dem Menschen stecken mag, kümmert er sich kaum.

FRAU WAHL Wissen Sie, Frau Genia, wie mein seliger Mann solche Bemerkungen von Erna zu nennen pflegte? Ihre Produktionen auf dem psychologischen Seil.

OTTO VON AIGNER *kommt herbei, grüßt beim Tor* Guten Abend.

GENIA Guten Abend, Herr von Aigner. Wollen Sie nicht ein wenig zu uns hereinkommen?

OTTO Wenn's gestattet ist. *Er tritt in den Garten. Er ist ein fünfundzwanzigjähriger junger Mann, von zurückhaltendem und liebenswürdigem Benehmen; trägt die Uniform eines Marinefähnrichs. Begrüßung.*

GENIA Wie geht's Ihrer Frau Mama? Ich hatte eigentlich gehofft, sie heute Nachmittag bei mir zu sehen.

OTTO Ist sie nicht gestern bei Ihnen gewesen, gnädige Frau?

GENIA Ja. Und vorgestern auch. *Lächelnd* Sie hat mich eben ein wenig verwöhnt.

OTTO Meine Mutter ist schon vor zwei Stunden in die Stadt gefahren. Sie hat heute abend zu spielen. *Zu Frau Wahl und Erna* Die Damen waren heute wohl auch in der Stadt? Ich sah Sie in der Früh' während dieses schrecklichen Wolkenbruchs zur Bahn fahren.

FRAU WAHL Wir haben dem Begräbnis von Korsakow beigewohnt.

OTTO Richtig, das war ja heute. Weiß man eigentlich, warum er sich umgebracht hat?

ERNA Nein.

FRAU WAHL Irgendwer heut' auf dem Friedhof meinte, es sei ein Selbstmord aus gekränktem Ehrgeiz gewesen.

GENIA Wie –? ... Korsakow...?

FRAU WAHL Ja. Weil er nämlich immer zu hören bekam, er könne nur Chopin spielen und Schumann – aber keinen Beethoven und keinen Bach... Ich hab' es übrigens auch gefunden.

OTTO Daß einen so was in den Tod treiben sollte, ist doch etwas unwahrscheinlich. Hat er keine Abschiedsbriefe hinterlassen?

ERNA Korsakow hat nicht zu den Menschen gehört, die Abschiedsbriefe schreiben.

FRAU WAHL Woher weißt du das wieder so bestimmt?

ERNA Dazu war er viel zu klug und zu geschmackvoll. Er hat eben gewußt, was das heißt: tot sein. Und daher war es ihm ganz egal, was die Leute am nächsten Morgen für ein Gesicht dazu machen werden.

OTTO Irgendwo hab' ich gelesen, daß er am Abend vor seinem Selbstmord noch mit einigen Freunden soupiert haben soll... in bester Laune...

FRAU WAHL Ja, das steht dann immer in der Zeitung.

GENIA Diesmal stimmt es zufällig. – Das weiß ich nämlich, weil mein Mann auch unter diesen Freunden gewesen ist, die mit ihm soupiert haben.

FRAU WAHL Ah...

GENIA *beiläufig* Er hat ja manchmal bis spät abends in der Stadt zu tun, und dann soupiert er immer im Imperial, – an einer Art Stammtisch – noch aus seinen Junggesellentagen. In der letzten Zeit war auch Korsakow oft dabei, der im Hotel gewohnt hat. Und wie mir Friedrich selbst erzählte, – es war ihm an diesem letzten Abend nicht das geringste anzumerken. Sie haben nachher im Kaffeehaus noch miteinander Billard gespielt.

FRAU WAHL Wie, Ihr Mann und Korsakow?

GENIA Ja. Sie haben sogar gewettet – und Friedrich hat verloren. Am nächsten Morgen, vom Bureau aus, hat er den Diener ins Hotel geschickt mit den verwetteten Zigarren... und – wissen Sie denn das nicht? Der Diener war es ja, der die Sache entdeckt hat.

FRAU WAHL Wieso denn?

GENIA Nun, er klopfte ein paarmal, niemand rief herein, endlich öffnete er die Türe, um die Zigarren zu deponieren und...

ERNA Da lag Korsakow tot...

GENIA Ja. Tot auf dem Diwan, den Revolver noch in der Hand... *Pause.*

FRAU WAHL Ihr Diener muß nicht wenig erschrocken sein. – Was hat er denn mit den Zigarren gemacht? Hat er sie dort stehn lassen?

ERNA Die Mama ist für historische Genauigkeit.

GENIA Verzeihen Sie, Frau von Wahl, aber darnach zu fragen hab' ich wirklich total vergessen.
Geräusch von einem Auto.

FRAU WAHL Es hält hier.

GENIA Das ist Friedrich...

ERNA Da könnte man gleich eine Tennispartie verabreden. Ist der Platz schon instand gesetzt?

OTTO Natürlich. Ich hab' gestern mit Herrn Hofreiter zwei Stunden gesingelt.

FRAU WAHL Er war in der Stimmung, Tennis zu spielen?

ERNA Warum soll er denn nicht in der Stimmung gewesen sein, Mama? Daran kann ich nun gar nichts finden. Auf meinem Grab dürfte man Cake walk tanzen oder sogar Machich... oh ja... Es wäre mir eher ein sympathischer Gedanke.

DOKTOR MAUER *kommt. Fünfunddreißig Jahre, groß, blonder Vollbart, Zwicker, Narbe von einem Säbelhieb auf der Stirne, dunkler Sakkoanzug, nicht elegant, aber durchaus nicht nachlässig gekleidet* Guten Abend, meine Herrschaften.

GENIA Sie sind's, Doktor?

MAUER *alle sehr schnell begrüßend* Küss' die Hand, gnädige Frau. *Zu Frau Wahl* Guten Abend, Fräulein Erna, guten Abend Herr Fähnrich. *Zu Genia* Der Friedrich läßt sich schön empfehlen, Frau Genia, er hat noch in der Fabrik zu tun. Ich bin mit ihm bis hin gefahren, und er war so freundlich, mir das Auto zu überlassen für ein paar Kranken-Visiten, die ich da heraußen zu machen habe. Er kommt später mit der Bahn.

FRAU WAHL Wir müssen uns leider empfehlen. *Zu Mauer* Hoffentlich sehen wir Sie auch bald einmal bei uns, Herr Doktor. Trotzdem wir uns, gottlob, eines ungestörten Wohlbefindens erfreuen.

ERNA Sie müssen aber bald kommen, Doktor, im Juli reisen wir nämlich nach Tirol, an den Völser Weiher.

MAUER Ah!

FRAU WAHL Wir haben dort Rendezvous mit dem Gustl. *Zu Otto* Das ist nämlich mein Sohn, der reist das ganze Jahr herum. Na, nicht grad das ganze – aber recht viel... das kann man schon sagen... Voriges Jahr war er in Indien.

ERNA Und ich möcht' wieder einmal kraxeln.

MAUER So? Da trifft man sich vielleicht auf irgendeiner Felsenspitze. Mich zieht es nämlich auch in die Dolomiten. *Zu Genia* Und ich will nicht verhehlen, gnädige Frau, daß ich große Lust hab', mir heuer den Friedrich dazu auszuborgen.

GENIA Zu Dolomitentouren –? ... Was sagt er denn dazu...?

MAUER Er scheint nicht gänzlich abgeneigt.

FRAU WAHL Ich hab' gemeint, daß der Friedrich seit... seit... dem Unglück von damals das Bergsteigen ganz aufgegeben hat.

MAUER Aber doch nicht für immer.

GENIA *zu Otto, erklärend* Ein Freund meines Mannes, ein gewisser Doktor Bernhaupt, ist nämlich direkt von seiner Seite weg von einem Felsen abgestürzt und auf der Stelle tot geblieben. Es sind übrigens schon sieben Jahre her.

OTTO *zu Genia* So? An dieser Partie hat Ihr Herr Gemahl teilgenommen?

ERNA *nachdenklich* Man muß sagen... er hat nicht viel Glück mit seinen Freunden.

GENIA *zu Otto* Sie wissen von dieser Geschichte?

OTTO Sie blieb mir begreiflicherweise im Gedächtnis, da sie gerade auf dem Felsen passiert ist, den – mein Vater vor mehr als zwanzig Jahren als allererster bestiegen hat.

GENIA Richtig, der Aignerturm war es.

MAUER Der Aignerturm... Man hat wirklich schon ganz vergessen, daß der nach einem lebendigen Menschen so heißt. *Kleine Pause.*

ERNA Das muß doch eigentlich ein sonderbares Gefühl für Sie sein, Herr Fähnrich, daß da in den Dolomiten ein Felsen steht, mit dem Sie gewissermaßen verwandt sind.

OTTO Das ist gar nicht so sonderbar, Fräulein. Beide sind mir nämlich ziemlich fremd, der Felsen und mein Vater. Ich war ein Bub' von vier oder fünf Jahren, als sich meine Eltern von einander trennten...

FRAU WAHL Und seither haben Sie Ihren Herrn Papa nicht mehr gesehen?

OTTO Es fügte sich so...
Pause.

ERNA *zum Gehen auffordernd* Also Mama... ich denke, es wäre Zeit.

FRAU WAHL Ja, wahrhaftig! ... Wann wir überhaupt mit dem Auspacken fertig werden sollen! *Zu Mauer* Wir sind nämlich erst am Sonntag herausgezogen. Wir führen noch nicht einmal Menage... Wir müssen in diesem entsetzlichen Kurpark unsere Mahlzeiten nehmen.

ERNA Aber Mama, es schmeckt dir doch sehr gut.

FRAU WAHL Aber so viel Leut' sind immer dort, besonders abends... Also auf Wiedersehn, Frau Genia... Gehn S' ein Stückerl mit uns, Herr Fähnrich?

OTTO Wenn's erlaubt ist... Adieu, gnädige Frau, bitte mich dem Herrn Gemahl zu empfehlen.

ERNA Auf Wiedersehn, Frau Genia. Adieu, Herr Doktor.
Verabschiedung. Frau Wahl, Erna, Otto ab.

GENIA, MAUER

MAUER *nach einer kleinen Pause, hat Erna nachgesehen* Das ist eine, der man beinahe die Mutter verzeihn könnte.

GENIA Auch nicht die schlimmste, die gute Frau Wahl... Ich find' sie eher amüsant. Wenn's also nur daran liegt! *Während sie der Veranda zugeht* Ich hab's Ihnen neulich schon gesagt, überlegen Sie sich die Sache, Doktor.

MAUER *halb im Scherz* Ich glaube, ich bin ihr nicht elegant genug. *Folgt ihr allmählich.*

GENIA *ein paar Stufen hinauf* Ich hab' übrigens gar nicht gewußt, daß Friedrich auch nachher noch im Bureau zu tun hätte.

MAUER Ja, das sollt' ich Ihnen noch ausrichten, Frau Genia, er muß eine wichtige Depesche abwarten.

GENIA Amerika?

MAUER Ja. Wegen der Patentangelegenheit mit seinen neu erfundenen Glühlichtern.

GENIA Es ist nur eine Verbesserung, Doktor! *Setzt sich.*

MAUER *stehend an die Balustrade gelehnt* Wie immer, jedenfalls scheint die Sache gewaltige Dimensionen anzunehmen. Ich höre, er will zubaun zu der Fabrik; den Häuserblock daneben ankaufen...

GENIA Ja...

MAUER Und nebstbei hat sich wieder das Konsortium gemeldet, das ihm so nachläuft, wegen Ankaufs der Fabrik. Morgen früh hat er eine Konferenz mit seinem Bankier.

GENIA Mit Natter.

MAUER Natürlich, mit Natter.

GENIA Sie waren auch beim Begräbnis, die Natters, hör' ich.

MAUER Ja.

GENIA Das scharlachrote Automobil soll großes Aufsehen gemacht haben.

MAUER Ja, was ist da zu machen? Es ist nun einmal scharlachrot. *Kleine Pause.*

GENIA *sieht Mauer schwach lächelnd an.*

MAUER Übrigens – die Geschichte ist aus.

GENIA *weiter ruhig lächelnd* Wissen Sie das ganz bestimmt?

MAUER Ich kann Sie versichern, Genia.

GENIA Hat Ihnen Friedrich etwa...

MAUER Nein, von dergleichen spricht er ja nie. Aber wozu hätte man seinen diagnostischen Blick. Es ist sogar schon geraume Zeit her, daß es aus ist. Ich versichere Sie, Frau Genia, Friedrich ist tatsächlich immer im Bureau oder in der Fabrik. Sie kennen ihn ja! Seine neuen Glühlichter müssen die Welt erobern, sonst macht ihm die ganze Sache keinen Spaß. Frau Natter existiert also nicht mehr für ihn.

GENIA Es ist immerhin beruhigend, so etwas zu hören.

MAUER Zur Unruhe war doch wahrhaftig nie ein Anlaß. Adelchen ist im Grunde die harmloseste Person von der Welt. Wenn man nicht zufällig wüßte –

GENIA Ja, sie! Von ihr aus drohte keinerlei Gefahr. Aber Herrn Natter halt' ich bei all seiner äußern Liebenswürdigkeit und Gutmütigkeit für einen brutalen Menschen. Sogar für etwas tückisch. Und manchmal hab' ich schon Angst gehabt um Friedrich. Das können Sie sich ja denken. Angst, wie um einen Sohn, – einen ziemlich erwachsenen, der sich in zweifelhafte Abenteuer einläßt.

MAUER *sitzt ihr gegenüber* Es ist wirklich interessant, wie Sie diese Dinge auffassen. Man möchte fast glauben, daß Frauen, die zu Müttern geboren sind, gelegentlich die Gabe besitzen – es auch für ihre Gatten zu sein.

GENIA Oder zu werden, lieber Doktor. Es war mir ja nicht immer so mütterlich zumute. In früherer Zeit war ich mehr als einmal nahe daran, auf und davon zu gehen.

MAUER Oh! –

GENIA Mit meinem Buben natürlich. Den Percy hätt' ich ihm nicht gelassen, da können Sie ruhig sein!

MAUER Sie wollten einmal von Friedrich fortgehen...?

GENIA Ja, das wollt' ich... Und ein anderes Mal hab' ich mich sogar umbringen wollen. Das ist freilich schon lange her. Vielleicht kommt's mir jetzt auch nur so vor, daß ich das –

MAUER Gewiß... Das hätten Sie nie und nimmer getan... Schon um ihm keine Ungelegenheiten zu verursachen.

GENIA Halten Sie mich für so rücksichtsvoll? Das ist ein Irrtum, Doktor... Es gab sogar eine Zeit, in der ich das Rücksichtsloseste vorhatte, was eine Frau einem Mann und besonders einem eiteln antun kann. Mich... zu rächen.

MAUER Zu rächen?

GENIA Sagen wir: zu revanchieren.

MAUER Ach so... Das wär jedenfalls das einfachste gewesen. Und hätte vielleicht auch sonst manches für sich gehabt. Na, vielleicht kommt's noch. Es kann auch Ihnen einmal die Stunde des Schicksals schlagen, Frau Genia.

GENIA Und es müßte am Ende gar nicht die Stunde des Schicksals sein.

MAUER *ernst* Bei Ihnen schon. Das ist es eben. Eigentlich schade.
Mein Gerechtigkeitsgefühl wehrt sich schon lange entschieden dagegen, daß gerade mein alter Freund Friedrich – nicht
bezahlen sollte.

GENIA Und wer sagt Ihnen, lieber Doktor, daß Friedrich nicht
bezahlt? Muß es denn gerade in gleicher Münze sein? Er bezahlt schon – in seiner Weise! Es geht ihm wirklich nicht so
gut, wie Sie glauben. Auch nicht so gut, wie er selber manchmal glaubt. Zuweilen tut er mir geradezu leid. Wirklich,
Doktor, manchmal denk' ich, es ist ein Dämon, der ihn so
treibt.

MAUER Ein Dämon –? Na ja! . . . aber es gibt Frauen, die ihren
Herrn Gemahl samt dem Dämon zum Teufel jagten in einem
solchen Fall . . . *auf einen fragenden Blick Genias* wie es seinerzeit
zum Beispiel die Mutter des Herrn Fähnrich mit ihrem doch
auch ziemlich dämonischen Gemahl gemacht hat.

GENIA Vielleicht hat sie ihren Gatten mehr geliebt als ich den
meinen. Vielleicht ist es überhaupt die höhere Art von Liebe,
die nicht verzeiht.

FRIEDRICH HOFREITER *kommt. Schlank, nicht sehr groß, schmales,
feines Gesicht, dunkler Schnurrbart, englisch gestutzt, blondes grau
meliertes, rechts gescheiteltes Haar. Er trägt Zwicker ohne Band,
den er manchmal abnimmt; geht etwas nach vorn gebeugt. Kleine,
ein wenig zusammengekniffene Augen. Liebenswürdige weiche,
beinahe weichliche Art zu reden, die manchmal ins ironisch Bissige
umschlägt. Seine Bewegungen sind geschmeidig, aber verraten Energie. Er ist mit Eleganz, ganz ohne Geckenhaftigkeit gekleidet;
dunkler Sakkoanzug, darüber offener schwarzer Überzieher mit
breitem Atlasrevers, runder schwarzer Hut, schlanker Regenschirm
mit einfachem Griff. – Noch am Tor* Guten Abend. *Im Hereinkommen* Servus Mauer. *Mit einem eigentümlichen Lachen, das zu
seinen Gewohnheiten gehört und das oft klingt, als wenn er sich über
den Angeredeten lustig machen wollte.*

MAUER Grüß' dich Gott, Friedrich. *Steht auf.*

21

FRIEDRICH *über die Stiege auf die Veranda, küßt Genia flüchtig auf die* *Stirn* Guten Abend, Genia. Wie geht's? Gibt's was Neues? Briefe?

GENIA Gar nichts. Die Abendpost ist übrigens noch nicht da.

FRIEDRICH *sieht auf die Uhr* Dreiviertel sieben. Den Briefträger sollt' man auch pensionieren. Von Jahr zu Jahr wird er langweiliger. Das läßt sich direkt beobachten. Vor drei Jahren war die Abendpost immer um halb sieben da. Jetzt selten vor halb acht. Wenn das so weitergeht, wird er nächstens um Mitternacht angetanzt kommen.

GENIA Willst du vielleicht noch einen Tee?

FRIEDRICH Dank' schön... Ich hab' im Bureau einen getrunken. Gut war er nicht. Also hat dir der Mauer ausgerichtet...?

GENIA Ja... Ist die Depesche aus Amerika gekommen?

FRIEDRICH Natürlich... Und es ist so gut wie sicher, daß ich gegen Herbst hinübermuß.

GENIA Du wolltest ja einen Herrn aus dem Bureau hinüberschicken.

FRIEDRICH Ah – ich muß ja doch alles selber machen. Willst mitfahren, Genia? Am 29. August von Liverpool, oder am 2. September von Hamburg. Norddeutscher Lloyd. Vom King James kenn' ich den Kapitän.

GENIA Wir sprechen uns noch bis dahin, nicht?

FRIEDRICH Ich hoffe das Vergnügen zu haben. *Er setzt sich.*

GENIA Es wird dir warm sein im Überzieher.

FRIEDRICH Nein, ich find' es eher kühl. Ein Wetter war das. Hat's auch hier so gegossen? Auf dem Friedhof war ein Quatsch! – Womit ich nicht die Reden gemeint habe. Sei froh, daß du nicht... Wirklich, das sollt' endlich abgeschafft werden! Was die wieder zusammengeplauscht haben. – *Pause* Na, Mauer, wie bist du denn herausgekommen? Nichts passiert? Wie seid's ihr denn gefahren? Zehn Kilometer die Stund', was? Auf mehr läßt du dich doch nicht ein.

MAUER Du kannst mich lang frotzeln. Ich trau' keinem Chauffeur. Ich bin ganz wie du, ich verlass' mich nur auf mich selber. In den letzten acht Tagen hab' ich wieder drei Verletzungen nach Automobilunfällen in Behandlung gekriegt.

FRIEDRICH Richtig, wie geht's denn dem Stanzides?

MAUER Für einen doppelt gebrochenen Arm gut genug. Ich will jetzt eben noch zu ihm hinschaun. Sehr ungeduldig ist er halt. Und er sollte eigentlich froh sein, daß er sich nicht das Genick gebrochen hat.

FRIEDRICH Ich auch, das vergißt du. Ich bin nämlich auch zehn Meter weit auf die Straße hinaus geflogen. – Aber es ist schon wahr, die Versicherungsgesellschaften werden bald keine Bekannten von mir annehmen wollen.

MAUER Du hast wirklich kein Glück mit deinen Freunden, wie das vor einer halben Stunde die Erna Wahl behauptet hat.

FRIEDRICH So, die Erna ist dagewesen?

GENIA Ja, mit der Mutter. Sind eben in Begleitung des Herrn Fähnrich fortgegangen.

FRIEDRICH So, der Otto war auch da? ... *Zu Mauer* Hast ihn g'sehn?

MAUER Ja.

FRIEDRICH Wie g'fallt er dir denn eigentlich?

MAUER *etwas befremdet von der Frage* Ein ganz netter Bursch.

FRIEDRICH Merkwürdig, wie er an seinen Vater erinnert! Dieselbe Couleur in Grau. Findest du nicht?

MAUER Möglich... Der Doktor von Aigner war übrigens nie mein Fall. Zu viel Poseur für meinen Geschmack.

FRIEDRICH Ah, er hat nur Stil. Das verwechselt man oft. Auch schon lang her, daß ich ihn zuletzt gesehn hab'. Vor sieben Jahren. In Bozen. Erinnerst du dich, Genia?

GENIA Freilich. *Zu Mauer* Mir hat er sehr gut gefallen.

FRIEDRICH Ja, er hat damals eine gute Zeit gehabt. Jedenfalls war er besser aufgelegt wie ich. *Zu Mauer* Weißt, das war nämlich grad ein paar Tag', nachdem die Geschichte mit dem Bernhaupt passiert ist. Na und der Aigner ist damals gerade von einer Wahlreise zurückgekommen; sehr montiert; irgendwo war er angeschossen worden, in einem südtirolischen Nest, von Irredentisten, darauf hat er natürlich von den Deutschen riesige Ovationen bekommen... nebstbei hat er jeden Tag zwei bis drei Reden zu halten gehabt...

MAUER Reden! Ja! Das war immer sein Fall. Schon damals als Präsident im Touristenklub, wie ich im Ausschuß war. Na, und gar jetzt als Abgeordneter ... Da hat er reichlich Gelegenheit!

FRIEDRICH Ah, er redt nicht nur; – er tut auch was fürs Land. Die neuen Dolomitenstraßen wären ohne ihn nie gebaut worden. Und diese Riesenhotels und die Automobilverbindungen, eigentlich alles sein Werk! Und nebstbei hat er in jedem Tiroler Dorf mindestens ein Kind. Auch außerhalb seines Wahlkreises.

MAUER Also gut, sagen wir, er hat Stil. O – Aber ich muß jetzt gehn. Der Stanzides wird mich schon erwarten. –

FRIEDRICH Grüß' ihn schön von mir. Ich schau' vielleicht morgen zu ihm hinauf. Zum Nachtmahl kommst du doch wieder her?

MAUER Ich weiß nicht.

FRIEDRICH Aber selbstverständlich.

MAUER *zögernd* Danke. Ich fahr' doch lieber mit dem Zehn-Uhr-zwanzig-Zug hinein. Ich hab' morgen früh im Spital zu tun.

FRIEDRICH Bist du abergläubisch, Mauer?

MAUER Warum denn?

FRIEDRICH Na, ich hab' gedacht, vielleicht willst du nicht im Fremdenzimmer schlafen, weil der arme Korsakow vor acht Tagen oben übernachtet hat. Aber ich glaube nicht, daß die Toten schon in der ersten Nacht Ausgang kriegen zum Erscheinen.

MAUER Wenn man dich so reden hört ...!

FRIEDRICH *plötzlich ernst* Kinder, es ist doch scheußlich! Vor acht Tagen hat er da oben geschlafen, und am Abend vorher hat er noch Klavier gespielt da drin – Chopin – das cis-moll-Nocturno – und was von Schumann –, und da auf der Veranda sind wir gesessen, der Otto war auch dabei und das Natternpaar, – wer von uns hätt' sich das träumen lassen! – Wenn man nur eine Ahnung hätte, warum? Na, Genia, – hat er dir auch nichts g'sagt?

GENIA Mir? ...

24

FRIEDRICH *ohne Genias Haltung Bedeutung beizulegen* Plötzliche Sinnesverwirrung, sagen die Leute. Aber es soll uns erst einer sagen, was das heißt: plötzliche Sinnesverwirrung. Na, Mauer, möchtest du mir's vielleicht erklären?

MAUER Erstens bin ich kein Psychiater – und zweitens wunder' ich mich nie, wenn sich wer umbringt. Wir sind alle so oft nahe daran. Ich hab' mich einmal umbringen wollen, mit vierzehn Jahren, weil mich ein Professor ins Klassenbuch geschrieben hat.

FRIEDRICH In einem solchen Falle hätt' ich lieber den Professor umgebracht... Nur wäre ich dann ein Massenmörder geworden.

MAUER Ich bitt' dich, ein Künstler! Die sind alle mehr oder weniger anormal. Schon, daß sie sich so wichtig nehmen. Der Ehrgeiz an und für sich ist ja eine Geistesstörung. Dieses Spekulieren auf die Unsterblichkeit! Und die reproduzierenden Künstler, die haben's gar schlecht. Sie mögen so groß sein, wie sie wollen, es bleibt doch nichts übrig als der Name und nichts von dem, was sie geleistet haben. Ich glaub' schon, daß einen das verrückt machen kann.

FRIEDRICH Aber was redst denn! Du hast ihn ja nicht gekannt. Ihr habt ihn ja alle nicht gekannt. Ehrgeiz... Der? – Dazu war er ja viel zu gescheit! Zu philosophisch könnt' man sagen. Die Klavierspielerei war ihm in Wirklichkeit Nebensache. Habt ihr denn eine Ahnung, für was alles der sich interessiert hat? Den Kant und den Schopenhauer und den Nietzsche hat er im kleinen Finger gehabt, und den Marx und den Proudhon gleichfalls. Es war ja fabelhaft. Ich weiß schon, wen ich mir aussuch' zum Konversieren... Und dabei täglich sechs Stunden üben! Wo er nur die Zeit zu dem allen hergenommen hat? – Und siebenundzwanzig Jahre! Und bringt sich um. Herr Gott, was hat so ein Kerl noch alles vor sich gehabt. Jung und berühmt, ganz hübsch obendrein – und schießt sich tot. Wenn das ein alter Esel tut, dem das Leben nichts mehr bieten kann... Aber grad die... Na. – Und noch am Abend vorher sitzt man zusammen mit so einem Menschen, beim Nachtmahl – und spielt Billard mit ihm... Was ist denn, Genia? Was ist denn da zum lachen?

GENIA Ich hab' die Geschichte eben der Frau Wahl erzählt. Sie hat sich sofort erkundigt, wo die Zigarren hingekommen sind, die du ihm am nächsten Tag geschickt hast.

FRIEDRICH Ha! ... Die ist doch unbezahlbar. *Nimmt eine Zigarrentasche heraus, offeriert dem Mauer* Du bist ja nicht abergläubisch. Ich rauch' grad auch eine. Der Franz hat sie mir natürlich zurückgebracht.

MAUER Danke. Es ist eigentlich schad' drum vor dem Nachtmahl. *Nimmt sie.*

FRIEDRICH *gibt ihm Feuer.*

STUBENMÄDCHEN *kommt mit Briefen.*

GENIA *nimmt sie ihr aus der Hand.* Eine Karte von Percy.

FRIEDRICH Dear mother. An dich. Schon wieder nur eine Karte. So ein fauler Strick.

MAUER Was soll denn ein dreizehnjähriger Bursch Briefe schreiben. Und gar noch englisch.

FRIEDRICH Kann er grad so gut wie deutsch.

MAUER Also auf Wiedersehn. In einer halben Stunde bin ich wieder da. Die Zigarre hat übrigens wirklich keine Luft. Das ist kein Aberglaube. Bleib nur. *Ab.*

FRIEDRICH, GENIA

FRIEDRICH Ja, es war ganz gut, daß du nicht hineingefahren bist, Genia. Die Reden... und das Wetter dazu. *Er sieht die Briefschaften und die Zeitungen flüchtig durch* Übrigens, wie man den Sarg in die Erde gesenkt hat, ist plötzlich die Sonne hervorgekommen. – *Pause* Ist heut nicht Donnerstag? Heut hätt' er ja bei uns nachtmahlen sollen. Das muß man dem Mauer auch noch sagen... Geh, laß mich doch die Karte vom Percy anschaun.

GENIA *reicht sie ihm* In vier Wochen ist er da.

FRIEDRICH *lesend* Ja. Also die beste griechische Aufgabe. Na, auch nicht schlecht. Vielleicht wird er Philolog oder Archäolog. Hast du übrigens gestern im Daily Telegraph den Artikel über die neuen Ausgrabungen in Kreta gelesen?

GENIA Nein.

FRIEDRICH Sehr interessant. Da müßte man eigentlich auch einmal hin. Ja. *Pause.*

GENIA Was du da früher von Amerika gesagt hast, – ist das dein Ernst?

FRIEDRICH Natürlich. Na, hättest du keine Lust, Genia? In New York selbst hätt' ich nicht lang zu tun. Aber dafür auch in Chicago und in Washington, und St. Louis… Und ich finde, es wäre unverantwortlich, wenn man bei dieser Gelegenheit nicht weiter rutschte; – hinüber bis nach San Francisco. Erinnerst du dich, wie uns der arme Korsakow von seiner Tournee durch Kalifornien erzählt hat? Es muß schon prachtvoll sein.

GENIA Das wäre ja dann eine Reise von ein paar Monaten.

FRIEDRICH Ja, wenn bis dahin hier alles in Gang gebracht ist, insbesondere der Neubau, dann könnte man die Reise wohl bis zum Frühjahr ausdehnen… Na, überleg's dir.

GENIA *schüttelt langsam den Kopf.*

FRIEDRICH Hast Angst vor der Seefahrt? Ich bitt' dich, jetzt auf den neuen Schiffen! Und übrigens ist soeben wieder ein vollkommen sicheres Mittel gegen Seekrankheit erfunden worden. Vibrationselektrizität.

GENIA Ich glaub' nicht, daß ich mich entschließen werde. Trotz der Vibrationselektrizität. Aber eine andere Idee hätt' ich…

FRIEDRICH Und zwar?

GENIA Während du drüben bist, möcht' ich in England bleiben – beim Percy.

FRIEDRICH *sieht sie von der Seite an* Hm. Du hättest nicht viel von ihm.

GENIA Er könnte ja während der Zeit als Externist weiterstudieren. Grad so wie die Buben von meiner Schwester, der Mary. Und ich könnte mit ihm zusammenwohnen.

FRIEDRICH Was sind denn das… wie kommst du denn so plötzlich auf diese Idee…?

GENIA Nicht so plötzlich. Ich habe erst neulich mit dir davon gesprochen. – Erinner' dich nur. Und da du doch entschlossen scheinst, ihn noch ein paar Jahre drüben zu lassen...

FRIEDRICH Natürlich. Du siehst ja, wie famos er sich drüben entwickelt. Es wäre nichts als verdammter Egoismus, wenn wir ihn jetzt, mitten in seiner Ausbildung, wieder zurückholten, in unsern Kontinent, wo sie einen systematisch zu allerlei Sentimentalitäten und Brutalitäten erziehen, statt zum Golfspielen und Rudern.

GENIA Wenn nur die Sehnsucht nicht wäre...

FRIEDRICH Ja, das muß man schon mit in den Kauf nehmen. Meinst du vielleicht, ich sehn' mich nicht nach ihm? Aber Sehnsucht ist meiner Ansicht nach ein sehr gesundes Element in der Ökonomie der Seele. Sehnsucht hat die Eigenschaft, menschliche Beziehungen zu verbessern. Ich finde überhaupt, man sollte die menschlichen Beziehungen mehr auf Sehnsucht einrichten als auf Gewohnheit. Übrigens können wir ihn ja jedenfalls hinüberbegleiten nach England, und du kannst dich dann noch immer entscheiden, ob du mit mir fahren oder beim Buben bleiben willst über den Winter.

GENIA Es wäre mir lieber, wenn du die Sache schon heute als meinen festen Entschluß ansähst.

FRIEDRICH Als deinen Entschluß?

GENIA Ich hätte ja noch allerlei zu besorgen, eh' ich nach England fahre. Von heute auf morgen läßt sich doch so eine Übersiedlung nicht bewerkstelligen.

FRIEDRICH Übersiedlung?

GENIA Nenn's, wie du willst.

FRIEDRICH Ja, was hast du denn, Genia? Du bist ja geradezu sonderbar?

GENIA Was ist denn daran sonderbar? Daß eine Mutter... daß man seinen einzigen Sohn... Wenn er um ein paar Jahre älter ist, hab' ich ja überhaupt nichts mehr von ihm. Im Sommer zwei Monate, und zu Weihnachten acht Tage und zu Ostern, – das ist doch zu wenig. Ich hab' lang gnug gekämpft, – ich kann einfach nicht mehr.

FRIEDRICH Du, Genia, man könnte beinahe den Eindruck gewinnen, als wenn's dir nicht so sehr darauf ankäme, einige
Zeit bei deinem Sohn zu verbringen, als von deinem... als
von hier abzufahren.

GENIA Sonderlich vermissen wirst du mich wohl nicht, denk'
ich... Aber wozu darüber reden. *Sie steht auf.*

FRIEDRICH Was ist denn?

GENIA Nichts. In den Garten hinunter geh' ich. *Über die Stufen
hinab.*

FRIEDRICH *sieht ihr nach.*

GENIA *langsam längs der Wiese nach rückwärts.*

FRIEDRICH *von der Veranda herunter, noch im Überzieher, den Hut
hat er oben gelassen, bleibt an einem Rosenstrauch stehen. Riecht
daran* Die haben heuer überhaupt keinen Duft mehr. Ich weiß
nicht, was das ist. Jedes Jahr schaun sie üppiger aus, aber das
Duften haben sie sich ganz abgewöhnt.

GENIA *langsam nach rückwärts, Hände auf dem Rücken.*

FRIEDRICH *nach einer Pause* Du, – Genia.

GENIA Was?

FRIEDRICH Na, wenn du bei mir angelangt bist.

GENIA *langsam näher* Da bin ich.

FRIEDRICH Du, Genia, sag' einmal. *Faßt sie ins Auge, ganz ruhig*
Solltest du vielleicht doch wissen, warum sich der Korsakow
erschossen hat?

GENIA *ruhig* Was soll denn diese Frage bedeuten? Du weißt, ich
bin nicht weniger erstaunt gewesen als du.

FRIEDRICH Man hatte allerdings den Eindruck. Also sag',
warum willst du denn fort von mir... so von heut auf morgen?

GENIA Ich will nicht fort von dir. Zu Percy will ich. Und nicht
von heut auf morgen, sondern im Herbst. Mit Percy zusammen.

FRIEDRICH Ja, sonst wär' es wohl zu auffallend.

GENIA Was wäre auffallend?

FRIEDRICH Da säh's ja beinahe aus wie eine Flucht.

GENIA Flucht? Flucht vor dir! Das hab' ich wohl nicht notwendig. Wir sind ja weit genug voneinander, auch daheim!
Pause.

FRIEDRICH Du, Genia! – Er ist ja tot und begraben, – der Herr Alexei Korsakow...

GENIA Was willst du denn immer von ihm?

FRIEDRICH Ruhig, mein Kind, nur ruhig!... Ich will damit nur sagen, es kann ihm nicht das geringste mehr... Es würde ihm natürlich auch nichts geschehn, wenn er noch auf der Welt wäre, so wenig wie dir... Aber du wirst doch zugestehn, diese Auseinandersetzung zwischen uns bekommt ein eigentümliches Cachet... nein, das ist nicht das richtige Wort... also ich will nur sagen, daß dieses Gespräch gerade heute stattfindet, daß gerade heute, an dem Tag, da der Herr Korsakow begraben wurde, deine Stimmung so eigentümlich... Wenn ich auch ein Ehemann bin, Genia, ich bin ja kein Trottel. Also, daß da irgend etwas nicht stimmt, dafür leg' ich meine Hand ins Feuer. Also – was ist gewesen zwischen euch?

GENIA Ich schau' dich nur an.

FRIEDRICH Ja, das merk' ich. Aber du wirst zugeben, eine Antwort ist das nicht. Du solltest mich auch nicht mißverstehn, Genia. Es muß ja nichts Wirkliches vorgefallen sein, zwischen dir und Korsakow. Es war vielleicht nur ein Flirt. Ja. Denn, wenn es etwas andres gewesen wäre, hätte er sich nicht zu erschießen brauchen. Außer *lauernd* es ist d o c h mehr gewesen – und du hast ihn – – – in Gnaden entlassen. *Er spricht immer ganz ruhig, nimmt sie aber jetzt beim Arm.*

GENIA *beinahe lächelnd* Eine Eifersuchtsszene?! – Aber!... Du solltest wirklich was für deine Nerven tun, Friedrich. Ich weiß nicht... aber ich kann ja nichts dafür, daß es zwischen dir und Adele Natter zu Ende ist, – und daß noch keine Nachfolgerin da zu sein scheint.

FRIEDRICH Ah, du bist ja sehr gut informiert. Na, ich will vorläufig nicht untersuchen, von welcher Seite dir diese Wissenschaft kommt, – übrigens kann ich wirklich nichts dafür, daß du mich nie direkt um was gefragt hast; – ich hätte dir nichts abgeleugnet. Keinesfalls hätte ich dir erwidert, du sollst etwas für deine Nerven tun. Das ist überhaupt... das sieht dir nicht einmal ähnlich. Ich versteh' dich eigentlich gar nicht. Du solltest mich doch besser kennen. Ich weiß wahrhaftig nicht, warum du dastehst wie eine Bildsäule, statt mir vernünftig zu antworten... Mir scheint, du traust mir nicht, Genia?... Du denkst dir, man kann bei ihm nicht wissen?... Aber ich versichere dich, Genia – halt das nicht für Hinterlist – ich würde es vollkommen begreifen. Du hättest ja schließlich nur recht gehabt – ob's nun Alexei war oder... na, über den Geschmack kann man ja nicht streiten. Aber bekanntlich richtet sich in einem solchen Fall die Gattin selten nach dem Geschmack des Gemahls.

GENIA Warum verleugnest du ihn plötzlich? Du bist ja doch sein Freund gewesen. Heut beim Begräbnis sollst du ja sogar tief ergriffen gewesen sein.

FRIEDRICH Hat dir das auch der Mauer erzählt?

GENIA Das zufällig die Erna Wahl. Sie hätte dir nämlich gar nicht zugetraut, daß dir irgend etwas auf der Welt so nahe gehn kann.

FRIEDRICH Ah, Erna, die Menschenkennerin. Natürlich war ich ergriffen. Es tut mir so leid um ihn, wie's mir selten um wen leid getan hat. Und es tät' mir nicht weniger leid um ihn, wenn ich mit absoluter Sicherheit wüßte, daß du – seine Geliebte gewesen bist. Du kannst dir nämlich gar nicht vorstellen, wie – unwesentlich und nebensächlich gewisse Dinge für einen werden, wenn man grad vom Friedhof kommt. Das sag' ich nicht, um dich zu beruhigen, sondern weil's wahr ist. – Also gib endlich eine Antwort. Früher geb' ich ja keine Ruh'. Kannst auch lügen, aber antworten mußt du. Ich werd' schon wissen, ob's wahr ist. Also... ja oder nein? –

GENIA Er war nicht mein Geliebter. Er war leider nicht mein Geliebter. Ist dir das genug?

FRIEDRICH Ja, das ist mir genug. Denn jetzt weiß ich, daß er's war. Du hast dich nämlich selbst verraten! Merkst nicht? – Leider war er's nicht, hast du gesagt. Und da du ihn geliebt

31

hast, warst du natürlich seine Geliebte. Was hätte dich daran hindern sollen? Und da du jetzt – Schluß gemacht hast, hat er sich eben umgebracht. Sehr einfach: Und warum du Schluß gemacht hast, das ist noch einfacher. Ich werd's dir sagen, warum: Weil solche Dinge eben ein Ende haben müssen. Besonders, wenn es sich um so eine Geschichte handelt mit einem Menschen, der um ein paar Jahre jünger ist – und sich meistens auf Konzertreisen befindet. Und dann, der Percy kommt bald zurück, und da mag dich denn ein gewisses, wie soll ich sagen, Reinlichkeitsgefühl... Na... Eigentlich sehr anständig. Somit wäre alles ganz klar, bis auf die Idee mit der englischen Reise. Nein, eigentlich versteh' ich auch das ganz gut. Schließlich, wenn die Sache auch zu Ende war für dich, – dieser Abschluß... Ja, sogar, wenn du ihn nicht sehr leidenschaftlich geliebt hast – oder hättest...

GENIA Bemüh' dich nicht weiter. Da lies. *Sie zieht einen Brief aus ihrem Gürtel.*

FRIEDRICH Was soll ich...?

GENIA Lies.

FRIEDRICH Was ist... ein Brief? Von ihm ein Brief? An dich ein Brief von ihm? – Ah, behalt ihn. Ich will ihn nicht. Das säh' ja aus... Ich danke. Wenn es nicht deine Absicht war, mir diesen Brief zu zeigen, – so behalt ihn dir freundlichst!

GENIA Lies!

FRIEDRICH Warum soll ich ihn denn lesen? Du kannst mir ja sagen, was drin steht. Ist er nicht vielleicht russisch? Und die kleine Schrift. Da verdirbt man sich ja die Augen.

GENIA Lies.

FRIEDRICH *auf die Veranda. Er dreht das Licht auf, Wandarm, stellt sich darunter, setzt den Zwicker auf, beginnt für sich zu lesen.*

GENIA *folgt ihm langsam, bleibt auf der untersten Stufe stehn.*

FRIEDRICH *lesend* »Leben Sie wohl, Genia.« *Liest für sich weiter. Blickt auf zu ihr, erstaunt* Was? Du hast keine Ahnung gehabt, daß er... Wann hast du denn den Brief bekommen?

GENIA Eine Stunde bevor du mir die Nachricht gebracht hast, daß er tot ist.

FRIEDRICH Du hast's also schon gewußt, wie ich nach Haus gekommen bin? Man ist doch... Also auf die Gefahr hin, daß
du mich für einen Idioten hältst, ich hab' dir nichts angemerkt, nicht das geringste... *Liest weiter für sich, dann schaut er
wieder wie überrascht auf, dann liest er halblaut* »Sie hatten ja vielleicht recht, daß Sie sich meinen vermeßnen Wunsch versag-
ten. Wir waren beide nicht geschaffen in Lüge... Ich vielleicht; Sie nicht... trotz allem...« Trotz allem... Du hast
dich wohl sehr beklagt über mich?

GENIA *fragender Blick.*

FRIEDRICH *lesend* »Daß Sie Ihn« – mit großem I, sehr schmeichelhaft – »daß Sie Ihn nicht verlassen wollen, trotz allem, das
versteh' ich in dieser Stunde. Sie lieben ihn, Genia, Sie lieben
Ihren Gatten noch immer, das ist die Lösung des Geheimnis-
ses. Und vielleicht ist das, was ich mit dem törichten
Wort«... das kann ich absolut nicht lesen...

GENIA »Was ich mit dem törichten Wort Treue bezeichne«...

FRIEDRICH Ah, du kennst ihn ja auswendig. »Was ich mit dem
törichten Wort Treue bezeichne, nichts als die Hoffnung, daß
er Ihnen doch einmal zurückkehrt.«

GENIA Seine Auffassung. Du weißt, daß ich nichts hoffe – und
nichts wünsche.

FRIEDRICH *sieht sie an; dann* »Als ich Sie gestern sprach, war ich
schon entschlossen.« Gestern?... War er denn am Sonntag
da? Ja richtig, ihr seid in der Allee hinten auf und ab gegangen
miteinander... Ja... *Liest* »Als ich Sie gestern sprach, war ich
schon fest entschlossen, alles weitere von Ihrem ja oder nein
abhängig zu machen. Ich habe Ihnen ja nichts davon gesagt,
denn ich fürchtete, wenn Sie geahnt hätten, daß es mir vollkommen unmöglich ist, ohne Sie weiterzuleben...« Etwas
ausführlich schreibt er, der Herr Alexei Iwanowitsch... *Musik vom Kurpark her, gedämpft* »Ich wollte mein Glück nicht
einem Zwang, nicht einer Art von Erpressung verdanken.
Darum« ... Hättest du ja gesagt, wenn du gewußt hättest,
daß es um Leben und Tod geht?

GENIA Wenn ich gewußt hätte...? Wie kann man sich so

was... Ich hätt's ja nicht geglaubt. Das hätt' ich ja doch nicht geglaubt.

FRIEDRICH Ich will dich anders fragen.

PAUL KREINDL *elegant, jung, angestrengt fesch, erscheint am Tor* Guten Abend! Küss' die Hand, gnädige Frau.

FRIEDRICH Wer ist denn? ... Ah, Paul, Sie! *Herunter.*

PAUL Bitte. *Er tritt näher* Ich will nicht stören. Ich komme nämlich als Abgesandter aus dem Kurpark; von Frau Wahl und Fräulein Erna und Herrn Fähnrich von Aigner und dem Herrn Oberleutnant Stanzides...

FRIEDRICH Der geht schon aus?

PAUL Ob die Herrschaften nicht auch zur Musik kommen möchten?

GENIA Wir danken sehr, aber wir haben einen Gast zum Nachtmahl, den Doktor Mauer.

PAUL So bringen Sie ihn doch mit, gnä' Frau!

FRIEDRICH Sie bleiben ja gewiß alle lang im Park.

PAUL Bis ausgelöscht wird.

FRIEDRICH Also schön, – vielleicht kommen wir nach... ohne Verpflichtung.

GENIA Wir lassen jedenfalls bestens danken.

PAUL O bitte. Man würde allerseits sehr beglückt sein, Küss' die Hand, gnädige Frau, adieu, Herr Hofreiter, bitte tausendmal um Entschuldigung, wenn ich gestört habe. *Geht.*

FRIEDRICH *und* GENIA *im Garten.*

Pause.

FRIEDRICH Ich will dich anders fragen. Ich meine: wenn du ihn von den Toten wieder aufwecken könntest, – dadurch, daß du dich bereit erklärtest... seine Geliebte zu werden.

GENIA Ich weiß nicht.

FRIEDRICH Du vergißt, was du früher gesagt hast. »Er war leider nicht mein Geliebter«. Wenn du selbst es bedauerst, daß du's nicht warst, so kann doch nicht so viel dazu gefehlt haben. Und jetzt zweifelst du daran, daß du seine Geliebte wür-

34

dest, selbst wenn du ihn damit wieder von den Toten...
Warum gibst du's nicht zu? Er hätte nur noch ein paar Tage
Geduld haben müssen, dann wärst du doch... du hast ihn ja
geliebt.

GENIA Nicht genug, wie du siehst.

FRIEDRICH Du sprichst das aus, als wenn du mir einen Vorwurf... Ich kann ja nichts dafür.

GENIA Nur ich. Ich weiß.

FRIEDRICH Und jetzt bereust du... daß du... ihn in den Tod
getrieben hast?

GENIA Es tut mir sehr weh, daß er gestorben ist. Aber zu bereuen, zu bereuen hab' ich doch nichts?! Hätt' er mir gesagt,
was er vorhat – hätt' er mir... Oh, ich hätt' ihn schon zur
Vernunft gebracht...

FRIEDRICH Wie denn –?

GENIA Ich hätt' ihm das Wort abgenommen...

FRIEDRICH Was denn? Aber red' nicht! Du hättest ihm kein
Wort abgenommen; – du wärst einfach seine Geliebte geworden... selbstverständlich.

GENIA Ich glaub' nicht.

FRIEDRICH Aber ich bitt' dich!

GENIA O, nicht deinetwegen. Nicht einmal wegen Percy.

FRIEDRICH Ja, warum?

GENIA Um meinetwillen!

FRIEDRICH Das versteh' ich nicht.

GENIA Ich hätt' nicht können. Weiß Gott warum. Ich hätt' nicht
können. *Pause.*

FRIEDRICH Da hast deinen Brief, Genia.

GENIA *nimmt ihn.*
  Mauer kommt.

MAUER Guten Abend, meine Herrschaften. Ich hab' euch hoffentlich nicht zu lange warten lassen.

FRIEDRICH *ihm entgegen* Servus, Mauer. Na, dem Stanzides
scheint's ja schon sehr gut zu gehn. Er sitzt im Kurpark bei der
Musik.

MAUER Ja, ich hab' ihn selber bis hin begleitet.

FRIEDRICH Der Paul Kreindl war g'rad da, wir sollen auch nach dem Nachtmahl hinkommen.

GENIA Ich will sehn, ob noch nicht...

FRIEDRICH Du, Genia, ich hätt' eine Idee... Gehn wir doch gleich hinüber in den Park. Weiß der Teufel, ich hab' so eine Lust auf Musik und viel Leut'. Dir ist's doch egal, Mauer, was?

MAUER Mir? Es kommt nur auf deine Frau an.

GENIA Ich will euch nicht stören, aber ich für meine Person möcht' lieber zu Haus bleiben.

FRIEDRICH Nein, das hat keinen Sinn. Komm nur mit, Genia, es wird dir auch ganz gut tun.

GENIA Ich müßt' mich umkleiden...

FRIEDRICH So kleid' dich halt um, wir warten indes da im Garten.

GENIA Liegt dir so viel daran?

FRIEDRICH *zu Mauer* Was sagst du?! *Nervös* Also bleiben wir alle schön zu Haus... Schluß.

GENIA Ich komm' gleich... Ich setz' nur meinen Hut auf. *Ab.*

MAUER, FRIEDRICH

FRIEDRICH *nach einer Pause* Ja, lieber Mauer, ja, ja...

MAUER Ich begreif' dich eigentlich nicht... Das muß doch einer Hausfrau unangenehm sein.

FRIEDRICH Na, im Kurpark kriegst du auch ganz gut zu essen. *Pause* Übrigens – daß du heute hineinfährst, ist vielleicht doch ganz gut. – Die Chancen für Geistererscheinungen in diesem Haus haben sich nämlich beträchtlich gesteigert.

MAUER Was?

FRIEDRICH Du verdienst eigentlich mein Vertrauen nicht, weil du alles mögliche ausplauschst, sogar was ich dir nicht einmal erzählt hab'...

MAUER Was heißt das?

FRIEDRICH Na, daß die Geschichte mit der Adele Natter aus ist, woher weiß die Genia das?

MAUER Du solltest froh sein, daß man einmal auch etwas Vernünftiges von dir erzählen kann.

FRIEDRICH Na, ob gerade das so besonders vernünftig war... Ach Gott, Mauer, das Leben ist schon eine komplizierte Einrichtung!... Aber interessant... sehr interessant!

MAUER Was hast du denn früher gemeint mit den gesteigerten Chancen für Geistererscheinungen?

FRIEDRICH Ja so. – Na, was glaubst du, warum sich der Korsakow umgebracht hat? – Na, rat einmal!! – Aus unglücklicher Liebe – zu meiner Frau. Was, da schaust du?! Aus unglücklicher Liebe!... Das gibt's!... Einen Brief hat er ihr hinterlassen. Den hat sie mir zum Lesen gegeben... Einen sehr merkwürdigen Brief... gar nicht schlecht geschrieben... für einen Russen!

GENIA *kommt mit Hut. Man hört jetzt die Musik wieder deutlicher* Da bin ich. Also, lieber Doktor, jetzt will ich's Ihnen sagen: Nur Ihretwegen lass' ich unser gutes Nachtmahl im Stich. Die Erna ist nämlich im Kurpark...

FRIEDRICH Ah? Die Erna! *Zu Mauer* Ja, das wär' was. Na, Mauerl, nimm dich zusammen. Die gönn' ich nicht jedem. Obwohl sie mich, wie es scheint, für einen herzlosen Schuften hält, und mir nicht einmal zutraut, daß der Tod eines Freundes...

Sie verlassen alle den Garten und treten auf die Straße.

Vorhang

Zweiter Akt

Villa Hofreiter; entsprechende Partie des Gartens.

Links die hintere Fassade des Hauses. Türe, die direkt in den Garten führt. Rechts und links von der Türe je zwei Fenster, zum Teil offen. Im ersten Stockwerk ein kleiner Balkon. Mitte Rasen. Weiter rechts ein großer Nußbaum, darunter Bank, Tisch, Sessel. Weiter rückwärts Mitte eine Baumgruppe, durch die der im Hintergrund liegende Tennisplatz zum Teil gedeckt wird. Um den Tennisplatz hohes Drahtgitter. Außerhalb des Tennisgitters, sowohl links als rechts, je eine Bank. Zwei kleine Bänke zu seiten der Haustür unter den Parterrefenstern. – Heißer, sonniger Sommertag.

FRAU GENIA unter dem Nußbaum im weißen Sommerkleid. Ein Buch in der Hand, nicht lesend.
Auf dem Tennisplatz ist eine Partie im Gang. Links Friedrich Hofreiter und Adele Natter, rechts Erna Wahl und Paul Kreindl. Die weißen Kostüme schimmern her, doch die Gesichter sind kaum zu erkennen. Zuweilen hört man die Rufe: »fifteen, thirty, fourty, out, deuce, second« usw.
Bald nachdem der Vorhang aufgegangen ist, kommt OTTO VON AIGNER, diesmal in Zivil, Tennisanzug, Panamahut, Rakett in der Hand, hinter dem Hause hervor und will sich auf den Tennisplatz begeben. Er gewahrt Genia, die seine Schritte gehört hat, und geht auf sie zu. Sie begrüßt ihn mit freundlichem Kopfnicken.

OTTO Guten Tag, gnädige Frau – Sie spielen nicht?
GENIA Wie Sie sehen, Herr Fähnrich. In d e r Gesellschaft komm' ich ja doch nicht auf.
Ein Ball fliegt vor Otto hin, er schleudert ihn zurück.
STIMMEN VOM TENNISPLATZ Danke!
OTTO Auch nicht lauter Meister: abgesehen vom Herrn Gemahl natürlich. Verzeihen Sie, gnädige Frau, ich habe Sie in Ihrer Lektüre gestört… *Will zum Tennisplatz.*

GENIA Sie stören mich gar nicht. Ich hab' wohl zu lesen versucht, aber eigentlich war ich nah' daran einzuschlummern. Diese Luft...

OTTO Ja, warm ist's wohl. Aber dafür sind's auch schöne Tage! Man kann die heimatlichen Wälder so recht genießen!

GENIA Sie haben heut' gewiß schon einen größeren Spaziergang hinter sich?

OTTO Ja; ich war in aller Früh' bis zur »Waldandacht«, mit meiner Mutter.

GENIA Die muß aber glücklich sein, daß sie Sie endlich wieder in ihrer Nähe hat.

OTTO Und ich erst... Umsomehr als es auf lange Zeit hinaus mein letzter Urlaub ist. Ich bin auf ein Schiff kommandiert, das für drei Jahre nach der Südsee geht.

GENIA *konventionell* Oh!

OTTO Unser Schiff ist vom Kriegsministerium aus einer wissenschaftlichen Expedition attachiert.

GENIA Sie beschäftigen sich gewiß in Ihren freien Stunden auch mit allerlei Studien, Herr Fähnrich?

OTTO Warum glauben Sie das, gnädige Frau?

GENIA Ich kann mir nicht recht denken, daß das militärische Leben an sich Sie völlig befriedigen sollte.

OTTO *lächelnd* Ich darf mir vielleicht die Bemerkung erlauben, daß wir bei der Marine allerlei zu betreiben haben, was man, ohne Überhebung, als Wissenschaft bezeichnen kann.

GENIA Natürlich – daran hab' ich nicht gezweifelt. Ich meinte nur, daß Sie auch außerhalb Ihres Berufs noch ernste Interessen haben dürften.

OTTO Es bleibt einem nicht allzuviel Zeit dazu. Auf meiner bevorstehenden Reise hoff' ich ja allerdings in ein Gebiet näheren Einblick zu gewinnen, in dem ich mich bisher einigermaßen dilettantisch umgetan habe... Die Expedition, der wir uns anschließen, ist nämlich für Tiefseeforschung ausgerüstet; und da ich überdies mit einem der Assistenten befreundet bin... Oh, da kommt Frau von Wahl.

GENIA *sich erhebend* Davon müssen Sie mir noch mehr erzählen, Herr Fähnrich... von diesen Tiefseegeschichten.

FRAU WAHL *aus dem Haus in den Garten.*

FRAU WAHL Grüß' Sie Gott, liebe Genia, guten Tag, Herr Fähnrich. *Lorgnon ans Auge führend* Die Jugend ist ja schon fleißig
bei der Arbeit –?

GENIA Wenn Sie den Friedrich auch zur Jugend zählen –

FRAU WAHL Den ganz besonders. Na überhaupt die Männer!
Möchten Sie glauben, Herr Fähnrich, daß wir ungefähr im
selben Alter stehen, der Herr Hofreiter und ich? Wahrhaftig,
die Natur hat sich gegen uns Frauen jammervoll benommen.
Auf ein Lächeln Genias Na nett keineswegs. Wer ist denn noch
bei der Partie? Adele Natter jedesfalls. Ich habe nämlich das
Automobil draußen stehen gesehen, das scharlachrote. Hier
auf dem Lande im Grünen macht es sich ja nicht übel. Jedenfalls besser als an einer Friedhofmauer...

GENIA *matt lächelnd* Den Eindruck können Sie ja gar nicht vergessen, wie es scheint, Frau von Wahl?

FRAU WAHL Es ist ja noch nicht so lang her; vierzehn Tage
kaum.

FRIEDRICH *und* ERNA *vom Tennisplatz mit Raketts in der Hand.*
GENIA, FRAU WAHL

FRIEDRICH *in seiner lachend boshaften Art* Küss' die Hand, Mama
Wahl. Grüß' Sie Gott, Otto! Was ist denn vierzehn Tage her?

FRAU WAHL Daß sie den armen Korsakow begraben haben.

FRIEDRICH So... Ist das schon so lang –? Wie kommt man übrigens auf dieses schwarzgeränderte Thema?

GENIA Frau von Wahl hat das Nattersche Automobil draußen
stehen sehen – das scharlachrote – wie damals...

FRIEDRICH Ah so...

ERNA Wer spräche sonst an einem so schönen Sommertag von
einem toten Klavierspieler.

FRAU WAHL Haben Sie je ein so tiefsinniges Mädchen gesehen,
meine Herrschaften? Das ist wieder eine ihrer Pirouetten auf
dem philosophischen Drahtseil, wie ihr seliger Vater zu sagen
pflegte.

40

FRIEDRICH Sie muß nur Obacht geben, daß sie nicht einmal ab-
stürzt, die Erna…

FRAU ADELE, PAUL KREINDL *mit Raketts vom Tennisplatz.* GENIA,
OTTO, FRAU WAHL, FRIEDRICH, ERNA. *Begrüßung.*

ADELE *hübsch, rundlich, weiß gekleidet, roter Gürtel, roter Schlips*
Was ist denn, spielen wir nicht weiter?

PAUL KREINDL *küßt Frau Wahl die Hand.*

FRIEDRICH Ihr hättet ja indes singeln können.

ADELE Aber ich spiel' ihm ja zu schlecht, diesem Menschen da.

PAUL Wieso denn, gnä' Frau? *Weinerlich* Mir wird ja bald niemand mehr zu schlecht spielen. Ich spiel' ja wirklich schon
wie ein Schwein. O Pardon. Aber es ist wirklich wahr. Ich
weiß überhaupt nicht mehr, was das ist mit mir. Rein, wie
wenn ich verhext wär'. Oder ist es vielleicht nur, weil ich ein
neues Rakett hab'… Die Herrschaften entschuldigen – ich
geh' geschwind nach Haus und hol' mir mein altes. *Empfiehlt
sich. Die andern lachen.*

FRIEDRICH Warum lacht's ihr eigentlich? Er nimmt's wenigstens ernst, der Paul. Darauf kommt's an. Ob es nun Tennis
ist oder Schlittschuhlaufen oder Malen oder Leut' kurieren. –
Ich find', ein guter Tennisspieler ist ein viel edleres Men-
schenexemplar als ein mittelmäßiger Dichter oder General.
Na, hab' ich nicht recht? – *Zu Otto.*

ADELE *zu Genia* Also wann kommt denn eigentlich der Percy
zurück, Frau Genia?

FRAU GENIA In vierzehn Tagen soll er da sein. Und dann müssen
Sie auch einmal Ihre Kinder mitbringen, ja?

ADELE Wenn Sie erlauben, gern. Aber ob der große Bub' sich
überhaupt noch herablassen wird, mit den Fratzen zu spielen –

DOKTOR MAUER *kommt, zugleich mit ihm* STANZIDES *in Uniform.
Begrüßung.*

GENIA *zu Stanzides* Das ist schön, daß wir Sie auch wieder einmal bei uns sehen.

FRIEDRICH Wie geht's dem Arm?

STANZIDES Danke der Nachfrage. Soeben hat ihn mein hoch-verehrter Herr Doktor zum letzten Mal massiert... *Legt Mauer den Arm freundschaftlich um die Schulter* Aber mit dem Tennisspielen ist's noch nichts.

MAUER Wird auch wieder werden.

STANZIDES *zu Adele* Sie auch kampfbereit, gnädige Frau? So-eben habe ich das Vergnügen gehabt, im Park dem Herrn Ge-mahl zu begegnen.

FRIEDRICH No Mauer, was ist denn mit dir, du laßt dich ja über-haupt nicht mehr anschaun. Ich hab' geglaubt, du bist schon über alle Berge.

MAUER Ich komm' heut nur her Abschied nehmen. Morgen reise ich ab.

GENIA Wohin denn?

MAUER Nach Toblach. Von dort aus begeb' ich mich auf eine Paßwanderung. Falzarego – Pordoi –

FRIEDRICH Nimmst mich mit, Mauer?

MAUER Ja, kannst du denn und willst du?

FRIEDRICH Ja – warum sollt' ich denn nicht...? Morgen fahrst du?

MAUER In der Früh' mit dem Schnellzug.

ERNA *zu Mauer* Und wann werden wir das Vergnügen haben, Sie am Völser Weiher zu begrüßen?

MAUER In acht Tagen ungefähr, wenn's erlaubt ist.

FRIEDRICH *ehrlich entrüstet* Ah... da geben sich die Herrschaften Rendezvous...

ERNA Ohne Sie um Erlaubnis zu fragen, Friedrich!

FRAU WAHL Wir fahren übermorgen – ganz direkt. *Während des folgenden stehen Otto mit Genia und Adele abseits* Der Gustl ist schon dort. Übrigens was er mir schreibt! Wissen Sie, wer der Direktor von dem neuen Hotel ist? Der Doktor von Aigner.

FRIEDRICH Ah, der Aigner!

FRAU WAHL Und soll dort sämtlichen Damen den Kopf verdre-hen, trotz seiner grauen Haare.

FRIEDRICH Ja, dem sind die Weiber immer hineingefallen. Also Obacht geben, Mama Wahl.

PAUL *kommt* So da wär' man wieder! *Das Rakett hochhaltend* Das ist wieder mein altes! Man hat doch gleich was rechtes in der Hand.

FRIEDRICH Also gehen wir's an? – *Zu Paul* Aber jetzt gibt's keine Ausred' mehr! Sonst heißt's eben einen andern Beruf erwählen... Advokat... oder Raseur... *Im Abgehen.*
Friedrich, Erna, Adele, Otto, Paul zum Tennis. Frau Wahl und Stanzides folgen.

GENIA, MAUER

GENIA Wollen wir nicht zuschauen? Das Tennisspielen, das steht der Erna nämlich besonders gut zu Gesicht!

MAUER *stehen bleibend* Haben Sie nicht den Eindruck, gnädige Frau, daß ich ihr vollkommen wurst bin?

GENIA Das ist möglicherweise der beste Anfang für eine glückliche Ehe.

MAUER Ja, wenn die Gleichgültigkeit gegenseitig wäre, aber so – *Abbrechend* Glauben Sie übrigens, Frau Genia, daß es dem Friedrich ernst ist mit seinen Reiseabsichten?

GENIA Ich – ich weiß nicht recht. Ich war selbst ein wenig überrascht. Freilich, er hat die letzten Tage so rasend viel gearbeitet, daß ihm ein paar Tage Erholung wohl zu gönnen wären. Aber dazu müßt' er am Ende nicht – Es war wohl nicht so ernst gemeint. Eigentlich glaub' ich nicht, daß er mit Ihnen fahren wird.

MAUER Und wie steht denn die Sache mit Amerika?

GENIA Friedrich geht hinüber, das ist sicher.

MAUER Und Sie, Frau Genia?

GENIA Vielleicht auch. *Lächelnd* Ja, lieber Freund. Vielleicht! –

MAUER Sie fahren zusammen? – Na, das ist schön, das freut mich.

GENIA Warum denn so feierlich...?! Vielleicht, hab' ich gesagt!...

MAUER Ah, es wird schon gewiß werden. Es wäre ja auch gar zu dumm, wenn der arme Korsakow ganz umsonst gestorben wäre.

43

GENIA *befremdet* Wenn Korsakow –? Wie meinen Sie das? – Wenn Korsakow umsonst gestorben wäre?

MAUER Ich habe nämlich die Überzeugung, daß Korsakow von der Vorsehung bestimmt war, gleichsam als Opfer zu fallen.

GENIA *immer befremdeter* Als Opfer?

MAUER Für Sie – und Ihr Glück.

GENIA Als Opfer für mein Glück –? Sie glauben an solche Dinge?

MAUER Man muß ja nicht gleich im allgemeinen an solche Dinge glauben. Aber hier spüre ich so etwas wie einen geheimnisvollen Zusammenhang. Sollten Ihnen nicht auch schon ähnliche Gedanken gekommen sein?

GENIA Mir? Um die Wahrheit zu gestehen, ich denke an diese traurige Geschichte überhaupt sehr wenig.

MAUER Das – scheint Ihnen nur so.

GENIA Und wenn ich – zuweilen daran denke, so ist das Ganze so merkwürdig blaß und fern... Ich versichere Sie – ganz fern! Es ist eine milde Trauer – nicht mehr. Ich kann mich nun einmal nicht besser oder gefühlvoller machen als ich bin. Vielleicht wird das später noch anders. Wenn der Herbst kommt, vielleicht. Die Tage sind jetzt wahrscheinlich zu sommerlichhell zum Traurigsein – und überhaupt zum Schwernehmen. Es ist nicht nur damit so. Die meisten Dinge kommen mir viel leichter vor. Ich kann zum Beispiel auch dieser guten Adele absolut nicht böse sein. Vorhin habe ich sie sogar gebeten, nächstens ihre Kinder mitzubringen; ich konnte gar nicht anders. Es schiene mir geradezu lächerlich, ihr oder sonst wem etwas nachzutragen. Sie hat eher was Rührendes für mich. Wie ein Wesen kommt sie mir vor, das längst gestorben ist und es gar nicht weiß. –

MAUER *sie lang anschauend* Na ja. *Pause* Und Friedrich wird ja nun hoffentlich endgültig zur Vernunft gekommen sein. Was am Ende nicht schwer sein sollte, wenn die Vernunft dem Glück so zum Verwechseln ähnlich sieht, wie in diesem Falle. – Aber wenn er es jetzt nicht festzuhalten versteht, dann –

GENIA *rasch* Es gibt vorläufig nichts festzuhalten. Sie haben mich früher offenbar mißverstanden, Doktor. Es hat sich nicht das geringste zwischen uns verändert – bisher.

MAUER Aber es wird sich verändern. Auf die Dauer kann man ihm ja nicht böse sein, dem Friedrich! Mir geht's ja geradeso mit ihm. Ich mag mich über ihn noch so rasend geärgert haben, – sobald er seine Charmeurkünste spielen läßt, bin ich ihm doch wieder ausgeliefert auf Gnade und Ungnade.

GENIA Das bin ich nicht, Doktor! Um mich muß man werben, lange werben.

Vom Tennisplatz her Otto, Friedrich, Adele, Stanzides, Frau Wahl, Paul, Genia, Mauer.

PAUL *während sie sich nähern, zu Erna* Wirklich, Fräulein, alles was wahr ist! Ihr Service – first class.

FRIEDRICH Na – und der Schlag? – Dafür hat sie aber auch bei mir gelernt! –

ERNA Was manchmal – entschuldigen schon, Herr Lehrer – ein zweifelhaftes Vergnügen gewesen ist!

FRIEDRICH ... Oh...?! –

ERNA *zu den andern, insbesondere Paul* Sekkiert hat er einen nämlich – bis aufs Blut! – Wenn man nur einmal ein bißl nachgelassen hat – sofort ist man behandelt worden wie eine vollkommen hoffnungslose Erscheinung – wie eine ganz miserable Person überhaupt –

FRIEDRICH *beiläufig* – Ja – die Sachen hängen auch sehr mit dem Charakter zusammen – meiner Ansicht nach...

GENIA *die indes vom Stubenmädchen eine Meldung erhielt* Wenn ich bitten darf, meine Herrschaften... der Tee! Auch Eis ist vorhanden. Zwang wird keiner ausgeübt... Bitte.

Frau Wahl mit Stanzides, Genia mit Otto, Paul, Erna, Mauer ins Haus. Es bleiben als letzte zurück Friedrich und Adele.

FRIEDRICH, ADELE

FRIEDRICH *zu Adele, wie sie eben ins Haus hineingehen will* Ich habe leider heute noch gar keine Gelegenheit gehabt, mich nach dero geschätztem Befinden zu erkundigen. Wie geht's dir denn eigentlich?

ADELE Mir geht's famos. Und Ihnen?

FRIEDRICH Nicht schlecht. Viel zu tun halt. Wir bauen wieder. Im nächsten Jahr haben wir sechshundert Arbeiter. Und im Herbst fahr' ich hinüber nach Amerika.

ADELE So.

FRIEDRICH Besonders zu interessieren scheint dich das nicht.

ADELE Hat mir ja schon alles mein Mann erzählt. Und dann möcht' ich dir vorschlagen, daß wir uns endgültig »Sie« sagen. Aus ist aus. Ich bin für klare Verhältnisse.

FRIEDRICH Daß sie auch klar sein müssen, hab' ich gar nicht gewußt.

ADELE Ich bitte dich! Mach' jetzt keine Witze... Sei'n wir lieber froh, daß es so gut ausgegangen ist. Die Zeit der Jugendtorheiten ist vorbei. Für uns beide, denk' ich. Meine Kinder wachsen heran. Und Ihr Bub' auch.

FRIEDRICH Ja, das ist schon nicht anders.

ADELE Und wenn Sie mir erlauben wollen, Ihnen einen guten Rat zu geben...

FRIEDRICH Ich höre.

ADELE *anderer Ton* Also im Ernst, – ich finde, daß du mit dieser kleinen Wahl in einer geradezu unverschämten Weise kokettierst. Halt das um Gottes willen nicht für Eifersucht! Ich denke da wirklich nicht an dich... Sondern vielmehr an deine Frau –

FRIEDRICH *belustigt* Ah!!

ADELE – Die wirklich das entzückendste, rührendste Geschöpf ist, das mir jemals vorgekommen ist. Wie sie mich früher gebeten hat, nächstens die Kinder mitzubringen – hast du's gehört?... ich bin in die Erde gesunken!

FRIEDRICH Das hab' ich gar nicht bemerkt.

ADELE Hätt' ich sie früher so gut gekannt – na –! Wahrhaftig, du verdienst sie nicht.

FRIEDRICH Da kann ich dir nicht einmal unrecht geben. Aber wenn es auf Erden nach Verdienst ginge...

ADELE Und was Erna anbelangt... so nimm dich in acht. Ein Bruder ist was anderes wie ein Gatte. Ein Bruder merkt zuweilen was.

FRIEDRICH Der Gustl! Ich bitt' dich – dem wäre das doch ganz egal! ... Das ist ein Philosoph... Und ich weiß überhaupt nicht, was dir da durch den Kopf fährt. Du bringst einen wirklich erst auf Ideen. Ein Mädel, das ich auf den Knien geschaukelt hab'.

ADELE Das beweist nichts. Solche Mädeln gibt's wahrscheinlich in den verschiedensten Altersklassen.

FRIEDRICH Ja, ja, Adele... ohne gerade an die freundlichst von dir vorgeschlagene Erna zu denken... es wär' schon schön!

ADELE Was wär' schön? –

FRIEDRICH Noch einmal jung zu sein!

ADELE Du bist es lang genug gewesen.

FRIEDRICH Ja, aber ich war's zu früh... Jetzt verstünd' ich's ja erst jung zu sein! ... Es ist überhaupt dumm eingerichtet auf der Welt. Mit vierzig Jahren sollt' man jung werden, da hätte man erst was davon. Soll ich dir was sagen, Adele? Mir ist eigentlich doch, als wäre alles Bisherige nur Vorstudium gewesen. Und das Leben und die Liebe fing' erst jetzt an.

ADELE Ich versteh' dich wirklich nicht. Es gibt doch noch was anderes auf der Welt als – uns.

FRIEDRICH Ja, – die Pausen zwischen der einen und der andern. Die sind ja auch nicht uninteressant. Wenn man Zeit hat, und in der Laune ist, baut man Fabriken, erobert Länder, schreibt Symphonien, wird Millionär... aber glaube mir, das ist doch alles nur Nebensache. Die Hauptsache – seid ihr! – ihr – ihr! ...

ADELE *kopfschüttelnd* Wenn man denkt, daß es Leute gibt, die dich für einen ernsten Menschen halten!

FRIEDRICH Ah, hältst du das für so besonders lustig, was ich dir da mitgeteilt habe?

HERR NATTER *kommt. Ein großer, etwas starker Herr in sehr elegantem Sommeranzug, Bartkoteletts, Monokel* Tag, Adele! Grüß' Sie Gott, lieber Hofreiter.

FRIEDRICH *ihm die Hand reichend* Warum so spät?

ADELE *sehr freundlich* Wo treibst du dich denn herum?

NATTER Ich bitte um Verzeihung, mein Kind. Ich bin im Kur-

47

park gesessen und hab' gelesen, sonst komm' ich ja gar nicht dazu. Sagen Sie, Hofreiter, gibt's was Schöneres als so im Freien unter einem Baum sitzen und lesen?

FRIEDRICH Kommt darauf an ... Was war's denn?

NATTER Sie werden lachen. Ein neuer Sherlock Holmes! Aber wirklich großartig! In einer Weise spannend! –
Mauer und Erna kommen aus dem Hause. – Begrüßung.

ERNA *zu Friedrich* Wird noch weiter gespielt?

FRIEDRICH Selbstverständlich. *Zu Natter* Nehmen Sie mit uns einen Tee? Wir wollten eben ...

NATTER Gern ... Ist übrigens der Oberleutnant Stanzides noch hier?

FRIEDRICH Ja, natürlich.

NATTER Ich will ihn nämlich einladen, mit uns ins Theater zu gehn. *Zu Adele* Wenn du nichts dagegen hast. Ich hab' eine Loge genommen für heut in die Arena. *Mauer und Erna nach rechts.*

FRIEDRICH Macht Ihnen das denn Spaß, sich so eine Schmieren-vorstellung anzusehn?

NATTER Warum denn nicht?

ADELE Es gibt nichts auf der Welt, was ihm nicht Spaß macht. Es gibt kein dankbareres Publikum als meinen Mann! –

NATTER Ja, das ist wahr. Ich finde das Leben höchst amüsant. Ich unterhalte mich königlich. Immer. Bei jeder Gelegenheit!
Friedrich, Adele, Natter ins Haus.

MAUER, ERNA, *die schon im Gespräch waren.*

ERNA Und wie ist das Unglück damals geschehn?

MAUER Offenbar dadurch, daß sich unter seinen Füßen ein Stein losgelöst hatte ... Es war beim Abstieg vom Aignerturm. Friedrich war voran. Da hört er das gewisse unheimliche Ge-polter über sich. Gleich darauf sausen mächtige Blöcke an ihm vorbei und nach ihnen, knapp neben Friedrich, der arme Bernhaupt selbst. Friedrich spricht nicht gern davon. Wenn er nämlich auch tut, als wenn er über alles erhaben wäre, die

48

Sache hat damals doch einen furchtbaren Eindruck auf ihn gemacht.

ERNA Sie glauben?

MAUER Der beste Beweis ist doch, daß er seither keine Bergtouren mehr unternommen hat.

ERNA Also – der Aignerturm wird heuer gemacht.

MAUER Das werden Sie sich wohl überlegen, Fräulein Erna.

ERNA Überlegt ist es schon. Das kommt bei mir nämlich immer vor dem Reden.

MAUER Ich werd' Ihrem Bruder schreiben.

ERNA Aber, lieber Doktor! Sie glauben doch nicht, daß das hilft, wenn ich mir einmal was in den Kopf gesetzt hab'! Höchstens kann ich Ihnen versprechen zu warten, bis Sie auch bei uns am Völser Weiher sind.

MAUER Soll ich denn hinkommen?

ERNA Gewiß sollen Sie. Ich engagiere Sie als Führer, gegen die übliche Taxe natürlich.

MAUER Ich hab' mir nie eingebildet, daß ich auf mehr Anspruch erheben dürfte.

ERNA Hat das wehmütig sein sollen, Doktor Mauer, oder nur geistreich?

MAUER Soll ich an den Völser Weiher kommen, Fräulein Erna, ja oder nein?

ERNA Ich seh' keinesfalls einen Grund, daß Sie Ihren ursprünglichen Reiseplan ändern.

MAUER Ist es Ihnen wirklich unmöglich, Fräulein Erna, mir geradeaus zu antworten?

ERNA Nicht leicht, Doktor. *Sie sitzt unter dem Nußbaum* Sie wissen, daß Sie mir sehr sympathisch sind. Hinkommen sollten Sie jedenfalls. Es wäre die beste Gelegenheit, einander besser kennenzulernen. Aber verpflichtet dürfen Sie sich so wenig fühlen als ich, selbstverständlich.

MAUER Das ist sehr klug, Fräulein Erna.

ERNA Es kommt noch klüger. Hören Sie mich nur an. Sie haben doch gewiß so irgend etwas wie eine Liebste oder einen Schatz – wie alle unverheirateten Herren. Also übereilen Sie sich nicht. Ich meine: Bilden Sie sich nicht am Ende ein, daß Sie mir nach unserm heutigen Gespräch schon Treue schuldig geworden sind.

MAUER Diese freundliche Mahnung kommt leider zu spät. – Ich kann natürlich nicht leugnen, daß ich wie alle Männer und so weiter... Aber ich habe... Schluß gemacht. Ich bin nämlich kein Freund von Herzensschlampereien. Da würd' ich mir zuwider werden.

ERNA Sie sind wirklich ein anständiger Mensch, Doktor Mauer! Man hat so das Gefühl, wenn man Ihnen einmal sein Schicksal anvertraut... da ist man dann im Hafen. Da kann einem nichts mehr geschehn.

MAUER Hoffentlich...

ERNA Nur weiß ich nicht recht, ob dieses Gefühl der Sicherheit etwas so besonders Wünschenswertes bedeutet. Wenigstens für mich. Wenn ich ganz aufrichtig sein soll, Doktor Mauer, mir ist manchmal, als hätt' ich vom Dasein auch noch andres zu erwarten oder zu fordern als Sicherheit – und Frieden. Besseres oder Schlimmeres – ich weiß nicht recht.

MAUER Halten Sie mich für keinen Tropf, Fräulein Erna, wenn ich mir einbilde, daß Ihnen – nicht gerade das Beste, was es auf Erden gibt, aber doch manches Gute auch an meiner Seite beschieden sein könnte. Das Leben besteht ja noch aus allerlei anderm als aus Abenteuern einer gewissen Art.

ERNA Hab' ich denn –?

MAUER Sie haben es nicht gesagt, Fräulein Erna, aber es ist Ihre Empfindung. Kein Wunder, – in dieser Atmosphäre! Da rings um uns! Aber ich versichere Sie, es gibt eine kräftigere, reinere – und ich traue mir zu, Sie auch dort ein frisches und freies Atmen zu lehren.

ERNA Sie haben Courage, Doktor. Sie gefallen mir überhaupt ganz besonders. Kommen Sie an den Völser Weiher. Man wird ja sehn.

Aus dem Hause: Adele, Natter, Stanzides, ihnen folgen allmählich Genia, Otto, Paul, Friedrich, Frau Wahl, Mauer, Erna.

STANZIDES In früherer Zeit hab' ich mir die Vorstellungen

50

manchmal gar nicht vom Zuschauerraum aus angesehn, sondern von oben – aus der Vogelperspektive, von dem Hügerl aus hinter der Arena.

ADELE Das muß lustig sein.

STANZIDES Lustig – weiß ich nicht. Sonderbar ist es. Man sieht natürlich nur ein kleines Stück von der Dekoration. Ein Eck von einem Felsen oder eine Ofenfigur oder so was. Und von den Schauspielern sieht man natürlich so gut wie gar nichts, nur gelegentlich hört man ein abgerissenes Wort... Aber das eigentümlichste ist, wenn dann plötzlich unter all diesen Stimmen eine heraufklingt, die man kennt – zum Beispiel von einer bekannten Dame, die da unten mitspielt. Da kann man plötzlich auch die Worte verstehn. Von dem, was die andern reden, nichts – und nur, was die Bekannte redet, versteht man ganz genau.

ADELE *lachend* Die Bekannte!

FRIEDRICH Statt Geliebte sollte man nicht Bekannte sagen Stanzides – sondern Unbekannte... Stimmt eher, Stanzides! –

ADELE Oder Freundin, wenn man diskret sein will.

FRIEDRICH Oder Feindin.

ERNA Wenn man indiskret ist.

FRAU WAHL Erna! – – –

NATTER Es wird spät, wir müssen uns empfehlen, wenn wir überhaupt noch was von der Vorstellung sehn wollen. Bitte sehr, sich nicht stören zu lassen.
Natter, Adele und Stanzides gehen.

PAUL *zu Otto* Im vorigen Jahr hab' ich einmal hintereinander neun Stunden gespielt, mit dem Doktor Herz. Zuerst vier Stunden, dann haben wir eine Eierspeis' gegessen, und dann...
Spricht weiter mit Otto.

MAUER *sich empfehlend* Auch meine Stunde hat geschlagen. *Zu Genia* Gnädige Frau...

FRIEDRICH Na, was hast du's denn so eilig? Wenn du dich eine Viertelstund' geduldest, so fahr' ich gleich mit dir hinein.

MAUER Wie – es ist also dein Ernst?

FRIEDRICH Natürlich... Also wartest du?

GENIA Du willst mit dem Doktor – du willst noch heute in die Stadt hinein – ?? –

FRIEDRICH Ja, es ist doch das gescheiteste. Meine Sachen hab' ich alle drin, die ich fürs Gebirge brauch', packen kann mir der Josef in einer Stund'; und da fahr' ich gleich morgen in der Früh' mit dem Mauer weg.

MAUER Das wär' ja famos.

FRIEDRICH Also du wartest auf mich? Eine Viertelstunde!

MAUER Ja, ich warte.

FRIEDRICH *rasch ins Haus.*

Erna, Paul, Otto, Frau Wahl stehen zusammen.

ERNA *hat manchmal hingehört.*

GENIA *sieht Friedrich nach.*

MAUER Er ist der Mann rascher Entschlüsse.

GENIA *antwortet nicht.*

PAUL Also benützen wir die letzten Strahlen der Abendsonne...

Erna, Otto, Paul, Frau Wahl gegen den Tennisplatz.

MAUER *folgt nach kurzem Besinnen.*

GENIA *steht noch immer regungslos, plötzlich will sie ins Haus hinein, da tritt ihr Frau Meinhold entgegen.*

FRAU MEINHOLD, GENIA

FRAU MEINHOLD *etwa vierundvierzig, nicht jünger aussehend, Züge etwas verlebt, Gestalt noch jugendlich* Guten Abend.

GENIA Oh, Frau Meinhold, so spät? Ich fürchtete schon, Sie kämen heut gar nicht mehr. Nun freue ich mich doppelt, daß Sie da sind. Kommen Sie doch, liebe Frau Meinhold. Vielleicht dorthin *zum Nußbaum weisend* es ist doch Ihr Lieblingsplatz.

FRAU MEINHOLD *Genias Zerstreutheit merkend* Danke, danke.

GENIA Oder wollen wir zum Tennisplatz? Es wird noch fleißig gespielt, und Sie sehen ja ganz gerne zu, nicht wahr?

FRAU MEINHOLD *lächelnd* Ich komme ja zu Ihnen, liebe Frau Genia. *Mit ihr zum Nußbaum* Aber habe ich Sie nicht gestört, Sie scheinen mir ein wenig – wollten Sie nicht eben ins Haus?

GENIA Nein, durchaus nicht. Es ist nur – mein Mann fährt dann in die Stadt hinein mit Doktor Mauer. Morgen reist er nämlich mit ihm ab. Sie machen zusammen eine Fußtour. Denken Sie, vor einer Stunde wußte er selbst noch nichts davon. Der Doktor kam uns Adieu sagen, sprach natürlich von seinen Reiseplänen, und Friedrich war sofort hingerissen von der Idee, wieder einmal über die Berge zu wandern wie in früherer Zeit. Und nun fährt er auch schon davon. *Blickt zum Balkon.*

FRAU MEINHOLD Da komme ich Ihnen doch wohl ungelegen. Sie werden gewiß noch mit Ihrem Gatten zu sprechen haben, da er so plötzlich abreist.

GENIA Ach nein, es ist ja nur auf kurze Zeit. Und sentimental sind wir nicht, nein, wahrhaftig. –

FRAU MEINHOLD Und nun haben Sie auch Ihren Percy bald wieder da.

GENIA Oh, da wird mein Mann wohl noch früher zurück sein. Percy kommt erst in vierzehn Tagen.

FRAU MEINHOLD Sie sehnen sich schon sehr nach ihm, wie?

GENIA Das können Sie sich denken, Frau Meinhold. Nun habe ich ihn seit Weihnachten nicht gesehen. Kein leichtes Los, seinen Einzigen so in der Fremde haben. Aber Sie wissen ja auch was davon zu erzählen, Frau Meinhold.

FRAU MEINHOLD Einiges, ja.

GENIA Nun verläßt Sie Ihr Herr Sohn gar auf mehrere Jahre?

FRAU MEINHOLD Ja, drei Jahre sollen es werden. Und weit, weit.

GENIA In die Südsee, er hat mir früher davon erzählt. Ja, das ist freilich – Und doch kommt mir vor, als wären Sie besser dran als ich, Frau Meinhold. Sie haben einen Beruf, einen so schönen! Einen, der Sie so ganz erfüllt! Das hilft gewiß über viel hinweg.

FRAU MEINHOLD Über manches.

GENIA Nicht wahr? Wenn Frauen nur Mütter sind, das ist doch wohl nicht das Richtige, scheint mir manchmal. Sie hätten es gewiß nicht zugegeben, daß Ihr Otto zur Marine ging, wenn Sie nichts anderes gewesen wären als Mutter.

FRAU MEINHOLD *einfach* Und wenn ich's nicht zugegeben hätte...?

GENIA So wär' er bei Ihnen geblieben. O, davon bin ich ganz überzeugt. Wenn Sie es gewünscht, wenn Sie es verlangt hätten?! Er liebt Sie ja so sehr. Er hätte ja auch was anderes werden können. Ich kann mir ihn sehr gut als Gutsbesitzer vorstellen... oder – oh ja... auch als Gelehrten.

FRAU MEINHOLD Es ist nur die Frage, liebe Frau Genia, ob ich ihn dann mehr hätte als jetzt, da er aufs Meer hinaussegelt.

GENIA Oh...!

FRAU MEINHOLD Ich glaub' nicht. *Nicht schwer* Nämlich von diesem Wahn, Frau Genia, kann man sich nicht früh genug freimachen, daß wir unsere Kinder jemals besitzen könnten. Besonders Söhne! Sie haben uns, aber wir haben sie nicht. Ich glaube sogar, das müßte einem noch schmerzlicher zum Bewußtsein kommen, wenn man mit ihnen immer unter einem Dache wohnte. Solang sie klein sind, verkaufen sie uns um ein Spielzeug, und später... später um noch weniger.

GENIA *kopfschüttelnd* Das ist doch... nein das... Darf ich was sagen, Frau Meinhold?

FRAU MEINHOLD *lächelnd* Warum denn nicht? Wir plaudern doch. Jede sagt, was ihr eben durch den Kopf geht.

GENIA Ich hab' mich nämlich schon neulich gefragt, als Sie auch so eine – verzeihen Sie – eine so düstere Bemerkung machten – so über die Menschen im allgemeinen – ob das nicht vielleicht irgendwie mit den Rollen zusammenhängt, die Sie spielen, daß Ihnen das Leben manchmal so tragisch erscheint?

FRAU MEINHOLD *lächelnd* Tragisch... Finden Sie?

GENIA Denn ich habe offenbar eine leichtere Lebensauffassung als Sie, Frau Meinhold. Ich bilde mir zum Beispiel fest ein, daß ich niemals aufhören werde, Percy viel, – unendlich viel zu bedeuten. Und auch Sie, Frau Meinhold, hätten meiner Ansicht nach alles Recht dazu... ja gerade Ihr Sohn scheint mir ein besonders zärtlicher, ein – ich bin überzeugt, daß er Sie geradezu anbetet.

FRAU MEINHOLD *lächelnd* Nennen wir's so!

GENIA Und wenn er Sie einmal »verkaufen« sollte, wie Sie sagen, so wird es gewiß um nichts Unwürdiges geschehn. Und
nur in einem solchen Fall, denke ich, könnte sich in der Bezie-
hung zwischen Mutter und Kind etwas ändern. *Nach kurzem
Besinnen* Und da eigentlich auch nicht.

FRAU MEINHOLD *nach einer kleinen Pause* Er ist ein Mann, vergessen Sie das? Wie läßt sich da etwas vorhersehen... Auch
Söhne werden Männer. *Mit Bitterkeit* Sie sollten doch auch,
denk' ich, eine Ahnung davon haben, was das heißt.

GENIA *schlägt wie betroffen die Augen nieder.*

FRIEDRICH *erscheint oben auf dem Balkon, sich eben die Krawatte
knüpfend, sieht mit kurzsichtig verkniffenen Augen herab* Ich höre
da eine wohlbekannte, edle Stimme... Hab' mir's ja gleich
gedacht... Küss' die Hand, Frau Meinhold.

FRAU MEINHOLD Guten Abend, Herr Hofreiter.

GENIA Brauchst du was, Friedrich?

FRIEDRICH O nein, dank' schön, bin gleich fertig. Dann komm'
ich herunter. Ich fahr' nämlich weg.

FRAU MEINHOLD Ja, Frau Genia sagte mir eben.

FRIEDRICH Also auf Wiederschaun. *Verläßt den Balkon. Pause.*

GENIA Darf ich Ihnen etwas erwidern, Frau Meinhold?

FRAU MEINHOLD *lächelnd* Aber warum bitten Sie mich denn immer um Erlaubnis, Frau Genia –

GENIA Sie imponieren mir nämlich so, Frau Meinhold. Was Sie
sagen, das klingt immer so bestimmt, so unwidersprechlich.
Und man hat die Empfindung, Ihnen bleibt nichts verborgen,
nichts... Und Sie kennen die Menschen, ja... Aber sind Sie
nicht doch... sind Sie nicht doch ein bißchen ungerecht!

FRAU MEINHOLD Mag sein, Frau Genia... Aber Ungerechtigkeit ist ja schließlich unsere einzige Revanche. *Auf einen fragenden Blick Genias* Die einzige Revanche für ein Unrecht...
das irgend einmal an uns begangen wurde.

GENIA Aber ewige Ungerechtigkeit gegenüber einem... ver-
jährten Unrecht – ist das nicht zu viel? –

FRAU MEINHOLD *bitter* Es gibt Dinge, die nicht verjähren. Und
es gibt Herzen, in denen nichts verjährt. *Pause* Kommt Ihnen

das wieder tragisch vor, liebe Frau Genia? Sie denken sich wohl, was erzählt sie mir da für Geschichten, diese alte Komödiantin. Was will sie denn eigentlich? Vor einer Ewigkeit hat sie sich von ihrem Mann getrennt, hat nachher, wie man hört, ihr Leben völlig nach eigenem Belieben eingerichtet... nachgeweint zu haben scheint sie ihm keinesfalls... was will sie...? Nicht wahr, Frau Genia, das denken Sie sich?

GENIA *etwas verlegen* Kein Mensch wird bestreiten, daß Sie das Recht hatten zu leben, wie es Ihnen gefiel...

FRAU MEINHOLD Natürlich hatt' ich das. Das ist eine Sache für sich. Und ich will auch niemandem einreden, daß ich wegen jener längst vergangenen Geschichte heute noch irgend etwas wie Schmerz empfände. – Oder Groll! – Nein. Nur – ver- gessen hab' ich's eben nicht... das ist alles. Mehr sag' ich auch nicht. Aber denken Sie nur, wieviel habe ich seither vergessen! Heitres und Trauriges... vergessen – als wäre es nie gewesen! Und gerade d a s, was mir vor mehr als zwanzig Jahren mein Mann angetan hat, nicht! ...So muß es doch wohl was bedeutet haben! Ohne Groll, ohne Schmerz denk' ich dran – ich w e i ß es eben nur – das ist alles! Aber ich weiß es, wie am ersten Tag – gerade so klar, so fest – so unwidersprechlich – das ist es, liebe Frau Genia...

FRIEDRICH *kommt im grauen Reiseanzug, sehr montiert. Küßt Frau Meinhold die Hand* Ich freu' mich sehr, Ihnen noch adieu sagen zu können, gnädige Frau.

FRAU MEINHOLD Bleiben Sie lange fort?

FRIEDRICH Das ist ungewiß. Hängt auch davon ab, ob ich hier dringend benötigt werde. In der Fabrik, mein' ich.

Vom Tennisplatz Otto, Paul, Erna, Frau Wahl, Mauer. Begrüßung.

OTTO Guten Abend, Mutter. *Küßt ihr die Hand*

FRAU MEINHOLD Guten Abend, Otto! –

FRIEDRICH Na, wie ist's gegangen, Paul?

PAUL Bitt' schön, nicht fragen. Von morgen an spiel' ich wieder mit dem Trainer.

MAUER Also, bist du bereit?

FRIEDRICH Selbstverständlich. – Meine Herrschaften… *Allen die Hand reichend* – liebe Genia…

GENIA Entschuldigen Sie, lieber Doktor, auf ein paar Minuten darf ich mir noch meinen Herrn Gemahl von Ihnen ausbitten?

MAUER Oh…

Mauer, Erna, Frau Meinhold, Otto, Frau Wahl, Paul entfernen sich.

FRIEDRICH Du hast mir noch was zu sagen, Genia?

GENIA Eigentlich nichts, als daß ich mich ein bißchen über deinen Entschluß wundre. Ich hab' nämlich keine Ahnung gehabt, daß du heute fortfahren willst.

FRIEDRICH Ich doch auch nicht, mein Kind.

GENIA Wirklich, keine Ahnung?

FRIEDRICH Daß es gerade heute abend sein wird – absolut nicht. Wenn der Mauer nicht zufällig gekommen wäre… Aber daß ich Lust hätt', auf ein paar Tage ins Gebirge zu gehen – das war dir ja nicht unbekannt. Ob ich nun heut' fahr', – oder morgen oder übermorgen… Also zum Wundern ist doch kein Anlaß.

GENIA *sich über die Stirne streichend* Gewiß, du hast ja recht. Nur weil eben so gar keine Rede davon war.
Bange Pause.

FRIEDRICH Also, ich telegraphier' natürlich täglich, sowohl hierher als ins Bureau. Und schreib' auch. Bitte gleichfalls um regelmäßige Berichterstattung. Und wenn von Percy was kommt, so schick' mir's nach… Auch wenn's nur an die dear mother gerichtet ist… Ja, mein Kind. Also jetzt heißt's… der Mauer wird wirklich schon ungeduldig werden.

GENIA Warum – warum – fährst du fort?

FRIEDRICH *etwas ungeduldig, aber nicht heftig* Du, Genia, mir scheint, als hätt' ich dir darauf schon geantwortet.

GENIA Du weißt sehr gut, daß du mir noch nicht geantwortet hast.

FRIEDRICH Jedenfalls ist diese Art zu inquirieren etwas ganz neues – in unserm Haus.

GENIA Du bist nicht verpflichtet mir Rede zu stehn, gewiß

nicht. Aber ich seh' eigentlich auch keinen Grund, warum du mir die Antwort direkt verweigern solltest.

FRIEDRICH Ja, mein liebes Kind, wenn du wirklich findest, daß es erst ausdrücklich festgestellt werden muß... also schön: Ich fühle mich seit einiger Zeit nicht besonders wohl. Das wird ja wieder vorübergehn – wahrscheinlich... gewiß. Aber in den nächsten Tagen brauch' ich eben eine andere Luft, eine andre Umgebung. Sicher ist jedenfalls, daß ich von hier fort muß.

GENIA Von hier!?... Von mir!!

FRIEDRICH Von dir – Genia –? Das hab' ich doch nicht – Aber wenn du's absolut hören willst – gut, von dir! Ja, Genia.

GENIA Aber warum? Was hab' ich dir denn getan?

FRIEDRICH Nichts... Wer sagt denn, daß du mir was getan hast.

GENIA So erklär' dich doch, Friedrich... Ich bin ja ganz... Auf alles war ich eher gefaßt, als daß du jetzt... so plötzlich... Von einem Tag zum andern – von einer Stunde zur andern hab' ich erwartet, daß wir uns... aussprechen werden... daß wir...

FRIEDRICH Ja. Diese Erwartung hab' ich dir schon angemerkt, Genia. Ja. Aber... ich glaube, dazu ist es noch zu früh, – zum – Aussprechen... Ich muß mir noch über mancherlei klar werden...

GENIA Klar –? Ja... wo gibt's denn eine Unklarheit? Du hast doch... den Brief in der Hand gehabt? Du hast ihn doch gelesen? Wenn du vorher gezweifelt hast... was ich ja gar nicht glaube... seit dem Abend – um Himmels willen, Friedrich – seit dem Abend muß dir doch eine Ahnung aufgegangen sein – Friedrich, was – was du mir... Gott... ist es denn wirklich notwendig, das erst mit Worten zu sagen!...

FRIEDRICH Nein, gewiß nicht... Das ist es ja eben. Der Abend. Ja. Mir ist nämlich schon die ganze Zeit her, verzeih... es ist natürlich nicht deine Absicht – aber ich hab' halt den Eindruck, als wenn du diese Affäre... *Zögert.*

GENIA Nun – nun –?

FRIEDRICH Als wenn du den Selbstmord von Korsakow gegen

mich irgendwie ausspieltest... Innerlich natürlich... Und das – das macht mich halt... ein bissel nervös...

GENIA Friedrich! Ja, bist du denn... Ich spiele den Selbstmord... Nein – ist es möglich!...Das!...

FRIEDRICH Ich sag' ja schon, du kannst nichts dafür. Du meinst es nicht so. Du bist gewiß nicht stolz darauf, daß er deinetwegen... daß du ihn sozusagen in den Tod – du bildest dir gewiß nichts ein, auf deine Standhaftigkeit, das weiß ich ja alles...

GENIA Nun also, wenn du das weißt...

FRIEDRICH Ja, aber daß es überhaupt geschehen ist...

GENIA Was, was?

FRIEDRICH Daß er sich hat umbringen müssen... das ist das Furchtbare... darüber komm' ich nicht weg.

GENIA Was... das... *Greift sich an den Kopf.*

FRIEDRICH Na, ja, bedenk doch nur, man kann's drehn und wenden, wie man's will... daß der arme Korsakow jetzt unter der Erde liegt und verwest... die Ursache davon bist ja doch du!... Natürlich... unschuldig – in doppeltem Sinn. – Ein andrer als ich würde vielleicht vor dir auf den Knien liegen, dich anbeten – wie eine Heilige – gerade deswegen! ...Ich bin halt nicht so... Mir bist du gerade dadurch... gleichsam fremder geworden.

GENIA Friedrich!!...Fremder... Friedrich! – –

FRIEDRICH Ja, wenn er dir zuwider gewesen wäre – ja, dann, dann wär' es die natürlichste Sache von der Welt. Aber nein, ich weiß ja, er hat dir sogar sehr gut gefallen... Man kann schon sagen, du warst ein bissel verliebt in ihn. Oder – wenn ich's... um dich verdient hätte... wenn du mir gegenüber zu der sogenannten Treue verpflichtet gewesen wärst... Aber ich hab' doch wirklich kein Recht gehabt... na... davon müssen wir doch nicht erst reden. – Also ich frag' mich halt immer und immer wieder: Warum hat er sterben müssen?

GENIA Friedrich!

FRIEDRICH Und, verstehst du, dieser Gedanke... daß irgend etwas, das doch in Wirklichkeit gar nicht ist – ein Schemen, ein Phantom, ein Nichts, wenigstens einem so furchtbaren

Ding gegenüber, einem so irreparabeln wie der Tod – daß deine Tugend – einen Menschen in den Tod getrieben hat, das ist mir einfach unheimlich. Ja... Ich kann's nicht anders sagen... Ja... Es wird ja wohl wieder vergehn... mit der Zeit... im Gebirg... und wenn wir ein paar Wochen nicht beieinander sind... Aber jetzt ist es nun einmal da – und da kann man nichts machen... Ja, liebe Genia... So bin ich einmal... Andre wären halt anders...

GENIA *schweigt.*

FRIEDRICH Ich hoffe, du nimmst mir's nicht übel, daß ich – auf deinen Wunsch hin – alles das so deutlich ausgesprochen habe. So deutlich, daß es schon wieder beinah nicht wahr geworden ist...

GENIA Es ist schon wahr geblieben, Friedrich...
Die andern kommen allmählich näher.

MAUER *zuerst* Verzeih, Friedrich, aber es ist die höchste Zeit. Ich hab' nämlich in der Stadt noch was zu tun... Du kannst ja vielleicht mit einem späteren Zug...

FRIEDRICH Ich bin schon bereit... *Hinaufrufend* Also Kathi – geschwind! Meinen Überzieher und meine kleine, gelbe Tasche, die liegt auf dem Diwan in meinem Zimmer.

FRAU WAHL Also glückliche Reise und hoffentlich auf Wiedersehn.

ERNA Am Völser Weiher.

FRAU WAHL Wissen Sie, was hübsch wär', Frau Genia? Wenn Sie auch hinkämen.

ERNA Ja, Frau Genia! –

GENIA Geht leider nicht! Der Percy kommt ja –

FRIEDRICH Aber doch nicht so bald. *Zu Mauer* Wann sind wir denn dort?

MAUER So in acht bis zehn Tagen, denk' ich.

FRIEDRICH Ja, Genia, das wär' wirklich eine Idee. Du solltest dir's überlegen, Genia. –

GENIA Ich... werd' mir's überlegen.

STUBENMÄDCHEN *kommt mit Überzieher und Tasche.*

MAUER Also adieu, Frau Genia. *Verabschiedet sich auch bei den andern.*

FRIEDRICH Adieu, meine Herrschaften. Na, was macht ihr denn eigentlich heute noch alle?

PAUL Ich hätte eine Idee. Man könnte eine Mondscheinpartie machen nach Heiligenkreuz.

ERNA Ich wär' gleich dabei.

FRAU WAHL Zu Fuß –?

FRIEDRICH Aber das ist ja nicht nötig. Ich schick' euch das Auto von der Bahn zurück.

PAUL Hoch der edle Spender!

FRIEDRICH Keine Ovationen, wenn ich bitten darf. Also adieu. Gute Unterhaltung allerseits. Adieu, Genia. *Nimmt noch einmal Genias Hand, die sie dann schlaff fallen läßt.*

FRIEDRICH *und* MAUER *durchs Haus ab.*

GENIA *steht starr.*

PAUL, ERNA, FRAU WAHL *stehen nebeneinander.*

OTTO *und* FRAU MEINHOLD *haben einen kurzen Blick der Verständigung gewechselt.*

OTTO *zu Genia, Abschied nehmend* Gnädige Frau, wir werden uns auch – –

GENIA *rasch, erregter* Sie wollen gehen? Und Sie, gnädige Frau? Aber warum denn? Wir haben ja im Auto ganz bequem alle Platz.

ERNA Natürlich. Der Herr Kreindl sitzt vorne beim Chauffeur.

PAUL Mit Wonne.

OTTO Ich möchte mir nur die Bemerkung erlauben, daß es mit der Mondscheinpartie einige Schwierigkeiten haben dürfte, da wir uns unterm Neumond befinden.

ERNA Uns genügen zur Not auch die Sterne, Herr Fähnrich.

FRAU MEINHOLD *zum Himmel schauend* Ich fürchte, Sie werden heute auch auf die verzichten müssen.

ERNA So sausen wir kühn ins Dunkel hinein.

GENIA Ja, Erna, das ist vielleicht das Allerlustigste. *Sie lacht auf.*

Vorhang

Dritter Akt

Halle des Hotels Völser Weiher.

Vorn links Eingang. (Glastourniquet). Rechts dem Eingang gegenüber Lift, daneben beiderseits Treppen, die aufwärts führen. Hintergrund großer, weiter Erker mit hohen Glasfenstern. Blick auf Wald-, Berg- und Felsenlandschaft.

Rechts hinten Portiere vor einem Gang, der zum Speisesaal führt. Am Eingang großer, langer Tisch erhöht, mit Prospekten, Fahrplänen usw., dahinter praktikable Holzwand mit kleinen Fächern für Briefe und Zimmerschlüssel. In der Halle, auch im Erker, Tische und Sitzgelegenheiten. – Auf einigen Tischen Zeitungen. – Schaukelstühle. – Mäßige Bewegung in der Halle, die, ohne den Fortgang der Handlung zu stören, mit entsprechenden Unterbrechungen, während des Aktes andauert. – Touristen und Sommergäste, die von draußen hereinkommen, Gäste, die sich im Lift fahren lassen, andere, die die Stiege hinauf- und hinunter gehn, gelegentlich ein Kellner, Herren und Damen, die an einem der Tische Zeitung lesen oder plaudern. – Am Lift ein Boy.

Hinter dem Tisch am Eingang der PORTIER ROSENSTOCK, *rotbäckiger ziemlich junger Mensch, kleiner, schwarzer Schnurrbart, schwarzes Haar, schlaue, gutmütige Augen, zuvorkommend und überlegen. Er gibt eben einem Boy Zeitungen, der Boy entfernt sich mit diesen und läuft über die Stiege hinauf.*

Zwei Herren im Gebirgsanzug kommen von draußen, gehn gleich nach hinten dem Speisesaal zu.

Rosenstock macht Notizen in ein Geschäftsbuch.

Über die Stiege DOKTOR MEYER, *kleiner, etwas schüchterner Herr in nachlässigem Sommeranzug, nähert sich dem Portier. Er hat in der Hand eine zusammengefaltete Landkarte.*

MEYER *nachdem er eine kleine Weile gewartet hat* Herr Portier...
ROSENSTOCK *liebenswürdig, aber nicht ohne eine gewisse Überlegenheit* Bitte, Herr Doktor?

MEYER Ich wollte mir nur die Frage erlauben, Herr Portier...
ich habe nämlich die Absicht, morgen eine Tour zu machen,
und da wollte ich mir die Frage erlauben, ob man zur Hofbrandhütte einen Führer benötigt.

ROSENSTOCK O, gewiß nicht, Herr Doktor. Der Weg ist nicht
zu fehlen, gut markiert.

MEYER Und wenn ich dann von der Hütte eine Spitze mitnehmen würde? Zum Beispiel den Aignerturm.

ROSENSTOCK *lächelnd* Aignerturm?! ... Aignerturm ist die
schwerste Tour in der ganzen Gegend, wird sehr selten gemacht. Nur von ausdauernden, schwindelfreien Kletterern.
Heuer ist er überhaupt noch nicht gemacht worden.

MEYER Pardon, ich meinte nicht den Aignerturm. *Mit der
Karte* Die Rotwand meinte ich. – Die ist doch nicht so
schlimm?

ROSENSTOCK Gewiß nicht. Da kann jedes Kind hinauf.

MEYER Noch nie was geschehn?

ROSENSTOCK Ja, gelegentlich sind auch schon von der Rotwand
Leute heruntergefallen.

MEYER Wie?! –

ROSENSTOCK Das ist schon nicht anders im Gebirge. Es gibt
eben überall Dilettanten...

MEYER Hm. Also ich danke vorläufig bestens, Herr Portier.

ROSENSTOCK Bitte sehr.

*Doktor Meyer entfernt sich, setzt sich im Erker an einen Tisch und
studiert seine Karte, später geht er fort.*

Zwei JUNGE TOURISTEN, *Rucksack, Havelock, Bergstöcke, kommen
von draußen.*

ERSTER TOURIST *sehr forsch* Guten Morgen. Guten Abend vielmehr.

ROSENSTOCK Habe die Ehre.

ERSTER TOURIST Sagen Sie, haben Sie ein Zimmer mit zwei Betten, oder zwei Zimmer mit je einem Bett?

ROSENSTOCK Wie ist der werte Name?

ERSTER TOURIST So – muß man sich hier vorstellen? Bogenheimer, candidatus juris aus Halle. Gebürtig aus Merseburg, evangelisch...

ROSENSTOCK *sehr höflich und ganz wenig lächelnd* Ich wollte nur fragen, ob die Herren bestellt haben.

ERSTER TOURIST Ne, bestellt ham ma nich.

ROSENSTOCK *sehr höflich* Dann bedaure ich sehr, wir haben leider gar nichts frei.

ERSTER TOURIST Gar nichts? Das ist aber böse. Auch kein Strohlager... an das man sich klammern könnte?

ROSENSTOCK Leider, nein.

DER ZWEITE TOURIST *hat hintereinander auf zwei Sesseln Platz genommen, die ihm beide nicht bequem genug zu sein scheinen. Endlich läßt er sich in einen Schaukelstuhl fallen.*

ERSTER TOURIST *zum zweiten* Was machen ma nu? *Zu Rosenstock* Wir haben nämlich vierzehn Stunden Marsch in den Beinen.

ROSENSTOCK *mitfühlend* Das ist viel.

ZWEITER TOURIST Ich rühr' mich nicht vom Fleck.

ERSTER TOURIST Haben Sie gehört, Herr Cerberus? Mein Kollege, der rührt sich nicht vom Fleck.

ROSENSTOCK Bitte sehr. Raum für alle hat die Halle.

ERSTER TOURIST Ah, sind wohl Dichter?

ROSENSTOCK Nur in dringenden Fällen.

ERSTER TOURIST Also was sollen ma machen?...

ROSENSTOCK Wenn die Herren vielleicht zur Alpenrose schauen wollten...

ERSTER TOURIST Ist das auch ein Hotel?

ROSENSTOCK Sozusagen.

ERSTER TOURIST Glauben Sie, daß es dort was gibt?

ROSENSTOCK Die haben immer was.

ERSTER TOURIST Na, versuchen ma die Alpenrose zu pflücken. *Zum andern* Auf, mein Sohn.

ZWEITER TOURIST Ich rühr' mich nicht. Schicken Sie eine Sänfte um mich, Bogenheimer, wenn Sie was gefunden haben... Oder einen Maulesel.

Er setzt sich zurecht und schlummert bald ein.

ERSTER TOURIST *zu Rosenstock* Also passen Sie nur gut auf mei-

nen Kollegen, daß er ja nicht im Schlummer gestört wird. *Im Abgehen* Das Wandern ist des Müllers Lust...
Ab.

EIN EHEPAAR *kommt. Ein Boy hinter ihnen mit Handgepäck.*

ROSENSTOCK *begrüßt sie.*

HERR Das Zimmer bereit?

ROSENSTOCK Selbstverständlich, Herr Hofrat. Numero sieben-undfünfzig.

Glocke. Ehepaar mit dem Boy zum Lift, fahren hinauf.

PAUL KREINDL *kommt, eleganter Reiseanzug, weiter Mantel, grüner Hut mit Gemsbart, rote Handschuhe, Rakett mit der Tasche in der Hand. Boy mit Handgepäck hinter ihm.*

PAUL Guten Tag.

ROSENSTOCK Habe die Ehre, Herr von Kreindl.

PAUL Ah, was seh' ich...! Sie, lieber Rosenstock...? Sie sind jetzt da? Was wird denn der Semmering ohne Sie anfangen?

ROSENSTOCK Man steigt eben immer höher, Herr von Kreindl. Von tausend... auf eintausendvierhundert...

PAUL Also haben S' was für mich?

ROSENSTOCK Selbstverständlich. Leider nur im vierten Stock. Wenn Herr von Kreindl nur um einen Tag früher telegraphiert hätten...

PAUL Meinetwegen im sechsten. Ihr habt's ja Lift.

ROSENSTOCK Wenn er nicht grad ruiniert ist... Ja... Herr von Kreindl werden zahlreiche Bekannte hier finden. Herr von Hofreiter ist da, die Frau von Wahl mit Herrn Sohn und Fräulein Tochter, Herr Doktor Mauer, der Dichter Rhon, der hier auf seinen Lorbeern ausruht.

PAUL *nach jedem Namen* Weiß... weiß... weiß. *Nach Rhon* Ah, der auch... *Zum Boy* Schaffen Sie das Zeug da hinauf. *Da der Boy sein Rakett nehmen will* Ah nein, das behalt' ich in der Hand. Ja, richtig, Sie, lieber Rosenstock, nichts sagen dem Herrn Hofreiter, daß ich angekommen bin. Überhaupt niemandem. Ich will die Leut' nämlich überraschen.

ROSTENSTOCK Herr Hofreiter befindet sich seit gestern auf einer Partie.

PAUL Was Großes?

ROSENSTOCK O nein. Herr Hofreiter hat ja die großen Touren aufgegeben – bekanntlich – seit dem Unglücksfall vor sieben Jahren auf dem Aignerturm. Auf die Hofbrandhütte sind die Herrschaften gegangen. Sind auch Damen dabei. Die Frau Rhon und das Fräulein von Wahl. Da kommt grad die Frau Mama von dem Fräulein.

FRAU WAHL *die Stiege herunter in etwas zu jugendlichem Sommerkleid.*

PAUL *ihr entgegen* Küss' die Hand, gnä' Frau.

FRAU WAHL Ah, grüß' Sie Gott, lieber Paul. *Zu Rosenstock* Sind sie denn noch immer nicht zurück?

ROSENSTOCK Bisher noch nicht, gnädige Frau.

FRAU WAHL *zu Paul* Ich bin nämlich in Verzweiflung... Also nicht gerade in Verzweiflung... aber ernstlich besorgt bin ich... Die Erna ist seit gestern auf einer Partie. Zum Lunch hätte sie zurück sein sollen, jetzt ist's fünf, grad war ich oben in ihrem Zimmer, sie wohnt nämlich in nächster Nähe des Himmels... immer hat sie solche Sachen! und sie ist noch nicht da. Ich bin außer mir.

PAUL Es ist doch eine große Gesellschaft, wie ich höre.

FRAU WAHL Das schon. Der Gustl ist natürlich mit und der Friedrich Hofreiter, und der Doktor Mauer und die Frau Rhon.

PAUL Na, da wird schon nichts g'schehn sein. Also bitte, gnädige Frau, niemandem sagen, daß ich da bin. Wenn die Herrschaften vielleicht zurückkommen sollten, während ich mich umzieh'. Ich möcht' nämlich gern als Überraschung wirken. *Gekränkt* Bei Ihnen ist mir das ja leider nicht gelungen, gnädige Frau.

FRAU WAHL Da müssen Sie mich heute wirklich entschuldigen, lieber Paul, bei der Aufregung. Was gibt's denn übrigens Neues in Baden? Kommt die Genia nicht her?

PAUL Frau Hofreiter? Sie hat nichts derartiges geäußert. Und ich hab' sie noch vorgestern gesprochen. Da waren wir nämlich alle zusammen, eine größere Gesellschaft, in der Arena.

Also ich werde dann schon so frei sein, ausführlich zu berichten. Vorläufig muß ich meinen äußern Menschen in Ordnung bringen. Wenn man so eine Nacht gefahren ist auf der Eisenbahn und dann noch sechs Stunden im Wagen... *Zu Rosenstock* Überhaupt eine Verbindung!

ROSENSTOCK In spätestens drei Jahren haben wir eine Bahn herauf, Herr von Kreindl. Unser Herr Doktor fährt in den nächsten Tagen nach Wien in dieser Angelegenheit zum Minister.

PAUL Das ist g'scheit. Meine Sachen sind schon oben, nicht wahr, Rosenstock?

ROSENSTOCK Jawohl, Herr von Kreindl.

PAUL Na schön. Also küss' die Hand, gnä' Frau, und nichts sagen. *Zum Lift, hinauf.*

ROSENSTOCK *zur Frau Wahl* Gnädige Frau brauchen sich wirklich nicht aufzuregen. Die Herrschaften haben doch sogar einen Führer mitgenommen.

FRAU WAHL Einen Führer zur Hofbrandhütte? Davon hab' ich ja gar nichts gewußt. Hören Sie, das kommt mir aber sonderbar vor.

ROSENSTOCK Es ist ja nur wegen der Rucksäcke. Man braucht doch wen zum Tragen. Und übrigens ist ja das Fräulein Tochter eine so vorzügliche Touristin...

FRAU WAHL Das war der Bernhaupt auch...

ROSENSTOCK Ja... rasch tritt der Tod den Menschen an. Es ist ihm keine Frist gegeben...

FRAU WAHL Na – sein S' so gut!...

ROSENSTOCK Oh bitte... das bezieht sich selbstredend nicht auf Fräulein Tochter.

FRAU WAHL Ich hab' übrigens da ein Buch bei Ihnen liegen lassen, lieber Rosenstock, geben Sie mir's her... in gelbem Einband... von Rhon... Ja, das ist es schon... Ich werd' mich da ein bissel hersetzen und lesen... Wenn ich nur kann.

ROSENSTOCK O, dieses Buch wird gnädige Frau jedenfalls zerstreun. Herr Rhon schreibt ja so gewandt.

FRAU WAHL *setzt sich an einen der Tische.*

DOKTOR MEYER *stand in der Nähe mit der entfalteten Karte, wagt sich jetzt hin* Ich wollte mir nur die Frage erlauben, Herr Portier, ich finde nämlich die Bemerkung im Baedeker, daß die Tour sehr beschwerlich ist, und da wollte ich fragen, ob es sich nicht empfehlen würde, wenn ich zwei Führer...

ROSENSTOCK Bitte, können auch zwei Führer haben, Herr Doktor.

SERKNITZ *kommt von der Stiege herunter. Groß, stark, Lodenanzug, nachlässig gekleidet, Touristenhemd mit Quasten. Zu Rosenstock, ohne sich um Meyer zu kümmern* Briefe schon da?

ROSENSTOCK Noch nicht, Herr von Serknitz. In einer halben Stunde etwa.

SERKNITZ Zustände! Die Post ist doch längst heroben.

ROSENSTOCK Aber bis sortiert wird, Herr von Serknitz.

SERKNITZ Sortiert!! Setzen Sie mich da hinunter, ich sortier' Ihnen den ganzen Einlauf in einer Viertelstunde. Wenn ich in meinem Bureau daheim so lange brauchte, um zu sortieren! – Das ist so die österreichische Schlamperei. Da klagt ihr dann über den schlechten Fremdenverkehr.

ROSENSTOCK Wir klagen nicht, Herr von Serknitz. Wir sind überfüllt.

SERKNITZ Ihr verdient die Gegend nicht, sag' ich.

ROSENSTOCK Aber wir h a b e n Sie, Herr von Serknitz.

SERKNITZ Ich erlasse Ihnen den Adel, Herr Portier. Ich fall' Ihnen ja auf diesen Schwindel doch nicht hinein. Übrigens komm' ich gar nicht wegen der Post. Ich komme wegen der Wäsche.

ROSENSTOCK Bitte, Herr Serknitz, damit hab' ich nichts...

SERKNITZ Sie oder wer andrer. Das Mädchen oben weist mich ans Bureau, seit drei Tagen wart' ich auf meine Wäsche.

ROSENSTOCK Ich bedaure wirklich sehr. Übrigens kommt hier der Herr Direktor.

SERKNITZ Nicht allein – wie gewöhnlich.

DOKTOR VON AIGNER *kommt eben von draußen mit einer sehr schönen Spanierin, von der er sich jetzt empfiehlt.*

DIE SPANIERIN *zum Lift, fährt hinauf.*

DOKTOR VON AIGNER, *ein Mann von über fünfzig Jahren, noch sehr gut aussehend. Eleganter Gebirgsanzug mit Stutzen, schwarz-grau meliertes Haar, Knebelbart, Monokel, liebenswürdig, nicht ohne Affektation. Kein Hut.*

SERKNITZ Herr Direktor...

AIGNER *bezwingend höflich* Sofort... *Zu Rosenstock* Lieber Rosenstock. Exzellenz Wondra trifft schon morgen ein, statt am Donnerstag und braucht, wie Sie wissen, vier Zimmer.

ROSENSTOCK Vier Zimmer, Herr Direktor, für morgen... Wie soll ich denn das machen? Da müßt' ich ja die Leute... Verzeihn, Herr Direktor, da müßt' ich ja die Leute umbringen.

AIGNER Gut, lieber Rosenstock, aber möglichst ohne Aufsehn. *Zu Serknitz, stellt sich vor* Doktor von Aigner... Womit kann ich dienen?

SERKNITZ *nicht ohne Verlegenheit, die er hinter gespielter Sicherheit zu verbergen sucht* Serknitz... Ich habe eben... ich muß meine Entrüstung oder mindestens meine Mißbilligung ausdrücken – *Losbrechend* Kurz und gut, es ist eine fürchterliche Wirtschaft in Ihrem Hotel.

AIGNER Das täte mir leid. Worüber haben Sie sich zu beklagen, Herr Serknitz?

SERKNITZ Ich kann nämlich meine Wäsche nicht bekommen. Seit drei Tagen urgiere ich. Ich befinde mich bereits in der größten Verlegenheit.

AIGNER Das seh' ich. Aber wollen Sie sich nicht an das Zimmermädchen...

SERKNITZ Sie sind der Direktor! An Sie wend' ich mich. Es ist immer meine Art gewesen, an die höchste Instanz zu appellieren. Es macht mir wahrhaftig nicht viel Spaß, in diesem Aufzug unter Ihren Gräfinnen und Dollarprinzessinnen zu erscheinen.

AIGNER Verzeihn Sie, Herr Serknitz, es herrscht bei uns keinerlei Zwang, was die Kleidung anbelangt.

SERKNITZ Keinerlei Zwang! ... Meinen Sie, man merkt nicht, wie verschieden die Gäste hier behandelt werden?

AIGNER Oh...

SERKNITZ Ich sag' es Ihnen auf den Kopf zu, Herr Direktor,
wenn hier, statt eines einfachen Herrn Serknitz aus Breslau,
ein Lord Chamberlain oder eine Exzellenz Bülow stünde, Sie
würden einen andern Ton anschlagen. Jawohl, Herr Direktor. Und es wäre sehr angezeigt, wenn Sie draußen vor dem
Tore ein Plakat anheften ließen: In diesem Hotel fängt der
Mensch erst beim Baron oder beim Bankdirektor oder beim
Amerikaner an.

AIGNER Das würde der Wahrheit nicht entsprechen, Herr Serknitz.

SERKNITZ Meinen Sie, weil ich nicht im Auto hier vorgefahren
bin, hab' ich nicht den Anspruch auf die gleiche Rücksicht wie
irgendein Trustmagnat oder ein Minister? Der Mann ist noch
nicht geboren, der es sich erlauben dürfte, mich von oben
herab zu behandeln. Ob er nun ein Monokel trägt oder keins.

AIGNER *immer ruhig* Wenn Sie, Herr Serknitz, etwas an meiner
Haltung persönlich kränken sollte, so steh' ich selbstverständlich in jeder Weise zur Verfügung.

SERKNITZ Haha! Ich soll mich wohl mit Ihnen duellieren? Das
ist das Allerneueste. Das müssen Sie sich patentieren lassen.
Man beklagt sich, daß einem die Hemden und – sonstiges
nicht geliefert wird, und dafür soll man noch totgeschossen
werden. Hören Sie, Herr Direktor, wenn Sie glauben, daß Sie
damit den Zuspruch Ihres Hotels besonders fördern werden,
so befinden Sie sich in einem gewaltigen Irrtum. Auf der
Stelle würde ich dieses lächerliche Lokal, dieses Eldorado von
Snobs, Hochstaplern und Börsen-Juden mit Extrapost verlassen, wenn ich Lust hätte, Ihnen meine Wäsche zum Geschenk
zu machen. Vorläufig sehe ich einmal nach, ob sie indes gekommen ist. Ich habe die Ehre, Herr Direktor.

AIGNER Guten Tag, Herr Serknitz. *Zu Frau Wahl hin, die er schon
einmal während des Gesprächs durch ein Kopfnicken gegrüßt hat*
Guten Tag, gnädige Frau.

FRAU WAHL Ich bewundere Ihre Geduld, Herr Direktor.

AIGNER Das lernt sich.

FRAU WAHL Ich wollte, ich hätte etwas von Ihrer Selbstbeherrschung.

AIGNER Was gibt's denn?

FRAU WAHL Ich bin in einer grenzenlosen Aufregung. Unsere
Kompagnie ist noch immer nicht zurück.

AIGNER Aber ich bitte Sie, gnädige Frau... Von der Hofbrandhütte ist noch jeder zurückgekommen. Das ist ja ein Spaziergang... Erlauben Sie? *Er setzt sich.*

FRAU WAHL Ob ich erlaube? Man muß es immer dankbar annehmen, wenn Sie einmal nicht anderweitig beschäftigt
sind... exotisch... erotisch....

AIGNER Exotisch... erotisch...? Das ist nicht von Ihnen, gnädige Frau. So boshaft sind Sie nicht, schöne Frau.

FRAU WAHL Nein... es ist von Rhon.

AIGNER Ja... ich dacht' es... Ein Dichter, der Herr Rhon...
ja... Was Sie da wieder für eine reizende Brosche haben, gnädige Frau! Bauernbarock. Wirklich famos.

FRAU WAHL Ja, ganz hübsch, nicht wahr? Und gar nicht teuer.
Na, billig ist sie grad auch nicht. Der Swatek in Salzburg hebt
mir immer die Sachen auf. Er kennt schon meinen Geschmack.

ALBERT RHON *mittelgroßer, dicker Herr, mit schwarzem, graumelier-
tem, etwas ungeordnetem Haar, bequemer Sommeranzug, die
Treppe herunter* Grüß' Sie Gott, gnädige Frau. Guten Abend,
Direktor. Na, sind unsre Hochtouristen noch nicht zurück?

FRAU WAHL Was sagen Sie!? Nein!

RHON Sie werden schon kommen... werden vielleicht etwas
solenn gefrühstückt haben... Meine Gattin jedenfalls.

EINE SEHR SCHÖNE ENGLÄNDERIN *tritt in die Nähe, zu Aigner, mit
englischem Akzent* Herr Direktor, darf ich bitten, auf ein Wort.

AIGNER Bitte... *Zu ihr, mit ihr nach rückwärts.*

RHON *zur Frau Wahl* Wissen Sie, wer das ist? Seine neueste Erobe-
rung.

FRAU WAHL Die? Gestern haben Sie mir ja eine andre gezeigt.

RHON Gestern war's auch eine andre. Ja, das ist ein Mensch!
Haben Sie denn eine Ahnung, wie der in der Gegend hier ge-

haust hat? Sagen Sie, gnädige Frau, ist Ihnen zum Beispiel noch nicht die Ähnlichkeit unsres Oberkellners mit Aigner aufgefallen?

FRAU WAHL Sie glauben? Sie halten diesen Oberkellner für seinen Sohn?

RHON Mindestens für seinen Neffen. Ja, das ist so ein Wüstling, – daß ihm auch die Neffen ähnlich sehn.

FRAU WAHL Daß Sie überhaupt in der Laune sind, Späße zu machen! Zum Lunch wollten sie da sein. Jetzt ist es halb sechs. Ich mache mir wirklich Vorwürfe, daß ich nicht mitgegangen bin.

RHON Da tun Sie unrecht, gnädige Frau. Was hätten Sie zur Rettung beitragen können? Wir hätten nur ein Opfer mehr zu beweinen.

FRAU WAHL Schauderhaft find' ich Ihre Witze. Sie scheinen zu vergessen, daß Ihre Frau auch dabei ist. Wie kann man seine Frau überhaupt auf so lange fortlassen?

RHON Sie wissen, Frau von Wahl, daß mir das Bergsteigen kein Vergnügen macht. Mir fehlt überhaupt das Talent – für das Manuelle sozusagen. Und ferner schreib' ich eine Tragödie.

AIGNER *ist wieder hervorgetreten.*

RHON Jetzt sollten sie ja allerdings schon zurück sein. Wenigstens meine Frau. Ich bin gewohnt von ihr, beim Wiedereintritt ins Alltagsleben empfangen zu werden. Wir verbringen die Zwischenakte miteinander.

AIGNER Meistens beim Büfett.

RHON *ihm auf die Schulter klopfend, gutmütig* Ja, ja, Direktor. Sagen Sie übrigens, ist das wirklich eine so ungefährliche Sache, diese Hofbrandhütte?

AIGNER Ich sagt' es eben früher: Ein Spaziergang. Die Hofbrandhütte trau' ich mir sogar noch zu.

FRAU WAHL Warum sind Sie nicht mitgegangen, Direktor? Es wäre doch eine Beruhigung.

AIGNER Ja, ich habe hier leider einiges zu tun, wie Sie ja früher bemerkt haben, gnädige Frau. Und dann, da ich eben nicht viel weiter könnte – als bis zur Hofbrandhütte, zieh' ich es vor, – nicht einmal bis dahin zu gehn.

RHON Das ist ganz fein. Aber hören Sie, Direktor, da fällt mir eben ein, ist von der Hütte aus nicht der Anstieg zu Ihrem Turm? Zum Aignerturm, mein' ich?

AIGNER Ja, es war einmal meiner! Jetzt gehört er mir nicht mehr... Andern freilich auch nicht.

RHON Das muß doch ein recht eigentümliches Gefühl sein, so zu Füßen eines Turmes zu sitzen, den man als erster bestiegen hat, und selbst nicht mehr in der Lage zu sein... Man könnte hier einen Vergleich wagen... den ich aber lieber unterlassen will. Nebenbei bin ich überzeugt, Sie bilden sich nur ein, daß Sie nicht mehr hinauf können, Direktor. Ich habe so meine Gedanken über Sie. Ich halte Sie nämlich für einen Hypochonder.

AIGNER Wollen wir dieses Thema nicht lieber fallen lassen, Herr Rhon?

FRAU WAHL *stößt einen leichten Schrei aus.*

RHON Was haben Sie denn, gnädige Frau?

FRAU WAHL Am Ende sind sie auf dem Aignerturm.

RHON *auch etwas erschrocken* Was fällt Ihnen ein?

FRAU WAHL Selbstverständlich. Sonst müßten sie ja schon zurück sein. Sie haben auch einen Führer mit. Kein Zweifel. Herr Direktor, Sie sind mit im Komplott, gestehn Sie's lieber gleich ein.

AIGNER Ich kann es beschwören, daß mit keinem Wort...

RHON Dort steht ein Führer.

FRAU WAHL Wo? Das ist ja der Penn. Vielleicht war's der...

DER FÜHRER PENN *steht beim Portier.*

RHON *und* FRAU WAHL *rasch zu ihm hin.*

FRAU WAHL Waren Sie mit der Hofreiter-Partie, Penn?...

PENN Freili.

Sehr schnell

FRAU WAHL Wo ist meine Tochter?

RHON Wo ist meine Frau?

FRAU WAHL So reden Sie doch.

RHON Wann sind Sie denn überhaupt zurückgekommen?

FRAU WAHL Wo sind denn die andern? Wieso sind Sie allein? Was ist geschehn...?

PENN *lächelnd* Gnädig' Frau, mir sein schon alle wieder da. Brav hat sich das gnädig' Fräulein gehalten.

FRAU WAHL Was heißt das?

RHON Wo waren Sie denn?

PENN Auf dem Aignerturm sind wir g'wesen.

FRAU WAHL *mit leichtem Schrei* Also doch! Also doch! Es ist furchtbar.

AIGNER Aber, gnädige Frau, da sie doch alle glücklich wieder zurück sind...

RHON Auch meine Frau war auf dem Aignerturm? Das ist doch nicht möglich?

PENN Nein, die kleine Dicke ist nicht mit oben g'wesen. Nur das Fräul'n Erna und der Hofreiter und der Doktor Mauer.

RHON Und meine Frau?

FRAU WAHL Und mein Sohn?

PENN Die haben g'wartet auf uns in der Hütten, bis wir wieder zurück waren.

FRAU WAHL Aber wo sind sie denn?

PENN Die Herrschaften sind alle durch die Schwemm 'einagangen, damit s' kein Aufsehn machen.

FRAU WAHL Ich muß hinauf, ich muß Erna sehn. *Zu Aigner* O, Sie... *Zum Lift hin; da er eben oben ist, klingelt sie verzweifelt. Zu Aigner* Warum sich Ihr Lift meistens im vierten Stock oben aufhält! Das ist auch so eine geheimnisvolle Eigentümlichkeit Ihres Hotels. *Zu Rhon* Fahren Sie nicht mit?

RHON Ich kann warten.

Der Lift herunter mit dem Boy.

RHON *zieht Frau Wahl beiseite* Sehn Sie sich einmal den Boy an. Sonderbare Ähnlichkeit –!

FRAU WAHL Mit wem?

RHON Na... *Weist auf Aigner.*

FRAU WAHL Auch ein Sohn von ihm...?

RHON Wohl schon ein Enkel.

FRAU WAHL Ach Gott, Sie... *Fährt mit dem Lift hinauf.*

AIGNER *zu Penn* Also ihr wart richtig auf dem Turm?

PENN Ja, Herr Direktor. Leicht ist's nicht gewesen.

AIGNER Das kann ich mir denken.

PENN Wissen S', Herr Direktor, ich hab' mir schon denkt, daß das Unwetter vor acht Tagen wird was ang'stellt haben. Ein paarmal haben wir uns fein ducken müssen. Und dann die letzten hundert Meter, weiß der Teufel... was da g'schehn ist seit dem vorigen Jahr. Da hat man doch noch einen Tritt g'habt und g'wußt, wo man das Seil sichern kann, diesmal ham mir schier fliegen müssen...

AIGNER Aber oben war's schön.

PENN Sell wissen ja der Herr Direktor. Oben is immer schön. Und gar auf dem Aignerturm.

DOKTOR MEYER *mit der gänzlich entfalteten Landkarte, schüchtern zum Portier hin.*

ROSENSTOCK Da war' grad ein Führer, Herr Doktor.

MEYER Danke bestens. *Zu Penn hin* Wenn ich mir erlauben dürfte...

GUSTL WAHL *kommt in einem eleganten Sommeranzug, spricht mit einer gewissen affektierten Schläfrigkeit, zuweilen wieder absichtlich bedeutungsvoll. Immer mit Humor* Grüß' Gott, Direktor. Guten Abend, Meister Rhon. Beglückwünsche Sie zu Ihrer Gattin. Sie spielt großartig Domino.

RHON Sie haben Domino mit ihr gespielt? Warum sind Sie denn nicht oben auf dem Aignerturm gewesen? Sie sind doch ein so großer Tourist. Im vorigen Jahr waren Sie doch auf dem Himalaja oder...

GUSTL Das Klettern habe ich längst aufgegeben, jetzt bin ich nur mehr ein Hüttenwanderer. Auch nicht schlecht.

RHON Und die ganze Zeit haben Sie Domino gespielt? Während die andern in Lebensgefahr geschwebt haben? Von meiner Frau wundert's mich nicht. Frauen haben keine Phantasie. Aber Sie...

GUSTL Die ganze Zeit haben wir nicht gespielt. Zuerst hab' ich versucht, mit Ihrer Frau Gemahlin ein Gespräch zu führen.

RHON Über buddhistische Philosophie wahrscheinlich.

GUSTL Größtenteils.

RHON Meine Frau interessiert sich nicht für Buddha.

GUSTL Ja, den Eindruck hab' ich auch gehabt. Und darum hab'
ich dann lieber mit ihr Domino gespielt. Im Freien bitte! Auf
einer herrlichen, mit den seltensten Alpenpflanzen übersäten
Wiese!

AIGNER Seit wann haben denn die da oben ein Dominospiel?

GUSTL Das findet sich immer. Diesmal war's in meinem Rucksack. Ich entferne mich nie auf längere Zeit ohne ein Dominospiel von Hause.

AIGNER Sonderbarer Geschmack.

GUSTL Es ist das schwerste Spiel, das es gibt. Schwerer als
Schach. Wissen Sie, wie viel Kombinationen es in dem Spiel
gibt?

RHON Woher soll ich das wissen?

GUSTL Ich aber weiß es... Ich habe mich jahrelang mit der Philosophie der Spiele beschäftigt.

RHON Und Sie haben nicht gezittert?

GUSTL Warum denn? Mir liegt nichts am Verlieren.

RHON Während Ihre Schwester zwischen Himmel und Erde...

GUSTL Aber, bitt' Sie, meiner Schwester g'schieht doch nichts,
die wird vierundachtzig Jahre alt.

RHON Das wissen Sie ganz bestimmt?

GUSTL Ich hab' ihr das Horoskop gestellt. Sie ist unter dem
Skorpion geboren... die darf noch mit dreiundachtzig Jahren
eine Gletscherwanderung wagen, wenn's ihr Spaß macht.

RHON Sie werden mir doch nicht einreden, daß Sie an solche
Sachen glauben?

GUSTL Warum nicht? – Ich erkenn' sogar den meisten Leuten
auf den ersten Blick an – unter welchem Sternbild sie geboren
sind...

FRAU RHON *kommt. Kleine, hübsche, ziemlich dicke Frau, stürzt ihrem Gatten an den Hals* Da bin ich wieder.

GUSTL *zu Aigner* Schaun Sie sich die an...

AIGNER Nun –?

GUSTL Ausgesprochener Steinbock!...

RHON Na, laß nur, wir sind ja nicht allein.

AIGNER Bitte, genieren Sie sich gar nicht.

RHON *kühl* Na, ist's schön gewesen, Kind?

FRAU RHON Aber prachtvoll.

RHON Ich höre, ihr habt Domino gespielt.

FRAU RHON Du bist bös'? Ich hab' gewonnen.

RHON Ist mir jedenfalls lieber, als wenn du auch versucht hättest herumzuklettern.

FRAU RHON Du, einen Moment hab' ich wirklich daran gedacht. Sie haben mich nur durchaus nicht mitnehmen wollen.

RHON Na, höre, das fehlte mir noch, daß du auf solche Ideen kommst. Ich habe keine Lust, mir durch die Sorge um dich die Wonne des Alleinseins verderben zu lassen. Wenn du nicht bei mir bist, will ich überhaupt nicht an dich denken müssen.

GUSTL Dafür hat sie auch nicht an Sie gedacht, Meister Rhon, das versichere ich Sie. Es wird Ihnen schon einmal schlimm ergehn. Ich war nur zufällig nicht das Genre von Ihrer Frau.

RHON Sagen Sie, Gustl, warum sind Sie denn so taktlos?

GUSTL Wissen Sie nicht, daß ich darauf reise? Und überhaupt – was ist Takt! Eine Tugend dritten Ranges. Das Wort sogar ist ziemlich neu. Findet sich weder bei den Römern, noch bei den Griechen, noch – höchst charakteristisch – im Sanskrit.

FRAU RHON *zu Rhon* Na, und du, was hast du denn gemacht indes? Bist du weitergekommen?

RHON Schluß des dritten Aktes, das Publikum stürmt tief ergriffen ins Restaurant...

FRAU RHON Da bin ich also grad recht zurückgekommen.

RHON Ja, nur dauert der Zwischenakt diesmal nicht lang. Von morgen früh an sperr' ich mich wieder ein und bleibe unsichtbar. Werde sogar, wenn du nichts dagegen hast, nicht an der Table d'hôte essen, sondern in der Schwemm', damit ich durch den unerwünschten Anblick blöder Gesichter nicht aus der Stimmung gerissen werde. Du kannst dann wieder Domino spielen.

GUSTL Gnädige Frau, lassen Sie sich scheiden von ihm. Wie kann man überhaupt einen Dichter heiraten? Das sind Unmenschen. Früher war's viel besser, wo man sich einen Dichter gehalten hat, wie einen Sklaven oder einen Friseur. Übrigens bestehen jetzt noch ähnliche Zustände auf den Azoren. Aber Dichter frei herumrennen lassen, das ist ja ein Blödsinn.

FRIEDRICH *kommt in einem eleganten Touristenanzug* Guten Abend, meine Herrschaften, küss' die Hand, schöne Dichtersfrau. Wie, auch schon umgekleidet? Das ist aber g'schwind gegangen.

AIGNER *der eben beim Portier steht* Grüß' Sie Gott, Hofreiter.

FRIEDRICH Guten Abend, Direktor. *Zu Rosenstock* Nichts da für mich? Kein Telegramm? Kein Brief? Merkwürdig. *Zu Aigner* Also ich kann Ihnen mitteilen, daß sich da oben nicht das geringste geändert hat, auf der Spitze wenigstens. Die Wegverhältnisse sind allerdings wieder ein bißchen schlimmer geworden. Oder ist man nur älter? Jetzt ist es Lebensgefahr, hinaufzuklettern, – aber wenn das mit dem Abbröckeln so weitergeht, ist es der sichere Selbstmord.

AIGNER Ja, der Penn hat mir berichtet.

FRIEDRICH Wissen Sie, Aigner, wenn man in diese Rinne kommt, ungefähr dreihundert Meter unterm Gipfel...

AIGNER *unterbricht ihn* Bitte, erzählen Sie mir nichts. Abgetan ist abgetan. Wie hat sich denn die Kleine gehalten?

FRIEDRICH Erna? Einfach prachtvoll.

AIGNER Daß Sie sie da mitgenommen haben... ich muß sagen...

FRIEDRICH Sie hat u n s mitgenommen. Ich hatte überhaupt nicht die Absicht, den Turm noch einmal in meinem Leben zu machen. Wo ist denn übrigens der Mauer?

AIGNER Ich hab' ihn noch nicht gesehn.

RHON Sagen Sie, Herr Hofreiter, wie war's Ihnen eigentlich zumute, als Sie an der gewissen Stelle vorbeikamen?

FRIEDRICH An der gewissen Stelle? Mein Gott, sieben Jahre sind eine lange Zeit. Ich habe Dinge beinahe vergessen, die viel kürzere Zeit zurückliegen. Ich vergesse sehr rasch... wenn ich will.

RHON Nun ja... man kommt wahrscheinlich öfters an Stellen wieder vorüber, wo jemand neben uns hinabgestürzt ist, nur erkennt man sie manchmal nicht wieder. Glauben Sie nicht –?

FRIEDRICH Wenn Sie eine Ahnung hätten, wie wenig ich zum Philosophieren aufgelegt bin, Meister Rhon...

PAUL KREINDL *kommt rasch die Treppe herunter* Habe die Ehre, Herr Hofreiter.

FRIEDRICH *ziemlich gleichgültig* Ah – Paulchen? Grüß' Sie Gott.

PAUL Guten Tag, Herr Rhon. Ich hatte schon einmal das Vergnügen... Also vor allem habe ich eine Menge Grüße zu überbringen. Zuerst von Frau Gemahlin, ferner vom Oberleutnant Stanzides, dann vom Natternpaar, dann von Frau Meinhold-Aigner, dann vom jungen Herrn von Aigner...

FRIEDRICH Erlauben Sie, daß ich vorstelle... Herr Paul Kreindl – Herr Direktor von Aigner.

PAUL Ah... sehr angenehm... *Er schweigt betroffen, dann zu Aigner, gefaßt* Ich habe nämlich das Vergnügen, Ihren Herrn Sohn zu kennen.

AIGNER *ruhig* Ich leider nicht.

FRIEDRICH Also was gibt's Neues in Baden? *Ruhig* Wissen S' nicht – kommt meine Frau vielleicht her?

PAUL Bedauere, mir hat die gnädige Frau nichts gesagt.

FRIEDRICH Amüsiert man sich gut?

PAUL Glänzend! Neulich waren wir alle zusammen in der Arena. Die Frau Gemahlin wird Ihnen ja geschrieben haben.

FRIEDRICH Ja, natürlich.

PAUL Und vorher waren wir auf der Hauswiese, wo so eine Art Volksfest stattgefunden hat. Wir haben uns auch unter das Volk gemischt. Haben sogar getanzt.

FRIEDRICH Meine Frau auch?

PAUL Ja, natürlich. Und in der Arena, da war eine große Sensation, wie nämlich die Schauspieler von der Bühne plötzlich die berühmte Frau Meinhold in einer Loge entdeckt haben. Sie haben dann eigentlich nur mehr für uns gespielt.

RHON Was ist denn gegeben worden?

PAUL Entschuldigen, darauf hab' ich nämlich gar nicht aufgepaßt.

RHON Für diese Menschen vergießt man sein Herzblut.

PAUL *zu Rhon* Ah, ist da nicht Ihre Frau Gemahlin? Die Herren
entschuldigen. *Zu Frau Rhon und Gustl, die an einem Tisch
sitzen.*

RHON *folgt ihnen.*

FRIEDRICH, AIGNER

FRIEDRICH *zündet sich eine Zigarette an und setzt sich.*

AIGNER Ich wußte gar nicht, daß meine einstige Familie so viel
in Ihrem Hause verkehrt?

FRIEDRICH Ja, man sieht sich zuweilen. Insbesondere hat sich
Ihre einstige Gattin sehr mit meiner Frau angefreundet. Und
mit Otto spiel' ich manchmal Tennis. Er spielt famos. Überhaupt – zu Ihrem Sohn kann man Ihnen gratulieren. Man prophezeit ihm eine große Zukunft. Er soll sehr beliebt sein bei
seinen Vorgesetzten. Vielleicht ist er der künftige Admiral
von Österreich.

AIGNER Sie erzählen mir Geschichten von einem fremden jungen Mann.

FRIEDRICH Sagen Sie, Aigner, Sie haben wirklich nicht die geringste Sehnsucht, ihn wiederzusehn?

AIGNER Wiederzusehn? Sie könnten höchstens sagen, ihn kennenzulernen. Denn der Fähnrich von heute hat wohl mit dem
jungen Herrn, dem ich vor ungefähr zwanzig Jahren den letzten Vaterkuß auf die Stirne drückte, weder äußerlich noch
innerlich mehr die geringste Ähnlichkeit.

FRIEDRICH Also nicht Sehnsucht, ihn wiederzusehn – aber Interesse, ihn kennenzulernen –? Es wäre jetzt eine famose Gelegenheit. Sie haben nächstens in Wien zu tun –?

AIGNER Ja, ich muß zum Minister. Wir wollen hier eine Bahn
bauen, wie Ihnen bekannt ist. Über Atzwang Völs direkt hier
herauf. Sie werden zugeben, daß hier noch drei Hotels stehen
könnten.

FRIEDRICH Ich mache Ihnen einen Vorschlag, Aigner. Steigen
Sie bei uns in Baden ab. In unserer Villa ist Platz genug. Wir
haben ein schönes Fremdenzimmer. Ja. Ein sehr gemütliches.

In dem nur manchmal die Geister von verstorbenen Freunden erscheinen, die früher dort übernachtet haben. Das geniert Sie doch nicht?

AIGNER Gegen Geister von Verstorbenen habe ich nichts einzuwenden, nein. Aber lebendige Gespenster sind mir unsympathisch.

FRIEDRICH Es würde mir wirklich verdammt viel Spaß machen, Aigner, Sie mit Ihrem Sohn bekannt zu machen. Man könnte das so hübsch arrangieren – in unserm Garten, wir spielen Tennis, Sie erscheinen plötzlich... als vornehmer Fremder...

AIGNER Danke schön, mein guter Hofreiter. – Ich sag' ja nicht, daß ich einen Zufall dieser Art vermeiden würde, aber – eine arrangierte Begegnung, – das hätte einen fatalen Beigeschmack von Sentimentalität.

FRIEDRICH *beiläufig* Warum denn...?

AIGNER Auch vergessen Sie, daß ich bei dieser Gelegenheit doch auch wieder meiner verflossenen Gemahlin begegnen müßte – und das möchte ich lieber vermeiden.

FRIEDRICH Wie Sie glauben.
Pause.

AIGNER Es gibt übrigens wirklich sonderbare Zufälle...

FRIEDRICH Wie meinen Sie das?

AIGNER Daß Sie mir gerade heute... von meinem Sohn zu sprechen anfangen... bei Ihrer Rückkehr von dort oben...

FRIEDRICH Es fügte sich so... Wenn nicht Paul Kreindl begonnen hätte...

AIGNER Wissen Sie, wann ich die Erstbesteigung dieses Turmes unternahm, von dem Sie eben herunterkommen? – Es war sehr bald, nachdem ich mich von... meiner Frau getrennt hatte.

FRIEDRICH Wollen Sie damit sagen, daß da – ein Zusammenhang bestand?

AIGNER Gewissermaßen... Ich will ja nicht eben behaupten, daß ich den Tod gesucht habe – der wäre einfacher zu haben gewesen – aber viel am Leben lag mir damals nicht. Vielleicht auch, daß ich eine Art Gottesurteil herausfordern wollte.

FRIEDRICH Hören Sie, wenn alle Ehemänner in einem solchen Fall auf Felsen klettern wollten... die Dolomiten würden einen possierlichen Anblick bieten. Sie haben doch schließlich nichts Schlimmeres getan als mancher andere auch.

AIGNER Es kommt immer nur darauf an, wie so etwas von dem andern Teil empfunden wird... Meine Gattin hatte mich sehr geliebt.

FRIEDRICH Das hätte ein Grund mehr für sie sein sollen, nicht unversöhnlich zu bleiben.

AIGNER Möglich. Aber auch ich hatte sie sehr geliebt. Hier liegt das Problem! – Unendlich... Wie keine früher und keine... na, lassen wir das. Sonst wär' es ja zu reparieren gewesen. Aber gerade, daß ich sie so sehr liebte – und trotzdem fähig war, sie zu betrügen... sehen Sie, mein lieber Hofreiter, das machte sie irre an mir und an der ganzen Welt. Nun gab es überhaupt keine Sicherheit mehr auf Erden... keine Möglichkeit des Vertrauens, verstehen Sie mich, Hofreiter –? – Nicht, daß es geschehn, nein, daß es überhaupt möglich gewesen war, das war's, was sie von mir forttrieb. Und ich mußte es begreifen. Ich hätte es sogar vorhersehn können.

FRIEDRICH Ja, da muß ich allerdings fragen, warum...

AIGNER Warum ich sie betrogen habe –? ... Sie fragen mich? Sollt' es Ihnen noch nicht aufgefallen sein, was für komplizierte Subjekte wir Menschen im Grunde sind? So vieles hat zugleich Raum in uns –! Liebe und Trug... Treue und Treulosigkeit... Anbetung für die eine und Verlangen nach einer andern oder nach mehreren. Wir versuchen wohl Ordnung in uns zu schaffen, so gut es geht, aber diese Ordnung ist doch nur etwas Künstliches... Das Natürliche... ist das Chaos. Ja – mein guter Hofreiter, die Seele... ist ein weites Land, wie ein Dichter es einmal ausdrückte... Es kann übrigens auch ein Hoteldirektor gewesen sein.

FRIEDRICH Der Hoteldirektor hat nicht so unrecht... ja. *Pause* Das Malheur war im Grunde nur, daß Ihre Gattin Ihnen draufgekommen ist. Sonst wären Sie vielleicht heute noch die glücklichsten Eheleute.

AIGNER Ein Malheur – ja ...! –

FRIEDRICH Wie hat sie's denn eigentlich erfahren?

AIGNER ... Wie? Auf die einfachste Art von der Welt... Ich hab'
es ihr gestanden...

FRIEDRICH Wie –? Sie haben ihr –?

AIGNER Ja. Das war ich ihr schuldig – gerade weil ich sie anbe-
tete. Ihr und mir. Ich wäre mir recht feig vorgekommen,
wenn ich's ihr verschwiegen hätte. So leicht darf man sich die
Dinge doch eigentlich nicht machen. Finden Sie nicht...?

FRIEDRICH Das war ziemlich großartig gedacht – wenn es nicht
eben nur eine Art Affektation war. Oder Raffinement...
Oder Bequemlichkeit...

AIGNER Oder alles zugleich, was auch möglich wäre. Denn die
Seele – und so weiter.

FRIEDRICH Und trotz dieser fabelhaften Aufrichtigkeit – und
trotz aller Liebe hat Ihre Frau sich nicht entschließen können,
Ihnen zu –

AIGNER Sagen Sie um Gottes willen nicht »verzeihn«. Worte
dieser Art passen hier durchaus nicht her. Es gab auch niemals
eine Szene zwischen uns oder dergleichen. Es war nur zu
Ende, mein guter Hofreiter, zu Ende, unwiderruflich zu
Ende. Sofort... Das fühlten wir beide. Es mußte zu Ende
sein...

FRIEDRICH Es mußte –?

AIGNER Mußte. Ja. Nun, lassen wir die Lebenden ruhn. Die Toten besorgen das im allgemeinen auch ohne unser Zutun.

FRAU WAHL *kommt von oben* Ah, da ist er ja –!

FRIEDRICH Küss' die Hand, Mama Wahl.

FRAU WAHL Mit Ihnen, Friedrich, red' ich überhaupt niemals
ein Wort mehr. Und wenn sie abgestürzt wäre? Wie ständen
Sie da? Könnten Sie mir je wieder unter die Augen treten?
Auch mit dem Doktor Mauer bin ich fertig. Wo ist er denn?
Es ist ja ungeheuerlich. Ich könnte euch beiden...

FRIEDRICH Aber, Mama Wahl, die Erna wär' auch ohne uns hin-
aufgeklettert.

FRAU WAHL Ihr hättet sie anbinden müssen.

FRIEDRICH Das war sie, Mama Wahl. Das waren wir alle. An einem und demselben Seil.

FRAU WAHL Ein Narrenseil gehört für euch.

ERNA *kommt im weißen Sommerkleid* Guten Abend.

AIGNER Gott grüße Sie, Erna. Gott grüße Sie. *Er nimmt sie bei den Händen und küßt sie auf die Stirn* Sie erlauben.

FRIEDRICH Wie der alte Liszt die jungen Klavierspielerinnen.

ERNA *küßt Aigner die Hand* Und wie eine ganze junge Klavierspielerin dem noch nicht besonders alten Liszt.

AIGNER Aber Erna...

FRAU WAHL Das auch noch.

ERNA Es war die schönste Stunde, Herr von Aigner, die ich je erlebt habe.

AIGNER Ja, dort oben!... Und doch hoff' ich, Sie werden noch schönere erleben, Erna.

ERNA Das halt' ich für schwer möglich. Daß das Leben einem wieder einmal geradeso schön vorkommt, das könnte sich ja vielleicht ereignen. Aber daß einem der Tod zu gleicher Zeit so vollkommen gleichgültig ist, das passiert einem gewiß nur bei solchen Gelegenheiten. Und das... das ist das Wundervolle!... *Indes ist die Post angelangt. Rosenstock ordnet Briefe, Hotelgäste kommen, empfangen ihre Korrespondenz usw.*

PAUL Fräulein Erna, gestatten Sie auch mir, Ihnen meine Bewunderung zu Füßen zu legen.

ERNA Grüß' Sie Gott, Paul, wie geht es Ihnen?

PAUL Ja, zum Teufel, pardon... wundert sich denn niemand, daß ich da bin?

FRIEDRICH *der sitzt* Hören Sie, Paul, es ist ein viel größeres Wunder, daß wir da sind.

AIGNER *steht mit einer schönen Französin etwas abseits.*

RHON *zu Frau Wahl* Sehen Sie doch, gnädige Frau, das ist die morgige. Er sammelt Vorräte...

ERNA *zu Frau Wahl, die sich von Rosenstock ihre Briefe hat geben lassen* Na, Mama...?

FRAU WAHL Von Haus. Ah, da ist eine Karte von Ihrer Frau. *Zu Friedrich* Sie läßt Sie schön grüßen, Friedrich.

FRIEDRICH Daß sie kommt – schreibt sie Ihnen nicht?

ROSENSTOCK Da sind auch Briefe für Sie, Herr Hofreiter.

FRIEDRICH *steht auf* So? Ah, da ist ja auch einer von Genia.

GUSTL *legt sich Briefe auf die Stirne.*

FRAU RHON *zu Gustl* Was machen Sie denn da?

GUSTL Ich lese nämlich Briefe schon lange nicht mehr. Ich leg'
sie mir einfach auf die Stirne und weiß, was drin steht.

FRAU WAHL *zu Friedrich* Also kommt sie vielleicht doch?

FRIEDRICH Nein. Sie schreibt, daß Percy seine Ankunft verscho-
ben hat, er ist zu Freunden nach Richmond geladen, bleibt
acht Tage dort. So ein Lausbub', – und hat schon Freunde in
Richmond.

RHON *sitzt und liest seine Korrespondenz* Ha...

FRAU RHON Was ist denn?

RHON Es ist unglaublich. Diese Rundfragen! – Man muß sagen,
die Leute werden immer neugieriger. Früher haben sie sich
begnügt zu fragen, ob man Makkaroni oder Pfirsichkompott
lieber ißt, ob Wagner gekürzt oder ungekürzt aufgeführt werden soll. Aber was sie jetzt schon von einem wissen wollen...
Hören Sie sich das einmal an, Hofreiter.

FRIEDRICH *sitzt am Nachbartisch und schaut seine Briefe durch.*

RHON Da fragt eine Frauenzeitschrift: a) in welchem Alter man
zuerst das Glück der Liebe genossen, b) ob man jemals per-
verse Neigungen verspürt habe.

AIGNER *zu Hofreiter* Eben erhalt' ich eine Anfrage, ob man in
unserm Weiher auch baden kann.

RHON Bei fünf Grad... brr! –

AIGNER Ja, wenn sich das noch machen ließe – da wär' die
Schweiz einfach tot...

RHON Hören Sie, ich hab' eine Idee. Sie müssen mich natürlich
am Gewinn beteiligen. Sie haben doch da ungeheure Wasser-
kräfte, die Fälle, die von den Bergen herabstürzen... wie
wär's, wenn Sie Ihren See elektrisch durchwärmen ließen?

AIGNER *lacht.*

RHON Sie lachen... Natürlich! Aber wenn ich nur was vom
Technischen verstünde – ich würde euch die ganze Anlage

selber baun... so deutlich seh' ich's innerlich vor mir! Nur das Manuelle fehlt mir. Wenn ich auch das hätte, ich glaube, ich hätte nie eine Feder angerührt.

FRIEDRICH Ich denk' mir überhaupt manchmal, ob die Dichter nicht meistens nur aus gewissen innern Mängeln... Dichter werden –?

RHON Wie meinen Sie das –?

FRIEDRICH Ich stell' mir vor, viele Dichter sind geborene Verbrecher – nur ohne die nötige Courage – oder Wüstlinge, die sich aber nicht gern in Unkosten stürzen...

RHON Und wissen Sie, was Fabrikanten von Glühlichtern gewöhnlich sind, Herr Hofreiter? ... Glühlichterfabrikanten – sonst nichts.

FRIEDRICH Wär' gut, wenn's wahr wär'...

EIN BOY *bringt Friedrich einen Brief.*

FRIEDRICH *macht ihn auf, lächelt und beißt sich in die Lippen.*

ERNA *hat es gesehn.*

FRAU WAHL Adieu, ich muß mich noch umkleiden, adieu, kleine Dichtersfrau, adieu, großer Dichter.

GUSTL *öffnet eben einen seiner Briefe.*

FRAU RHON Sie machen ihn ja doch auf.

GUSTL Das ist nur zur Kontrolle. Die Leut' schreiben einem ja manchmal das Unrichtige.

Frau Rhon und Gustl nach rückwärts, dann ab. Aigner zu Rosenstock, dann ab. Rhon entfernt sich gleichfalls. Es wird beinahe ganz leer in der Halle.

ERNA *über Friedrichs Schulter schauend* Liebesbrief?

FRIEDRICH Raten Sie von wem? Von Mauer...

ERNA Oh...

FRIEDRICH Er hat soeben ein dringendes Telegramm aus Wien erhalten. Mußte sofort abreisen... Ist schon fort... Ich möchte ihn allseits bestens empfehlen.

ERNA Ich dachte mir so was.

FRIEDRICH Ich auch. Schon diese Lustigkeit gestern abend, beim Nachtmahl in der Hütte! Und dann seine Stimmung heute beim Anstieg. Beim Zurückgehn hat er überhaupt kein Wort mehr gesprochen... Ja, Erna, auf einer freiliegenden Wiese, fünfzig Schritte von einer Hütte mit zwanzig Fenstern, sollte man sich eben nicht um den Hals fallen.

ERNA Sie glauben, daß er das gesehn hat?

FRIEDRICH Wahrscheinlich.

ERNA Und glauben Sie, wenn das auf der Wiese nicht passiert wäre, er wäre nicht abgereist? Da sind Sie im Irrtum. Wir hätten einander gar nicht ansehn müssen und er hätte es bemerkt, geradeso wie die andern es merken...

FRIEDRICH Was sollen denn die andern merken?

ERNA Wie es mit uns zweien steht.

FRIEDRICH Aber Erna, wie sollen denn diese Leute...

ERNA Wir haben vielleicht so eine Art Schein um den Kopf.

FRIEDRICH *lacht.*

ERNA Ja, so etwas Ähnliches muß es sein. Das hab' ich mir schon manchmal gedacht. Wieso wissen denn gleich alle Leute so was...

FRIEDRICH Ich hätte abreisen sollen, Erna.

ERNA Das wäre aber gescheit gewesen!!

FRIEDRICH Sie sollten nicht kokett sein, Erna.

ERNA Das bin ich wirklich nicht.

FRIEDRICH Also was sind Sie denn?

ERNA Ich bin, wie ich eben bin.

FRIEDRICH Das ist Ihr Vorteil mir gegenüber. Ich bin nämlich nicht mehr, der ich war. Ich bin toll seit dem Kuß gestern, toll. Kommen Sie doch näher, Erna. *Faßt ihre Hand* Setzen Sie sich hier mir gegenüber.

ERNA Was sind Sie denn so grob...!

FRIEDRICH Erna, ich hab' kein Auge zugetan diese Nacht.

ERNA Das tut mir leid. Ich hab' wundervoll geschlafen.

FRIEDRICH In dieser dumpfen Hüttenluft geht's mir übrigens meistens so.

ERNA Sie hätten's machen sollen wie ich. Ich hab' mir meinen Plaid auf die Wiese hinausgeholt – auf unsere Wiese und hab' mich im Freien hingelegt.

FRIEDRICH Haben Sie nicht gefroren?

ERNA Nein. Ich hab' mir aus der Wirtsstube Ihren Mantel geholt und mit dem hab' ich mich zugedeckt.

FRIEDRICH Also Hexenkünste auch noch? Es ging auch ohne die, Erna!

ERNA So hab' ich von zehn bis drei herrlich geschlafen, unter den Sternen, und dann bin ich erst zurück ins Zimmer zur guten dicken Frau Rhon.

FRIEDRICH Erna, Erna! Ich wär' imstande, eine rasende Dummheit zu begehn. Plötzlich versteh' ich allen Unsinn, über den ich mich früher lustig gemacht habe. Ich verstehe Fensterpromenaden, Serenaden, *Geste* ich versteh', daß man mit gezücktem Messer auf einen Rivalen losgehn, aus unglücklicher Liebe in einen Abgrund springen kann.

ERNA Warum Sie von unglücklicher Liebe reden?

FRIEDRICH *erneut* Wozu sich täuschen, Erna! Das gestern abend... überhaupt diese ganze Partie, der Augenblick auf dem Gipfel oben, der Händedruck, dieser Wahn des Zusammengehörens, dieses ungeheure Glücksgefühl, es war wohl alles nur eine Art von Rausch, von – Bergrausch. Wenigstens für Sie. Hängt mit den dreitausend Meter Höhe zusammen, mit der dünnen Luft, mit der Gefahr. Aber ich persönlich habe wohl die geringste Rolle gespielt in Ihrer Stimmung.

ERNA Warum sagen Sie das? Ich liebe Sie ja schon seit meinem siebenten Jahr. Allerdings mit Unterbrechungen. Aber in der letzten Zeit ist es wieder sehr schlimm geworden. Ich mache keinen Spaß. Und gar gestern und heut' – und da oben – und jetzt! ...Ach Gott, Friedrich, ich möcht' Ihnen so gern in die Haare fahren und sie verstruweln.

FRIEDRICH Geben Sie doch acht. Es ist ja nicht notwendig. Hören Sie, Erna – ich will Sie was fragen.

ERNA Also fragen Sie.

FRIEDRICH Also – Wie dächten Sie darüber... Hören Sie mich gut an! – Ich bin nämlich jetzt wieder ganz vernünftig. Also Erna, Sie wissen ja – meine Ehe, darüber muß ich Ihnen ja nichts weiter erzählen. Die Schuld lag ja größtenteils an mir. Immerhin – wir passen doch nicht so recht zusammen, Genia und ich. Und besonders seit der sonderbaren Geschichte mit Korsakow, die ich Ihnen ja erzählt habe... Ach Gott, warum mach' ich soviel Worte. Ich möcht' mich von Genia scheiden lassen... und Sie heiraten, Erna.

ERNA *lacht.*

FRIEDRICH Na...?

ERNA Weil Sie früher gesagt haben, Sie wären imstande, eine rasende Dummheit zu begehen.

FRIEDRICH Es wäre vielleicht keine, wenn man's gleich nähme, wie es zu nehmen ist. Ich weiß, Erna, Sie werden mich nicht ewig lieben.

ERNA Aber Sie mich!!!

FRIEDRICH Eher... Übrigens, Ewigkeit! Man steigt im nächsten Jahr wieder auf so ein Türmchen hinauf, und es ist aus mit der Ewigkeit. Oder sie fängt erst recht an. Also was das anbelangt! Ich weiß nur, das weiß ich mit absoluter Sicherheit, daß ich ohne Sie nicht existieren kann. Ich vergehe vor Sehnsucht nach Ihnen, ich werde nichts mehr denken können, nichts mehr arbeiten, überhaupt mich mit nichts mehr Vernünftigem beschäftigen, eh' Sie... eh' ich Sie in den Armen halte, Erna.

ERNA Warum haben Sie nicht Ihren Mantel geholt, heut nacht? ...

FRIEDRICH Ich bitte Sie dringend, spielen Sie nicht mit mir, Erna. Ich bin doch ehrlich genug mit Ihnen. Sagen Sie einfach n e i n, und die Sache ist erledigt. Mauer wird noch einzuholen sein. Zum lächerlich Werden hab' ich keine Anlage. Wollen Sie meine Frau werden?

ERNA Frau? – Nein.

FRIEDRICH Na, gut.

ERNA Vielleicht später einmal.

FRIEDRICH Später –?

ERNA Lesen Sie Ihre Briefe weiter.

FRIEDRICH Wozu? Die Fabrik kann von mir aus in die Luft gehn. Alles kann in die Luft gehn. Was heißt das: später! Das Leben ist nicht gar so lang. Frist gewähr' ich keine. Ein Kuß wie der von gestern verpflichtet. Entweder zu sofortigem Abschied oder zu einem bedingungslosen Ja. Warten kann ich nicht. Werd' ich nicht. Sagen Sie nein, und ich fahre noch heute ab.

ERNA Ich spiele nicht mit Ihnen. Ich weiß, wozu mich unser Kuß verpflichtet.

FRIEDRICH Erna...

ERNA Haben Sie es denn nicht immer gewußt, daß ich Ihnen gehöre?

FRIEDRICH Erna... Erna!

Tamtam ertönt.

Der Tourist, der zu Beginn des Aktes eingeschlafen ist, wacht aus einem Traum auf, erhebt sich, schreit auf, heult geradezu und stürzt über die ganze Bühne, endlich hinaus.

FRAU WAHL *kommt herunter.*

AIGNER *trifft mit ihr zusammen* Ah, das ist ja eine Schnalle, die ich noch gar nicht kenne! Entzückend...

FRIEDRICH O, da haben wir uns nett verplaudert. Ich hab' nicht einmal mehr Zeit, mich umzukleiden.

FRAU WAHL Sie sind auch so schön genug. Wo ist denn übrigens der Doktor Mauer?

FRIEDRICH Ja, richtig, er läßt sich bestens empfehlen, er hat ein Telegramm bekommen, er mußte plötzlich abreisen.

FRAU WAHL Ein Telegramm, Doktor Mauer? Das ist doch... Kinder, man verschweigt mir was. Er ist abgestürzt! ... Er ist... tot!

FRIEDRICH Na, hören Sie, Mama Wahl, glauben Sie, da könnten wir hier so gemütlich...

FRAU WAHL Na, bei euch kann man das nicht wissen.

FRIEDRICH Ich hätte wenigstens schwarze Handschuhe genommen.

SERKNITZ *kommt in Frack, weißer Krawatte, zu Aigner hin* Ich habe die Ehre mich gehorsamst zu melden, Herr Direktor. Die Wäsche ist angelangt, und ich war so frei, mich sofort in eine den Ansprüchen Ihres Hotels entsprechende Toilette zu werfen.

AIGNER Sie sehn geradezu verführerisch aus, Herr von Serknitz.

SERKNITZ *in den Speisesaal.*

FRAU WAHL *und* AIGNER *gleichfalls.*

Frau Rhon und Gustl, Rhon, Meyer, verschiedene andere, die von der Treppe herunterkommen, in den Speisesaal.

ERNA *und* FRIEDRICH *zusammen.*

FRIEDRICH *laut* Kommen Sie, Erna. *Leise* Weißt du noch, was du früher gesagt hast?

ERNA Ja.

FRIEDRICH Da drin wird also heute unser Hochzeitsdiner serviert.

ERNA Und es wird, Gottseidank, keiner einen Toast halten.

FRIEDRICH Und du gehörst mir.

ERNA Ja.

FRIEDRICH Erna, überleg' dir gut, was du sagst. Wenn heute nacht deine Tür versperrt sein sollte, so schlag' ich sie ein und es ist um uns beide geschehn.

ERNA Es wird nicht um uns geschehn sein.

FRIEDRICH Erna...!

ERNA Und ich ahne, es gibt noch schönre Stunden, als die dort oben war auf dem Aignerturm.

FRIEDRICH Erna...

ERNA *erst jetzt mit dem vollen Ton der Wahrheit* Ich liebe dich! – *Sie gehn in den Speisesaal.*

Vorhang

Vierter Akt

Dekoration des zweiten Aktes. – Sommernachmittag.

Unter dem Nußbaum die zwei Kinder der Frau Natter, ein neunjähriges Mädel und ein siebenjähriger Bub mit ihrer Miß, die ihnen die Bilder in einem Buch zeigt.

Aus dem Hause kommen nach und nach GENIA, NATTER, FRAU WAHL, DEMETER STANZIDES, GUSTL, PAUL, ERNA, OTTO, FRAU ADELE NATTER.

NATTER Das Diner zu Ehren der Rückkehr unseres geschätzten Hausherrn war vorzüglich. Nur schade, daß er selbst nicht dabei war.

GENIA Jedenfalls ist er in der Fabrik aufgehalten worden.

NATTER Kein Wunder nach einer dreiwöchentlichen Abwesenheit.

FRAU WAHL Haben Sie ins Bureau hineintelephoniert, Genia?

GENIA Dazu war doch kein Anlaß, ich hatte ihn sicher für Mittag erwartet, nach dem gestrigen Telegramm aus Innsbruck. *Sie ist jetzt drüben bei den Kindern* Gefallen euch die Bilder, ja? . . .

KINDER Oh ja.

GENIA Ihr müßt eure Mama bitten, daß sie euch am nächsten Sonntag wieder mit herausbringt, da ist dann der Percy sicher schon da. Also was wollt ihr denn jetzt machen?

GUSTL Kinder, ich werd' euch ein wunderschönes Spiel zeigen, das die braven Hindukinder spielen an den Ufern des Ganges. Paßt nur gut auf. Bitt' schön, Fräulein, geben Sie mir Ihren Sonnenschirm. Danke sehr. Also da zeichne ich drei konzentrische Kreise in den Sand, der eine hat einen Durchmesser von einem Meter, der mittlere von dreiviertel, der innere einen halben. *Zu den andern, die nahestehen, lachen, zu Frau*

92

Wahl, Paul, Adele, Genia Also bitte, das treffen die Hindukinder mit mathematischer Genauigkeit auf einen Millimeter. Jetzt paßt gut auf. Dann wird eine Tangente gezogen, längs des äußern Kreises, eine zweite senkrecht darauf, längs des mittleren. Eine dritte, wieder parallel zur ersten, längst des innern. Dadurch entstehn selbstverständlich Segmente. Jetzt setzt man in das äußerste Segment östlich – *Er nimmt aus seiner Westentasche einen kleinen Kompaß, zu den andern, die wieder lachen* Hab' ich immer bei mir. Ich begreif' überhaupt nicht, wie ein anständiger Mensch ohne Kompaß herumgehn kann. Also dort ist Osten. In das äußerste Segment kommt eine kleine Schildkröte... in das westliche ein Skorpion, dem man natürlich schon den Stachel gezogen hat... Also was werden wir da in Europa nehmen statt dem Skorpion? *Der siebenjährige Bub fängt an zu weinen.*

ADELE Jetzt hören Sie aber auf, Gustl! Miß... will you – ah was! ... *Sie gibt das Englisch auf* Bitt' Sie, Miß, gehn S' mit den Kindern da hinten auf die Wiese, da ist Platz zum Spielen... *Zu den Kindern* Und da erzählt euch niemand so grausliche Geschichten von Skorpionen und Tangenten.

Das Fräulein mit den Kindern ab.

Demeter Stanzides hat sich auf die kleine Bank neben dem Eingang gesetzt und eine Zeitung in die Hand genommen, die dort lag. Stellung von links nach rechts: Stanzides links auf der Bank. In seiner Nähe Frau Wahl und Otto. Dann Paul, Erna. Ganz rechts Gustl, Adele, Genia.

STANZIDES Hört, hört! *Er liest* »Wie uns vom Hotel Völser Weiher berichtet wird, hat dort vor wenigen Tagen eine junge Dame aus Wien, Fräulein Erna Wahl, in Begleitung zweier Wiener Touristen, des Fabrikanten Hofreiter und des bekannten Arztes Doktor Mauer den Aignerturm bestiegen, eine durch ihre Gefährlichkeit...«

ERNA Kommen Sie, Paul, gehn wir Tennis spielen.

PAUL Sehr einverstanden. *Zu Adele* Gnädige Frau? Herr Fähnrich?

ADELE Ich spiel' nicht gleich nach dem Essen.

OTTO Mir gestatten Sie wohl auch noch meine Zigarette zu rauchen.

PAUL Gut. Wir werden heute überhaupt lauter Singles spielen. Ein Singletournier. Hoffentlich kommt der Herr Hofreiter noch zurecht, damit er sich daran beteiligen kann. Heute muß das Verhältnis nämlich endgültig klar gestellt werden...!
Ab mit Erna.

FRAU WAHL Wie heißt's denn weiter?

STANZIDES *liest weiter* »Eine durch ihre Gefährlichkeit berüchtigte Felsenspitze in den südwestlichen Dolomiten. Dieselbe wo vor sieben Jahren ein junger Arzt, Doktor Bernhaupt, durch Absturz...«

FRAU WAHL Ja, Frau Genia, auf solche Berge haben sie die Erna hinaufgeschleppt. So bös' bin ich in meinem ganzen Leben nicht gewesen, wie auf den Doktor Mauer und auf Ihren Gatten.

GUSTL Aus lauter Angst vor der Mama sind die beiden Herren sofort abgefahren.

GENIA *mit Blick auf Erna, lächelnd* Ja, es scheint, den Friedrich hat das böse Gewissen ganz ruhelos gemacht. Jeden Tag hab' ich von anderswoher eine Karte bekommen, aus Caprile, Pordoi und Gott weiß noch woher.

FRAU WAHL *hat die Zeitung in die Hand genommen und blättert* Was ist denn das eigentlich für eine Zeitung?

NATTER Jetzt sind gnädige Frau doch stolz auf den Ruhm von Fräulein Erna...

FRAU WAHL Stolz – ich?

GENIA *ist hinübergekommen, ungefähr bis zur Mitte, wo Frau Wahl steht* Was ist das für ein Blatt? Ich kenn's gar nicht... wie kommt das her?

FRAU WAHL Da ist ja was rot angestrichen.

STANZIDES Was rot angestrichen ist in so einem Blatt, das soll man lieber nicht lesen.

FRAU WAHL Das ist aber merkwürdig.

ADELE ⎫
GUSTL ⎬ Was denn?
GENIA ⎭

FRAU WAHL *liest* »Seit einigen Tagen tritt mit immer größerer Bestimmtheit in Wiener Gesellschaftskreisen ein sonderbares Gerücht auf, das wir hier – selbstverständlich mit der gebotenen Reserve – wiedergeben. Es handelt sich um den Selbstmord eines weltberühmten Virtuosen, der zu Beginn dieses Sommers großes Aufsehen erregt hat und in ein Dunkel gehüllt war, das auch durch die beliebte Phrase von der plötzlichen Sinnesverwirrung eine genügende Aufklärung nicht erhalten hat. Das oben erwähnte Gerücht will nun wissen, daß die Ursache jenes Selbstmords ein amerikanisches Duell gewesen, daß aber die Entscheidung in diesem Duell nicht etwa, wie sonst, durch eine weiße und eine schwarze, sondern durch zwei weiße und eine rote Kugel herbeigeführt worden sei.« – Zwei weiße und eine rote – was heißt denn das? *Bange Pause.*

GENIA *ruhig* Die Billardpartie, auf die hier angespielt wird, gegen Korsakow, hat mein Mann verloren. Wenn es also... ein amerikanisches Duell gewesen wäre... so hätte Friedrich sich erschießen müssen – nicht? *Pause.*

STANZIDES Es ist doch unglaublich, daß man gegen solche Infamien so gut wie wehrlos ist. Insbesondere, da kein Name genannt ist.

NATTER Die werden sich wohl hüten.

FRAU WAHL *versteht endlich* Ah, diese Billardpartie... natürlich, Frau Genia, Sie haben uns ja erzählt. Ihr Mann hat dem Korsakow in der Früh' die Zigarren ins Hotel geschickt... aber freilich! Da könnte ich Zeugin sein vor Gericht!

GUSTL Mama, du brauchst nicht Zeugin zu sein. Kein Mensch kümmert sich um so was.

Adele und Stanzides sind schon auf dem Wege zum Tennisplatz und verschwinden allmählich von der Szene.

FRAU WAHL Es ist aber doch... Wie kommt nur so was in die Zeitung...? Und weswegen sollt' sich denn der Friedrich mit dem Korsakow...

Frau Wahl, Gustl, ihnen gleich nach Herr Natter auch gegen den Tennisplatz zu.

Otto und Genia bleiben allein zurück.

GENIA Sie glauben es?

OTTO Diese unsinnige Duellfabel? Was fällt Ihnen ein!

GENIA Aber daß diese Fabel vielleicht nicht ganz ohne Grund entstanden ist –! ... Mit einem Wort, daß ich – auch Korsakows Geliebte war.

OTTO Nein. Ich glaub' es nicht.

GENIA Warum sollten Sie's nicht glauben... Weil ich es leugne? Das ist kein Gegenbeweis. Ich an Ihrer Stelle... ich würde es glauben. *Als wenn sie zum Tennisplatz gehn wollte.*

OTTO Ich glaub' es nicht, Genia. Ich schwör' Ihnen, daß ich's nicht glaube. Wozu reden wir darüber. Bitte, bleiben Sie! Bitte! – Wer weiß, ob sich noch ein ungestörter Augenblick findet. Morgen in aller Früh' muß ich in die Stadt hineinfahren. Ich habe noch eine Menge drin zu tun... Abmeldung... Einkäufe... und mit dem Nachtzug fahr' ich nach Pola.

GENIA *sieht ihn an* Morgen schon...

OTTO Auf welche Art darf ich Ihnen Nachrichten zukommen lassen?

GENIA Sie können mir ruhig schreiben. Meine Briefe werden nicht geöffnet. Und wenn Sie besonders vorsichtig sein wollen, so schreiben Sie mir eben – so wie Sie jetzt zu mir reden – wie einer guten Freundin.

OTTO Das ist zu viel verlangt. Das kann ich nicht durchführen.

GENIA Es gäbe noch eins. – Nicht schreiben, gar nicht schreiben.

OTTO Genia...

GENIA Wär' es nicht das klügste? Man sieht sich ja doch nie wieder.

OTTO Genia! In zwei Jahren bin ich wieder da.

GENIA In zwei Jahren!

OTTO Wenn du mir doch vertrautest, Genia. Auch früher könnt' ich wieder da sein. Viel früher. Es gibt ja andre Möglichkeiten für mich... Du weißt es... Ich müßte gar nicht fort, Genia.

GENIA Du mußt. Vielmehr du sollst, das ist ein stärkeres Gebot.

OTTO Wie soll ich leben – ohne dich!

GENIA Du wirst es können. Es war schön. Lassen wir's daran
genug sein. Glück auf die Reise, Otto, und Glück fürs weitere
Leben.

Pause.

OTTO Was wirst du tun, wenn ich fort bin?

GENIA Ich weiß es nicht. Heute weiß ich's nicht. Was wußten
wir zwei vor wenigen Wochen, vor Tagen! ... Man gleitet.
Man gleitet immer weiter, wer weiß wohin.

OTTO Wie kannst du... Oh, ich verstehe dich! Du redest heute
so, um mir das Scheiden leichter zu machen. Genia... Erinnere dich doch, Genia...

GENIA Ich erinnere mich. O ja, ich erinnere mich. *Bitter* Aber
das Vergessen fängt auch nicht anders an.

OTTO Tut es dir sehr wohl, mir Schmerz zu bereiten?

GENIA Warum hältst du mich für besser als ich bin? Ich bin nicht
besser als andere sind. Merkst du's denn nicht? Ich lüge, ich
heuchle. Vor allen Leuten spiel' ich Komödie, – vor Herrn
Natter und vor Frau Wahl... vor deiner Mutter so gut wie
vor meinem Stubenmädchen. Ich spiele die anständige Frau –
und nachts lass' ich das Fenster offen stehn für meinen Liebhaber. Ich schreibe meinem Sohn, er möge sich länger bei seinen
Freunden aufhalten, meinem geliebten Sohn schreib' ich
das... nur damit er mein Abenteuer nicht störe, – und ich
schreibe meinem Gatten, daß Percy durchaus noch in Richmond bleiben will, nur damit er selber länger fortbleibt. Und
wenn er heute zurückkommt und dir die Hand reichen wird,
werde ich daneben stehn, lächeln und mich wahrscheinlich
meiner Geschicklichkeit freun. Findest du das alles sehr
schön? Denkst du – ich bin eine, der man trauen darf –? Ich
bin wie die andern, Otto, glaub' es mir.

OTTO Du bist nicht wie die andern. Kein Mensch würde dich
anklagen. Du, du warst frei. Du warst ihm keine Treue schuldig. Niemand würde dich geringer achten.

GENIA Niemand...

OTTO Niemand – – Ich weiß, was dir durch den Sinn geht. Niemand. Auch meine Mutter nicht, wenn sie's ahnte.

GENIA Warum ist sie heute nicht dagewesen?

OTTO Weil sie größere Gesellschaften nicht liebt. Das ist der einzige Grund. Sie ahnt nichts. Gestern war sie doch hier. Was sollte sie gerade heute abgehalten haben.

GENIA Das will ich dir sagen. Sie dachte, Friedrich werde schon da sein. Und es wäre ihr peinlich gewesen, dich, ihren Sohn... es wäre ihr unerträglich gewesen, uns drei beisammen zu sehn... den Mann... die Frau... und den Liebhaber – – Davor fürchtete sie sich. Darum kam sie nicht her. O, ich kann sie verstehn. Wie gut kann ich sie verstehn.

FRIEDRICH *erscheint auf dem Balkon, spricht gleich* Habe die Ehre, meine Herrschaften.

Genia und Otto sind am Schlusse des Gesprächs beinahe unter dem Balkon.

GENIA *nicht erschrocken* Friedrich!

OTTO Guten Tag, Herr Hofreiter.

FRIEDRICH Grüß' Sie Gott, Otto.

GENIA *heiter* Seit wann bist du denn da?

FRIEDRICH Vor zehn Minuten gekommen. *Er grüßt zum Tennisplatz hinüber, wo man ihn bemerkt hat* Guten Abend, guten Abend – *Zu Genia* Ich hab' mich nur gleich umgekleidet. *Zu Otto* Es freut mich, daß ich Sie noch antreffe. Ich hab' gefürchtet, daß Sie schon wieder in Pola sind... oder gar schon draußen im Weltmeer.

OTTO Morgen reis' ich, Herr Hofreiter.

FRIEDRICH So... morgen... –? Na, ich komm' gleich herunter. *Verschwindet vom Balkon.*

Otto und Genia hinüber. Das nächstfolgende sehr rasch.

OTTO Du kannst nicht hierbleiben.

GENIA Sei vernünftig, Otto.

OTTO Jetzt fühl' ich es. Du bist nicht geschaffen, zu lügen. Du würdest dich verraten. Oder gar freiwillig gestehn!

GENIA Das wäre möglich.

OTTO *mit einem plötzlichen Entschluß* So laß mich mit ihm reden.

GENIA Was fällt dir ein!

OTTO Ja! Es ist das einzig Mögliche. Du fühlst es selbst, alles andre wäre unwürdig, schmählich –

GENIA Ich werd' es ihm sagen, sobald du fort bist. Morgen. Vielleicht noch heute...

OTTO Und was wird geschehn?

GENIA Nichts, wahrscheinlich. Und du wirst hierher nicht wiederkommen, nie. Versprich mir... nie... auch in zwei Jahren nicht... nie...

OTTO *wie erleuchtet* Du liebst ihn – du liebst ihn wieder! – Dahin, dahin gleitest du.

Es kommen Frau Wahl, Natter, Frau Natter, Stanzides und Gustl vom Tennisplatz. Erna und Paul spielen weiter.

FRIEDRICH *erscheint im Tenniskostüm* Grüß' dich Gott, Genia. *Küßt sie auf die Stirn. Er begrüßt auch die andern. Zu Frau Wahl, die ihm nicht die Hand gibt* Na, Mama Wahl, noch immer bös' auf mich?

FRAU WAHL Ich rede kein Wort mit Ihnen. Ich werde auch mit Doktor Mauer kein Wort reden.

FRIEDRICH Das wird sich zeigen.

GENIA Der hat sich überhaupt noch nicht sehen lassen.

FRIEDRICH So? – Heut wird er hoffentlich kommen, ich hab' ihm geschrieben. Na, der Paul und die Erna, die lassen sich natürlich nicht stören.

GENIA Sag' doch, wann bist du denn eigentlich in Wien angekommen?

FRIEDRICH Gestern abend. Ja. – Ich wär' sehr gern schon zu Tisch heraußen gewesen, aber es war leider absolut nicht möglich.

GENIA Wir hatten ein Empfangsdiner dir zu Ehren.

GUSTL Großartig haben wir gegessen.

FRIEDRICH So...? Vielleicht bist du so gut, Genia, und laßt mir wenigstens noch einen schwarzen Kaffee bringen. *Er setzt sich unter den Baum und zündet sich eine Zigarette an.*

NATTER Sie sind länger fortgeblieben, als Sie beabsichtigt hatten, lieber Hofreiter?

FRIEDRICH Ja. *Fixiert ihn scharf* Ja. Sind das nicht Ihre Kinder, die da draußen auf der Wiese herumhüpfen?

ADELE Ich hab' gedacht, der Percy wär' schon da. *Stanzides und Frau Wahl sind indes gegen rückwärts gegangen.*

FRIEDRICH Na, wann kommt er denn endlich. Laßt sich auf englische Schlösser einladen... der Lump!

GENIA Ich glaub', er überrascht uns noch heut' oder morgen mit meiner Schwester Mary... weil schon drei Tage keine Nachricht von ihnen da ist.

Erna und Paul vom Tennisplatz.

PAUL Mein Kompliment, Herr Hofreiter.

ERNA Guten Abend, Friedrich. *Händedruck.*

FRIEDRICH Na, wie geht's denn?

PAUL Ja, das Fräulein Erna hat mich schon wieder geschlagen.

FRIEDRICH Na, war's noch schön am Völser Weiher?

ERNA Ja, denken Sie sich, sehr schön, auch ohne Sie. Nett war das übrigens wirklich nicht, so plötzlich zu verschwinden. Ja richtig, danke für die Karten... Sie haben ja noch sehr schöne Partien gemacht.

FRIEDRICH Heut' ist ja Ihr Ruhm verkündet in der Zeitung, Erna.

FRAU WAHL Wir haben schon gelesen.

FRIEDRICH So, Sie haben schon – Ist dieses Blatt auch hierher gelangt? – Eine interessante Zeitung – nicht wahr? *Pause. Ihn amüsiert die Verlegenheit der andern* Es war übrigens schön auf dem Aignerturm. Ja, richtig, Otto. Wo ist er denn...? *Otto steht etwas abseits mit Frau Natter* Ihnen hab' ich Grüße zu überbringen, das heißt Grüße sind es wohl nicht. Ich habe nämlich Ihren Vater gesprochen.

OTTO Ihre Frau Gemahlin erzählte mir.

FRIEDRICH Schade, daß Sie schon morgen fortfahren. Ihr Vater wollte nämlich in ein paar Tagen nach Wien kommen.

OTTO Sie wissen doch, Herr Hofreiter, daß zwischen meinem Vater und mir niemals Beziehungen bestanden haben.

FRIEDRICH Könnten sich noch immer entwickeln. Sollten sich sogar. Daß Sie jetzt da ins Weltmeer hinaussegeln auf so lange... ohne Ihren Vater gesehn zu haben... es sollt' nicht sein... glauben Sie nicht?

OTTO Ja, Sie mögen vielleicht recht haben – aber nun ist es wohl zu spät.

PAUL *der mit Erna und Frau Wahl stand, tritt her* Also, Herr Fähnrich, unser Single, wenn's gefällig ist. *Zu Friedrich* Wir spielen nämlich heute lauter Singles. Sie dürfen sich nicht ausschließen, Herr Hofreiter, der Herr Fähnrich reist morgen ab, und da muß heute das Verhältnis endgültig festgestellt werden.

FRIEDRICH Aber natürlich. Ich stehe zur Verfügung. Bitte sich nicht stören zu lassen. – Ich trink' nur meinen Kaffee aus. *Herr Natter, Stanzides, Genia – nach den ersten Worten Friedrichs an Otto über Aigner – und Gustl sind schon etwas früher weggegangen, jetzt folgen Paul, Adele und Otto.*

ERNA, FRIEDRICH

ERNA *ist hinter seinem Sessel stehn geblieben.*

FRIEDRICH O Erna... *Bleibt sitzen.*

ERNA Ich bin so froh, daß du wieder da bist.

FRIEDRICH Im Ernst? *Er küßt ihre Hand über die Lehne* Ich auch.

ERNA Und jetzt möcht' ich so geschwind als möglich den wahren Grund wissen, warum du fort bist.

FRIEDRICH Du bist aber komisch, Erna. Ich hab' dir's ja gesagt. Du warst doch drauf vorbereitet. Wär' ich dort geblieben, in wenigen Tagen, ach Gott – am selben Tag hätt' es das ganze Hotel gewußt. Das ist schon so. Du weißt ja... Der Schein um den Kopf. Wir haben ihn uns ja redlich verdient.

ERNA Und wenn man ihn gesehn hätte!

FRIEDRICH Kind... So was soll man der Welt nicht verraten. Umsoweniger, je mehr man sie verachtet. Die Welt versteht's ja doch nicht. Oder auf ihre Weise – was noch schlimmer ist! Du kannst mir dankbar sein, daß ich dich nicht »kompromittiert« habe. Später hättest du mir's doch übel genommen.

ERNA Später?... ach so!... Ich werde nicht heiraten, Friedrich.

FRIEDRICH Nicht von der Zukunft sprechen, Kind. Man soll

nichts vorhersagen, für sich nicht und für andre. Nicht für die nächste Minute. Glaub' mir.

ERNA Und denkst du, wenn ich wirklich einen lieb hätte nach dir – ich könnt' ihm verschweigen...

FRIEDRICH Gewiß könntest du. Hättest auch recht. Ich versichere dich, wir verdienen nichts andres...

ERNA »Wir«... Es gibt doch auch – bessre als du.

FRIEDRICH Glaubst du? *Steht auf.*

ERNA Was hast du denn? Warum bist du so zerstreut? Was guckst du immer zur Tür hin? Erwartest du wen?

FRIEDRICH Ja, den Doktor Mauer.

ERNA Den Doktor Mauer? Was willst du von ihm?

FRIEDRICH Es handelt sich um geschäftliche Dinge.

ERNA Mauer ist doch kein Advokat...

FRIEDRICH Aber ein Freund.

ERNA Glaubst du, er ist es noch immer?

FRIEDRICH Ja. Solche Dinge hängen nämlich nie von dem ab, was man miteinander... für Erfahrungen macht. Sonst täten ja Enttäuschungen nicht weh... wenn damit die innern Beziehungen einfach aus wären. Aber daß man doch immer aneinander hängen bleibt... das...!... Es gibt nur ewige Liebe und ewige Freundschaft. Und der Mauer ist und bleibt mein einziger Freund. Das steht fest... Auch wenn er mich einmal erschießen sollte, es wird nicht anders.

ERNA Was hast du denn so Wichtiges mit ihm zu besprechen?

FRIEDRICH Es hängt mit meiner Reise nach Amerika zusammen.

ERNA Du fährst also hinüber?

FRIEDRICH Ja... Und da gibt es eben manches zu ordnen – aus früherer Zeit, wozu ich nur den Mauer brauchen kann.

ERNA Aus... früherer Zeit...?

FRIEDRICH Aber Kind! Eine Gattin könnte nicht neugieriger sein. Sind übrigens lauter sehr langweilige Geschichten.

ERNA Die dich doch sehr nervös zu machen scheinen.

FRIEDRICH Mach' ich den Eindruck? Keine Spur, ich bin nur etwas übernächtig vielleicht.

ERNA Wieso? Du bist doch nicht die Nacht durchgefahren?

FRIEDRICH Nein, aber geschlafen hab' ich auch nicht viel. Ich hab' eine Fensterpromenade gemacht.

ERNA Heute nacht?

FRIEDRICH Ja, heute nacht. Warum wunderst du dich denn? Ich hab' dir ja gesagt, an einem gewissen Abend... daß ich alle diese Dinge plötzlich begreife – Fensterpromenaden, Serenaden – Totschlag... Selbstmord – –

ERNA Ich versteh' dich nicht. Wem hast du... eine Fensterpromenade...

FRIEDRICH Na dir, selbstverständlich.

ERNA Mir? Was sind das für...

FRIEDRICH Du glaubst mir nicht? Also hör' gut zu! Ich bin nämlich gestern abend noch herausgefahren. Gleich nach meiner Ankunft in Wien. Es war beinah Mitternacht, wie ich unter deinem Fenster war. Du hast noch Licht brennen gehabt. Ich habe deinen Schatten an den Vorhängen vorbeigleiten gesehn. Wenn dein Zimmer ebenerdig läge... wer weiß.

ERNA Du warst vor meinem Fenster?! – Und dann?

FRIEDRICH Dann bin ich eben wieder fort. Ich hatte deinen Schatten gesehn, war in deiner Nähe gewesen. Danach hatt' ich mich gesehnt.

ERNA Du hast dich... Friedrich...! Und wohin bist du dann?

FRIEDRICH Nach Wien zurück. Mein Auto hat auf dem Pfarrplatz gewartet. Ich hab' nämlich heute früh um acht Uhr schon im Bureau zu tun gehabt.

ERNA Du warst vor meinem Fenster... Friedrich!

FRIEDRICH Warum sollt' ich dir denn so was erzählen, wenn's nicht wahr wär'... Wobei soll ich dir schwören? Beim heiligen Weiher von Völs?

ERNA Du warst vor meinem Fenster! ... Mein Geliebter!

FRIEDRICH Still, still. *Er geht zur Türe des Hauses.*

MAUER *tritt aus dem Haus* Grüß' dich Gott, Friedrich. Guten Tag, Fräulein Erna.

FRIEDRICH Servus, Mauer.

ERNA *ruhig* Guten Tag, Doktor.

MAUER *ganz unbefangen* Schon lang zurück, Fräulein Erna?

ERNA Erst seit zwei Tagen... *Zu Friedrich* Sie haben mit dem
Herrn Doktor zu sprechen. Auf Wiedersehn. *Ab zum Tennisplatz.*

MAUER, FRIEDRICH

MAUER Du hast mir geschrieben, ich bin da.

FRIEDRICH Ich danke dir nochmals, daß du gekommen bist.
Hoffentlich hab' ich dich von nichts Wichtigem abgehalten.

MAUER Du schreibst, daß du meines Rats bedarfst. Ich nehme
an, du fühlst dich krank.

FRIEDRICH *sieht ihn an* Ah so! Nein, ich habe nicht den Arzt zu
mir gebeten, sondern den Freund.

MAUER Den Freund, so... Nun, ich bin da.

FRIEDRICH Es handelt sich nämlich um ein blödsinniges Gerücht, von dem du vielleicht schon gehört oder gelesen hast.

MAUER Welches Gerücht?

FRIEDRICH Daß Korsakow...

MAUER Nun?

FRIEDRICH Daß Korsakow als Opfer eines amerikanischen Du-
ells gefallen ist.

MAUER Ah.

FRIEDRICH Du hast gelesen?

MAUER Gehört, um die Wahrheit zu sagen.

FRIEDRICH Also, ich frage dich: Was soll ich tun?

MAUER Was du tun sollst? Du hast ja den Gegenbeweis in der
Hand. Der Brief Korsakows an deine Frau...

FRIEDRICH Was hilft mir der? Den kann ich doch nicht... das
wäre doch geschmacklos...

MAUER Ja, dann... kümmere dich einfach nicht darum. Das Gerücht wird verschwinden, wie es gekommen ist. Es ist nicht
wahrscheinlich, daß vernünftige Leute so was von dir im
Ernst glauben könnten.

FRIEDRICH Wenn auch – etwas wird hängen bleiben. Und einer
muß diese Infamie als erster ausgesprochen haben. Wenn man
sich an den halten könnte?

MAUER Der Mann wird kaum zu eruieren sein.

FRIEDRICH Für mich ist er eruiert. Es ist Natter.

MAUER Du glaubst?

FRIEDRICH Es ist seine Rache... Er hat nämlich alles...

MAUER *rasch*... gewußt?

FRIEDRICH Ja. – Es gibt überhaupt weniger betrogene Ehemänner, als die Gattinnen und manchmal sogar die Liebhaber
glauben.

MAUER Hast du Beweise, daß das Gerücht von ihm ausgeht?

FRIEDRICH Beweise, nein.

MAUER Da kannst du nichts machen.

FRIEDRICH Ihn stellen.

MAUER Er wird natürlich leugnen.

FRIEDRICH Ihn züchtigen.

MAUER Damit besserst du nichts.

FRIEDRICH Vielleicht meine Laune.

MAUER Dazu wäre der aufgewandte Apparat doch etwas zu
groß.

FRIEDRICH Find' ich nicht. Gute Laune ist die Hauptsache auf
Erden.

MAUER Ich ließe die Angelegenheit auf sich beruhn. Einen andern Rat kann ich dir nicht geben, beim besten Willen nicht. –
So, nun will ich deiner Frau guten Abend sagen und dann
meiner Wege gehn.

FRIEDRICH Mauer... du bist mir böse?

MAUER Ich dir böse? Nein. Aber mein Verlangen, mich hier
aufzuhalten, ist gering.

FRIEDRICH Du Mauer... Du weißt doch, daß ich sehr bald nach
dir vom Völser Weiher abgereist bin?

MAUER »Sehr bald« ist gut.

FRIEDRICH Gleich! ... am Tag drauf! ... Weißt du, warum? Ich
habe die Flucht ergriffen.

MAUER Ah! –

FRIEDRICH Ja, vor mir, vor mir selbst. Denn daß ich sehr verliebt war in die Erna, das gesteh' ich dir ohne weiters zu.

MAUER Du hast mir keine Rechenschaft abzulegen.

FRIEDRICH Gewiß nicht. Tu' ich auch nicht. Ich seh' nur nicht ein, warum ich deine falschen Vermutungen...

MAUER Was immer ich vermutet habe, ob mit Recht oder mit Unrecht, die Sache ist für mich erledigt. – Darf ich deiner Frau guten Abend sagen?

FRIEDRICH Später darfst du. Jetzt wirst du freundlichst hierbleiben. Wir müssen uns aussprechen. Ich versichere dich, daß du dich irrst. – Ich habe sie geküßt, ja. Einmal... Das leugne ich nicht. So eine Umarmung im Freien, bei schönem Wetter, in zweitausend Meter Höhe hat gar nichts zu bedeuten. Das nenn' ich... Höhenrausch...

MAUER Na... wenn du's nur so nennst... damit ist ja alles gut.

FRIEDRICH Glaubst du, es laufen viele ungeküßte Mädeln auf der Welt herum? Auch in der Ebene soll's manchmal passiert sein! Sich deswegen einbilden, daß man zu gut für eine ist... das ist, mit Verlaub, Größenwahn.

MAUER Es macht dir viel Spaß zu lügen, was?

FRIEDRICH Manchmal schon. Aber diesmal tu' ich's nicht einmal. Und jetzt werd' ich dir noch was sagen. Selbst wenn mehr vorgefallen wäre... als dieser Kuß...

MAUER Ich habe dich nicht gefragt. Und ich versichere dich, mir ist es heute im Grunde ziemlich gleichgültig, wie weit es zwischen euch gekommen ist.

FRIEDRICH Daran, mein lieber Mauer, tust du unrecht.

MAUER Ah...

FRIEDRICH Die Sache stünde vielleicht besser für dich, wenn sie meine Geliebte gewesen wäre. Es wäre eine abgetane Sache... Da wärst du gewissermaßen sicherer.

MAUER Du fängst an, mich zu amüsieren.

FRIEDRICH Das freut mich. Das ist doch das Wichtigste bei jeder Unterhaltung. Ob man die Wahrheit zu hören kriegt, weiß man ja doch nie.

MAUER Von Erna selbst würde ich sie erfahren.

FRIEDRICH Du glaubst?...

MAUER Lügen, das ist wirklich das einzige, dessen ich sie nicht für fähig halte.

FRIEDRICH Da könntest du recht haben. Und darauf kommt es doch am Ende an. Ich halte es überhaupt für sehr einseitig, die Frauen nur aufs Erotische hin zu beurteilen. Wir vergessen immer wieder, daß es im Leben jeder Frau, auch wenn sie Liebhaber hat, eine Menge Stunden gibt, in denen sie an ganz andre Dinge zu denken hat als an die Liebe. Sie liest Bücher, musiziert, sie veranstaltet Wohltätigkeitsakademien, sie kocht, sie erzieht ihre Kinder, – sie kann sogar eine sehr gute Mutter sein, ja manchmal auch eine vortreffliche Gattin. Und hundertmal wertvoller – als eine sogenannte anständige Frau. Denk nur an Adele Natter.

MAUER Du hast mich hoffentlich nicht hergebeten, um mir deine philosophischen Ansichten vorzutragen.

FRIEDRICH Nein, das ergibt sich nur so. Aber weil wir schon bei diesem Thema sind, ich möcht' dich doch fragen, ob dir schon etwas von der Affäre zwischen meiner Gattin und dem Herrn Fähnrich zu Ohren gekommen ist?

MAUER *überrascht* Von deiner Frau und... Kein Wort... Woher hätt' ich auch... Ich bin ja seit drei Wochen nicht hier gewesen.

FRIEDRICH Also hörst du die Neuigkeit von mir. Na, was sagst du dazu?

MAUER Es ist vielleicht nicht wahr. Und wenn es wahr sein sollte...

FRIEDRICH So gönnst du mir's von Herzen. Ich weiß. Aber ich will dir nur sagen, daß deine Schadenfreude gegenstandslos ist. Denn dann müßte ich die Sache ja als etwas Schmerzliches oder mindestens als ärgerlich empfinden. Und das ist absolut nicht der Fall. Im Gegenteil. Es ist mir eher wie eine innere Befreiung. Ich gehe nicht mehr als Schuldiger in diesem Hause herum. Ich atme wieder auf. Es ist gewissermaßen, als hätte sie Sühne getan für den Tod Korsakows, und zwar in einer höchst vernünftigen und schmerzlosen Weise. Sie fängt an, mir wieder menschlich nah zu sein. Wir leben wieder so-zusagen – auf demselben Stern.

MAUER Du bist sehr gefaßt. Mein Kompliment. Offenbar

glaubst du's nicht. Da man ja so was doch nie mit absoluter Bestimmtheit wissen kann...

FRIEDRICH Ah, manchmal schon. Zum Beispiel, wenn man den Liebhaber nachts, halb zwei aus dem Fenster seiner Frau steigen sieht.

MAUER Wie?

FRIEDRICH Na, was sagst du dazu? Heute nachts um halb zwei hab' ich Herrn Otto von Aigner, Fähnrich in Sr. Majestät Marine, aus dem Fenster der Fabrikantensgattin Genia Hofreiter steigen sehn. Gerichtlich zu beeiden!

MAUER Heute nacht, halb zwei?

FRIEDRICH Ich war nämlich schon gestern abend heraußen.

MAUER So –? Und wo warst du bis halb zwei, wenn man fragen darf.

FRIEDRICH Haha, mir scheint, du denkst schon wieder an Erna. Na, also damit ich dich beruhige, ich bin mit dem letzten Zug herausgefahren von Wien; von der Bahn zu Fuß hierherspaziert und bin, wie ich das manchmal tue, durch das kleine Türl von der Wiese aus in den Garten herein. Und da hab' ich zu meiner Überraschung Stimmen gehört. Ich schleiche mich näher und sehe einen Herrn und eine Dame hier unter dem Baum sitzen. Genia und Otto. Um Mitternacht hier im Garten. Was sie gesprochen haben, das hab' ich natürlich nicht verstehn können. Ich bleibe in gemessener Entfernung, nach wenigen Minuten schon erheben sich beide und verschwinden im Haus. Ich verlasse rasch den Garten, wieder durch die Hintertür, gehe rund um die Villa und postiere mich so, daß ich sehn muß, wenn wer aus dem Haustor herauskommt. Es kommt niemand. Eine halbe Stunde lang niemand. Die Lichter im Haus verlöschen. Ich geschwind wieder um das Gitter herum auf die Wiese, wo ich das Fenster von Genias Schlafzimmer im Auge habe. Es war dunkel. Die Nacht war wunderschön, ich lege mich auf die Wiese hin, in den Schatten der Bäume, die am Gitter stehn. Und warte. Bis halb zwei hab' ich gewartet. Um halb zwei öffnet sich das Fenster, ein Herr steigt heraus, verschwindet auf eine Weile für mich im Dunkel des Gartens, ich höre die Gartentüre gehn, und gleich darauf direkt an mir vorüber, schwebt die schlanke Gestalt des Herrn Fähnrich Otto von Aigner.

MAUER So. Und was hast du dann getan?

FRIEDRICH Ich hab' mich auf die Wiese hingelegt.

MAUER Du bist ja schon gelegen.

FRIEDRICH Richtig. Aber bequemer als vorher hab' ich mich hingelegt, weil ich ja nicht mehr hab' aufpassen müssen. Und hab' prachtvoll geschlafen, bis sieben Uhr früh. Es ist wirklich herrlich, im Freien zu schlafen in schönen Sommernächten. Erst neulich hat mir wer davon vorgeschwärmt.

MAUER Du denkst hoffentlich nicht daran, es Genia oder ihn entgelten zu lassen. Das einzige, was du jetzt tun kannst und darfst, – das ist ein klares Ende machen.

FRIEDRICH Wer spricht von Ende?

MAUER Selbstverständlich. Es könnte jetzt auch ohne besonderes Aufsehn geschehn. Du brauchst nur etwas früher nach Amerika zu fahren als deine Absicht war.

FRIEDRICH Nach Amerika wird Genia mit mir reisen.

MAUER So –?

FRIEDRICH Ja.

MAUER *achselzuckend* Du erlaubst mir diese Mitteilung bis auf weiteres als den letzten Beweis deines Vertrauens entgegenzunehmen. Jetzt...

NATTER *kommt* O, guten Abend, Doktor Mauer, wie geht's? Lieber Hofreiter, ich wollte Sie nämlich fragen, da wir leider nicht mehr lange bleiben können...

MAUER Du erlaubst also, daß ich deiner Frau guten Abend sage...

FRIEDRICH Sie wird sich sehr freuen.

MAUER *zum Tennisplatz*.

FRIEDRICH, NATTER

NATTER Ich wollte Sie fragen, lieber Hofreiter, ob ich Sie morgen im Bureau sprechen kann. Ich habe Ihnen viel mitzuteilen. Das bewußte Konsortium hat sich wieder gemeldet. Man bietet...

FRIEDRICH Morgen die Geschäfte, Herr Natter.

NATTER Wie Sie wünschen.

FRIEDRICH Heute wollen wir plaudern.

NATTER Gern.

FRIEDRICH Sagen Sie mir, Natter, was halten Sie von Demeter Stanzides?

NATTER Stanzides? – Ein ganz sympathischer Mensch. Etwas sentimental für einen Husaren-Oberleutnant. Aber im ganzen ein netter Kerl.

FRIEDRICH Hat er nicht Schulden?

NATTER Nicht, daß ich wüßte.

FRIEDRICH Mißhandelt er nicht seine Untergebenen?

NATTER Mir nichts davon bekannt.

FRIEDRICH Ist er nicht etwa Falschspieler?

NATTER Glauben Sie das, Hofreiter?

FRIEDRICH Nein. Ich will es Ihnen nur erleichtern, etwas über ihn zu erfinden, für später, wenn die Geschichte zwischen ihm und Ihrer Frau Gemahlin zu Ende sein sollte.
Sie stehn Aug' in Aug'.

NATTER Es freut mich, daß Sie mich für keinen Dummkopf halten, Hofreiter.

FRIEDRICH Nein, für einen...

NATTER Ich warne Sie davor, mich einen Schuften zu heißen. Es würde mir wahrscheinlich nicht konvenieren, die Angelegenheit durch eine Karambolpartie zu erledigen.

FRIEDRICH Aber auf andre Art.

NATTER Wenn ich dazu Lust gehabt hätte... vor nicht allzulanger Zeit war bessere Gelegenheit dazu.

FRIEDRICH Warum haben Sie's nicht getan? Man wird doch nicht mit einemmal... Ich weiß doch, daß Sie als junger Mensch um weniger Ihr kostbares Leben in die Schanze geschlagen haben.

NATTER Um weniger? Um andres.

FRIEDRICH Wenn es Ihnen so nahe ging' – warum bleiben Sie mit Ihrer Frau zusammen?

NATTER Das will ich Ihnen erklären. Weil mir eine Existenz

ohne Adele als vollkommener Unsinn erschiene. Ich bin nämlich rettungslos verliebt in sie. Das kommt vor, Hofreiter. Dagegen hilft nichts. Ahnen Sie denn, was ich alles versucht habe, um innerlich von ihr loszukommen –? Vergeblich... Alles vergeblich... Ich liebe sie... trotz allem –! Ungeheuerlich, wie? – Es ist nun einmal nicht anders.

FRIEDRICH Und Sie rächen sich an mir, indem Sie eine Ungeheuerlichkeit erfinden?

NATTER Vielleicht indem ich die Wahrheit verbreite.

FRIEDRICH Mensch, Sie glauben wirklich? ...daß ich... ein amerikanisches Duell...

NATTER Beweisen Sie mir das Gegenteil.

FRIEDRICH Das könnt' ich... Ich kenne den Grund von Korsakows Selbstmord. Ich weiß, daß... O, wo gerat' ich hin? Mich vor Ihnen zu rechtfertigen, Sie... Sie...

NATTER Hüten Sie sich.

FRIEDRICH Ich schwöre Ihnen, daß Sie sich irren. Ich schwöre Ihnen...

NATTER Bei der Tugend Ihrer Frau Gemahlin, ja?

FRIEDRICH Herr... *Auf ihn zu.*

NATTER *packt seinen Arm* Ruhe, kein Aufsehn. Ich werde mich nicht mit Ihnen schlagen. Aber noch ein Wort und...

FRIEDRICH Gerade gegen Sie sollt' ich wehrlos sein?

NATTER Zuweilen ist man's eben.

FRIEDRICH Ja... gegen einen...

NATTER Gegen einen, der das Leben fabelhaft amüsant findet... lieber Hofreiter – und nur das.

PAUL *vom Tennisplatz* Bitte sehr um Entschuldigung, wenn ich störe. Herr Hofreiter, – Ihr Single mit dem Herrn Fähnrich wäre an der Reihe.

FRIEDRICH Ja... ja... bin schon bereit – Das Verhältnis muß endgültig klargestellt werden... ich weiß...

NATTER O bitte, lassen Sie sich nicht stören. *Leise* Etwa auch auf Tod und Leben?

FRIEDRICH Vielleicht.

MAUER *und* GENIA *kommen eben von rückwärts.*

MAUER *will sich verabschieden* Also, lieber Freund.

FRIEDRICH Nein, du darfst einfach nicht gehn. Du mußt ihn zurückhalten, Genia – mit allen deinen Verführungskünsten.
Friedrich, Paul, Natter zum Tennisplatz.

MAUER, GENIA

GENIA Ich fürchte, daß meine Künste versagen werden.

MAUER Ich muß leider fort, gnädige Frau.

GENIA Und es ist wohl anzunehmen, daß man Sie in der nächsten Zeit hier nicht sehn wird...

MAUER Es ist anzunehmen, gnädige Frau.

GENIA *sieht ihn an* Es tut mir leid, daß ich einen Freund verloren
habe. Auch ich, die wahrhaftig ohne Schuld ist, wenigstens
gegen Sie. Warum antworten Sie mir nicht, Doktor? Ich will
mich nicht in Ihr Vertrauen drängen, umsowveniger, als ich
mir ja denken kann, was Sie von hier forttreibt.

MAUER Es ist diesmal kein Anlaß, Ihnen über Ihren Scharfblick
ein Kompliment zu machen. Sie gestatten mir jetzt, gnädige
Frau, mich zu entfernen.

GENIA Ich habe Ihnen nichts zu gestatten und nichts zu verbieten. Besonders als... gnädige Frau. Leben Sie wohl, lieber
Doktor! – Und – bitte lassen Sie mich Ihnen noch eine Mahnung mit auf den Weg geben! – Nehmen Sie's nicht gar zu
schwer. Es wäre doch lächerlich, wenn Sie, ein Mensch, der
das Leben von seiner ernstesten Seite kennt, dergleichen Spie-
lerei und Spiel wichtig nähme. Liebessachen sind nichts andres, Doktor, glauben Sie mir. Und wenn man erst drauf gekommen ist, sehr lustig anzusehn – und mitzumachen.

MAUER Wenn man drauf gekommen ist...

GENIA Werden Sie auch, lieber Freund. Die dummen schweren
Worte, die Ihnen durch den Sinn gehn, die blasen Sie nur gefälligst in die Luft. Und Sie werden sehn, wie leicht sie eigentlich sind. Sie fliegen... alle... sie verwehn, diese schweren
dummen Worte...

MAUER Es gibt vielleicht wirklich nur ein schweres auf der Welt
– und das heißt Lüge.

GENIA Lüge? Gibt's denn das in einem Spiel? List oder Spaß heißt es da.

MAUER Spiel –?! Ja, wenn es so wäre! ... Ich versichere Sie, Genia, nicht das geringste hätt' ich einzuwenden gegen eine Welt, in der die Liebe wirklich nichts andres wäre als ein köstliches Spiel ... Aber dann ... dann ehrlich, bitte! Ehrlich bis zur Orgie ... Das ließ' ich gelten. Aber dies Ineinander von Zurückhaltung und Frechheit, von feiger Eifersucht und erlogenem Gleichmut – von rasender Leidenschaft und leerer Lust, wie ich es hier sehe – das find' ich trübselig und – grauenhaft – ... Der Freiheit, die sich hier brüstet, der fehlt es am Glauben an sich selbst. Darum gelingt ihr die heitre Miene nicht, die sie so gerne annehmen möchte ... darum grinst sie ... wo sie lachen will.

GENIA Sie sind ungerecht, Doktor. Wir geben uns ja alle Mühe. So rasch geht das freilich nicht. Aber wir haben die beste Absicht. Merken Sie's nicht? Adele Natter, zum Beispiel, bringt ihre Kinder mit in unser Haus, ich plaudre mit Erna, als wäre der Weiher von Völs das harmloseste Wasser von der Welt, Friedrich spielt seine Tennispartie mit dem Herrn Fähnrich von Aigner ...

MAUER Warum sollte er nicht?

GENIA O, Doktor! ...

MAUER Ja, ich weiß ... auch das ...

GENIA Wer hat es Ihnen gesagt?

MAUER Wer –? Geben Sie acht, Genia. Friedrich selbst.
Die Tennispartie ist zu Ende. Die Teilnehmer kommen allmählich näher.

GENIA Friedrich ...?! Natürlich ahnt er. Ich hab' es gleich in seinem Blick gelesen ... als er uns vom Balkon aus begrüßte. ... Aber wozu dies warnende »Geben Sie acht« –? Er wird es mir nicht übel nehmen. – Vielleicht hätte sich Otto auch umgebracht – wie jener andre. Und man darf doch einen jungen Menschen einer solchen Kleinigkeit wegen nicht in den Tod treiben. Friedrich wird zufrieden mit mir sein. Morgen, wenn ... mein Geliebter fort ist ... werd' ich ihm die ganze Geschichte selbst erzählen.

MAUER Das dürfte nicht mehr notwendig sein. Er ahnt nicht, er weiß ... Er hat den Herrn Fähnrich heute nacht gesehn... um halb zwei...

GENIA *zuckt zusammen, faßt sich rasch.*

PAUL, GUSTL, ERNA, STANZIDES, ADELE, FRAU WAHL, NATTER, OTTO *und* FRIEDRICH *vom Tennisplatz.*

GENIA Nun, wer war Sieger?

PAUL Die alte Garde lebt noch. Herr Hofreiter hat gewonnen. Neun zu acht.

STANZIDES Schade, daß Sie nicht zugesehn haben, gnädige Frau. Es war eine schöne Partie.

FRIEDRICH Na, Mauer, du bist ja doch geblieben. Das ist nett von dir!

PAUL Jetzt käme noch das Match Fräulein Erna und Herr Hofreiter.

ERNA Es ist schon zu dunkel, das verschieben wir auf morgen. Und wir telegraphieren dem Herrn Fähnrich das Endresultat des Turniers.

OTTO Meine Herrschaften, ich muß mich nun leider wirklich empfehlen. *Er beginnt sich zu verabschieden.*

FRIEDRICH *folgt ihm mit den Blicken* Schade, daß wir nicht morgen noch eine Partie spielen können, Otto! – Ich hab' heut gar keine rechte Freude an meinem Sieg.

PAUL Warum denn? Der Herr Fähnrich hat famos gespielt, und Sie, Herr Hofreiter noch besser.

FRIEDRICH Ich weiß nicht. Sie waren nicht recht in Form, Otto. Einen Schlag haben Sie gehabt, wie ich ihn von Ihnen gar nicht gewohnt bin. So einen zerstreuten, so einen undezidierten, so einen ängstlichen Schlag... Abschiedsstimmung wahrscheinlich.

OTTO Vielleicht Befangenheit einem so starken und ausgeruhten Gegner gegenüber. Nun, wenn ich wiederkomme, in drei Jahren, sollen Sie mehr Freude an meinem Gegenspiel haben, Herr Hofreiter.

FRIEDRICH Ja, wenn man das so sicher wüßte, daß man sich wiedersieht!... Ich rede nie von so fernliegenden Dingen... drei Jahre!... Denken Sie, was indessen alles passieren kann. Man hat doch nicht alles so in der Hand. Es gibt Ereignisse, denen gegenüber alle Voraussicht versagen kann... und alle Vorsicht.

NATTER Und gerade diese dürfte nicht eine Haupteigenschaft des Herrn Fähnrich sein.

OTTO Das fürcht' ich selbst, Herr Natter.

FRIEDRICH Das können Sie selber gar nicht wissen, Otto, ob Sie von Natur aus vorsichtig sind oder nicht... In einem Beruf, der so ganz auf Haltung und Disziplin gestellt ist, wie der Ihre, hat man sozusagen keine Gelegenheit, sich selbst kennenzulernen. Glauben Sie nicht?

MAUER Genug Psychologie für die späte Abendstunde, denk' ich. *Zu Otto* Wir gehn vielleicht gleich zusammen.

FRIEDRICH *kümmert sich gar nicht darum* Ich zweifle natürlich nicht, daß Sie jederzeit bereit wären, für Kaiser und Vaterland und auch für viel geringere Dinge Ihr Leben hinzugeben, aber da spielt doch der äußere Zwang eine gewisse Rolle. In der Tiefe Ihrer Seele, ganz in der Tiefe, Otto, sind Sie feig. *Große Pause.*

OTTO Ich habe nicht recht verstanden, nicht wahr?

FRIEDRICH Ich weiß nicht, was Sie verstanden haben. Ich werde es auf alle Fälle wiederholen: feig.

OTTO *einen Schritt auf ihn zu.*

FRIEDRICH *ihm rasch entgegen.*

OTTO Sie werden von mir hören.

FRIEDRICH Hoff' ich, *Leise* und bald. In einer Stunde, im Park...

OTTO *ab.*

PAUL *sagt leise etwas zu Gustl, folgt mit ihm dem Otto.*

ERNA *steht regungslos.*

GENIA *regungslos.*

FRAU WAHL *sieht sich ratlos um, wendet sich an Adele.*

NATTER Wir wollen nun nicht weiter stören.

FRIEDRICH O nein, das tun Sie nicht – im Gegenteil. *Zu Mauer abseits* Auf dich hoff' ich zählen zu können.

MAUER Nein. Dabei tu' ich nicht mit.

FRIEDRICH Als Arzt, Mauer. Das darfst du mir nicht verweigern, das ist deine Pflicht.

MAUER *zuckt die Achseln* Bitte.

FRIEDRICH Danke. Lieber Stanzides.

STANZIDES Ich bitte über mich zu verfügen.

FRIEDRICH Ich danke Ihnen. Natter, darf ich Sie bitten?

NATTER Lieber Hofreiter...

FRIEDRICH *zieht Natter nach vorn* Ich denke, wir sind einig in
unserer Ansicht über das Leben, nicht wahr? Zum Totlachen.

NATTER Ich hab' es immer gesagt.

FRIEDRICH Der neueste Spaß hätte eine Würze mehr für mich, –
wenn Sie mein Sekundant sein wollten.

NATTER Gern. Der Herr Fähnrich schießt gewiß nicht schlecht.

GENIA *mit einem plötzlichen Entschluß zu Friedrich hin* Friedrich...

FRIEDRICH Später.

GENIA Jetzt.

FRIEDRICH *zu den andern* Sie entschuldigen. *Mit ihr nach vorn.*

FRAU WAHL *zu Erna hin, will sie zum Fortgehen veranlassen.*

ERNA *weist sie ab, steht an der Mauer des Hauses.*

FRAU WAHL *wendet sich zu Adele, die unter dem Nußbaum sitzt und
ihrem Gatten nachsieht.*

NATTER *und* STANZIDES *gehn nach rückwärts.*

MAUER *steht allein.*

FRIEDRICH *zu Genia* Nun?

GENIA Was ist dir denn eingefallen? Wie durftest du...

FRIEDRICH Na, fürcht' dich nicht. Ich werd' ihm nicht viel tun,
wahrscheinlich gar nichts.

GENIA Warum also? Wenn dir an mir noch das geringste läge...
wenn es Haß wäre... Wut... Eifersucht... Liebe...

FRIEDRICH Na ja, von all dem verspür' ich allerdings verdammt
wenig. Aber man will doch nicht der Hopf sein. *Wendet sich
von ihr ab, folgt Natter und Stanzides.*

GENIA *steht vorn regungslos.*

ERNA *steht an der Mauer des Hauses.*

Die Blicke der beiden Frauen begegnen sich.

Vorhang

Fünfter Akt

Zimmer in der Villa, das an die aus dem ersten Akt bekannte Veranda
stößt. Licht und freundlich. Eine große Glastüre, die auf die Veranda
führt, steht offen. Rechts und links von der Glastür Schränke. In der
Mitte ein großer Tisch, Decke darauf, Zeitschriften, Bücher. – Sessel.
An der linken Wand ein Kamin, davor ein kleines Tischchen, Stühle
usw. Bilder an den Wänden, rechts eine zweite Türe. Standuhr links
vorn. Etagere rechts vom Kamin mit Büchern.

GENIA *kommt von rechts im Morgenkleid. Sehr blaß und erregt. Zur*
Verandatür, tritt auf die Veranda hinaus, wieder zurück, setzt sich
an den großen Tisch, nimmt eine der dort liegenden Zeitschriften,
starrt hinein, dann wieder vor sich hin.

ERNA *ohne Hut, im Sommerkleid, sehr rasch von der Veranda herein.*

GENIA *auf, rasch gefaßt* Erna?... Was gibt's?

ERNA Sie sind noch nicht zurück? Ist noch keine Nachricht da?

GENIA Wie sollte denn eine Nachricht da sein? Kommen Sie
doch zu sich, Erna. Vor heute nachmittag – kann's ja gar nicht
sein. Wahrscheinlich erst morgen früh. In dieser Stunde finden wohl die Vorbesprechungen statt.

ERNA *sieht sie an* Ja, natürlich. Verzeihn Sie, daß ich weiterfrage.
Ich weiß, daß ich kein Recht habe, aber die seltsamen Umstände...

GENIA Sie haben so gut ein Recht, um jemanden zu zittern, wie
ich es hätte.

ERNA Ich zittre nicht, Frau Genia. Das ist nicht meine Art. Ich
wollte nur fragen, ob Sie Ihren Herrn Gemahl heute schon
gesehn haben?

GENIA Mein »Herr Gemahl« ist schon gestern abend in die Stadt
gefahren. Allerlei bei seinem Advokaten zu ordnen jedenfalls.
Das ist ja nun einmal üblich, auch wenn es ganz überflüssig
ist. Er wird Verfügungen treffen. Vielleicht sogar irgendwelche Briefe und Papiere verbrennen. Kurz sich geradeso be-

nehmen, als wenn es eine ungeheuer ernste Sache wäre, obwohl es nichts ist als eine lächerliche Eitelkeits- und Ehrenkomödie, wie wir ja alle wissen.

ERNA Ich bin davon nicht überzeugt, Frau Genia.

GENIA Ich bin es. Kommen Sie, Erna, wir wollen in den Garten gehn, der Tag ist so schön. Wir wollen plaudern. Sie haben mir ja noch gar nichts von Ihrer Reise erzählt. Sie haben interessante Dinge erlebt... am Völser Weiher...

ERNA Ist es möglich, daß Sie in dieser Stunde spotten können, Genia?

GENIA Ich spotte nicht. Ah, ich bin fern davon... Sie lieben ihn wohl sehr... meinen »Herrn Gemahl«, nicht wahr –?! Nun ja, es ist kein Wunder. Der erste – das ist doch immerhin ein Erlebnis. Oder bedeutet das auch nichts mehr? Sie müssen mir darüber Aufschluß geben, Erna. Ja! – Ich finde mich nämlich nicht mehr zurecht. Das Leben ist um so viel leichter geworden in der letzten Zeit. Als ich so jung war wie Sie, nahm man gewisse Dinge noch furchtbar ernst. Es sind nicht viel mehr als zehn Jahre seither vergangen, aber mir scheint, die Welt hat sich seitdem sehr verändert.

STUBENMÄDCHEN *mit einem Telegramm von rechts. Geht gleich wieder.*

GENIA *öffnet es rasch* Von meiner Schwester Mary. Sie kommt heute mittag mit Percy an. Hier. *Sie gibt Erna das Telegramm.* Es wird ein lustiges Wiedersehen werden. Aber wollen wir nicht doch in den Garten, Erna? Oder machen wir eine kleine Spazierfahrt. Ja? Der Tag ist so schön. Die Luft wird Ihnen wohltun. Sie sind blaß... Sie haben vielleicht nicht sehr gut geschlafen.

ERNA Nein. Ich habe gewacht. Und um fünf Uhr früh hab' ich meinen Bruder fortgehn sehn. In jedem Augenblick können wir erfahren, wie es ausgegangen ist. Denn während wir hier reden, ist alles längst vorüber.

GENIA Erna – ich sagte Ihnen doch, Friedrich ist in die Stadt gefahren, zu seinem Advokaten... wahrscheinlich.

ERNA Er ist nicht zum Advokaten gefahren. Ich weiß es. Ich

habe meinen Bruder gesprochen heut früh, als er fortging. Gestern abend noch ist alles abgemacht worden. Heut morgen um acht hat das Duell stattgefunden. Ich nehme an – nicht gar weit von hier. Im Heiligenkreuzerwald wahrscheinlich. Und jetzt ist alles... vorbei.

GENIA Nun, so ist es eben vorbei... Jetzt ist nichts mehr zu ändern, nicht wahr? Im Heiligenkreuzerwald, glauben Sie? – So sitzen sie jetzt alle zusammen im Stiftsgarten, unter dem schattigen Laub und feiern die Versöhnung... Das Frühstück war schon vorher bestellt von den Herren Sekundanten. Und versöhnt ist man ja schnell, wenn man einander nie wirklich böse war. Was denken Sie, Erna, trinken sie auf unser Wohl? Warum nicht. Das Leben ist ja so lustig. Vielleicht erscheinen sie zusammen hier, Arm in Arm. Ja... Wir sollten ihnen entgegengehn.

ERNA Ich will nach Hause... Vielleicht ist mein Bruder schon zurück...

GENIA Gut – gehn Sie nach Hause, Erna... Ich warte hier...

ERNA *scheint nach draußen zu lauschen.*

GENIA Was haben Sie? – Ja, es sind Schritte.

ERNA *zur Verandatür* Es ist Frau Meinhold.

GENIA *zuckt zusammen* Wie...?

ERNA Sie kommt ganz ruhig heran. Sie weiß nichts.

GENIA Was will sie so früh...

ERNA Sie weiß sicher nichts. Sie geht langsam. Ihre Züge scheinen mir ganz unbewegt. Wenn sie nur die leiseste Ahnung hätte, sähe sie anders aus. Woher sollte sie auch. Fassen Sie sich, Frau Genia!

FRAU MEINHOLD *kommt* Guten Morgen.

ERNA Guten Morgen, gnädige Frau.

GENIA Sie sind es, Frau Meinhold? Ah... *Sie steht auf.*

ERNA Auf Wiedersehen!

FRAU MEINHOLD Sie gehn schon? Hoffentlich bin ich es nicht, die Sie davontreibt?

ERNA Durchaus nicht, gnädige Frau. Ich hatte mich gerade empfohlen. Adieu, Frau Genia. *Ab.*

GENIA *mit ungeheurer Selbstbeherrschung* Ich freue mich sehr, Sie wiederzusehn, Frau Meinhold. Es hat mir sehr leid getan, daß Sie gestern gefehlt haben.

FRAU MEINHOLD Sie hatten ja größere Gesellschaft, da tu' ich nicht gern mit. Heute bin ich um so früher da, wie Sie sehn, Frau Genia.

GENIA Es ist gar nicht so früh. *Auf die Standuhr sehend* Richtig, erst zehn Uhr! Ich dachte, es müßte bald Mittag sein. Friedrich ist schon längst in die Stadt gefahren. Sie wissen ja, Frau Meinhold, er ist gestern angekommen.

FRAU MEINHOLD Natürlich weiß ich das. *Lächelnd* Otto hat mir ja abends seine Grüße überbracht.

GENIA So. – Ihr Herr Sohn verläßt Sie schon heute...?

FRAU MEINHOLD Mein Herr Sohn ist sogar schon fort. Noch gestern mit dem letzten Zug ist er hineingefahren. Und heute abend fährt er nach Pola.

GENIA Heute abend schon? Ah!

FRAU MEINHOLD Sollten Sie das wirklich erst von mir erfahren?

GENIA O, das wußt' ich wohl. Ich dachte mir aber, den heutigen Tag wollte er ganz seiner Mutter widmen.

FRAU MEINHOLD Er hat heute in der Stadt noch eine Menge zu tun, so haben wir uns schon gestern abend adieu gesagt... Es ist besser so.

GENIA Gewiß ist das besser.

FRAU MEINHOLD Können Sie sich denken, Frau Genia, wie mir das heute morgen war, als ich nun wieder so ganz allein in meiner Laube beim Frühstück saß. Nun ist mein kleines Haus mit einem Mal so leer... wie ich's lange nicht gewohnt war. Ich bin nun eine Zeitlang doch recht verwöhnt gewesen – trotz allem. Und der Gedanke, daß er diesmal auf so lange fort ist und so weit, das macht das Haus noch leerer und trauriger. Drum bin ich lieber fortgegangen...

GENIA Ich versteh's.

FRAU MEINHOLD Nicht mit der Absicht, Sie so früh zu stören,

Frau Genia, das muß ich Ihnen gestehn. Durchaus nicht. Ich wollte einen Spaziergang machen... einen einsamen Waldspaziergang. Und nun bin ich doch da. Weiß Gott, wie das kommt. Es muß mich wohl irgend was hergetrieben haben. *Sieht sie lange an.*

GENIA *erwidert ihren Blick* Ich danke Ihnen.

FRAU MEINHOLD Danken Sie mir nicht. Ich hatte nur die Wahl, Ihnen sehr böse – oder sehr gut zu sein. Und als ich meine Wohnung verließ, war es noch lange nicht entschieden. Denn in diesen letzten Tagen, jetzt, da er fort ist, darf ich's Ihnen wohl sagen, Genia – ist mir manchmal recht bang gewesen...

GENIA Bang –?

FRAU MEINHOLD Ich kenne ja meinen Sohn... Und ich hab's ihm angesehn, wieviel er gelitten hat in dieser letzten Zeit. Er ist so gar nicht geschaffen... in unwahren Beziehungen zu leben... Ich hatte... Angst um ihn... Sie haben ihm so viel bedeutet, Genia! Mehr als sein Beruf, als seine Zukunft, als ich, als sein Leben. O Gott, was hab' ich alles gefürchtet. Und habe geschwiegen. Mußte schweigen. Und sogar begreifen mußt' ich's. Ich hab' es ja kommen gesehn, vom ersten Tag an, da Otto Ihr Haus betrat. In all meinem Groll, meiner Angst, meiner Eifersucht, mußte ich es doch begreifen. Sie waren ja so allein, Genia, und so schwer gekränkt... durch lange Jahre! Auch wenn am Ende ein Schlechterer gekommen wäre als Otto – ich hätte es Ihnen nicht übelnehmen können. Und nun – da er fort ist, ist all mein Groll und meine Eifersucht dahin und ich frage mich nur: Wie wird sie es tragen? Sie – die ihn doch geliebt hat!

GENIA Frau Meinhold, ich bin wahrhaftig so viel Teilnahme gar nicht wert. – Ich werde versuchen, ihn zu vergessen. Und es wird mir gelingen. Das ist gewiß, – so gewiß, als es ihm gelingen wird. Ich habe den festen Willen, ihn zu vergessen. Wie sehn Sie mich denn an, Frau Meinhold? Glauben Sie mir denn nicht? Sie müssen keine Angst haben. Es ist nichts verabredet zwischen uns. Ich schwör' es Ihnen... Wir werden uns nicht einmal schreiben. Das steht fest.

FRAU MEINHOLD Sie sind sehr gut, Genia.

GENIA Ich bin nur... klug, Frau Meinhold. Nur klug... *plötzlich bricht sie in ein heftiges Schluchzen aus. Sinkt mit dem Kopf auf
den Tisch.*

FRAU MEINHOLD Genia, Genia. *Sie streicht ihr über die Haare* Weinen Sie nicht. Genia! Es ist freilich ein geringer Trost, – aber
wir werden es gemeinsam tragen, daß er fort ist... Sie sehen
ja doch, daß meine Wahl getroffen ist, und daß ich mich entschlossen habe, Sie... nicht zu hassen. Kind, Kind, – beruhigen Sie sich doch. Wir wollen Freundinnen sein, Genia. Es
geht ja wohl nicht anders. Genia... Genia!

GENIA Frau Meinhold... *sie faßt ihre Hand, als wollte sie sie
küssen.*

FRAU MEINHOLD Finden Sie wirklich keinen andern Namen für
mich? Ich bin seine Mutter.

GENIA *schüttelt wild den Kopf* Nein, nein, nein, ich kann nicht
mehr...

FRAU MEINHOLD *sieht sie lange an* Ich will Sie nun doch lieber
allein lassen... Leben Sie wohl. Aber wenn Sie des
Alleinseins müde sind, – so kommen Sie zu mir. Sie finden
mich immer bereit, Sie zu empfangen. Adieu, Genia. –

FRIEDRICH *von der Terrasse aus herein. Dunkler Paletot über dem
schwarzen Gehrock. Schließt rasch den Paletot, spannt seine Züge.*

GENIA *starrt ihn wie fragend an.*

FRIEDRICH *lächelt starr, ohne zu nicken. Zu Frau Meinhold in seiner
lachend boshaften Art, die nun wie eine Maske wirkt* Küss' die
Hand, gnädige Frau. *Er nimmt ihre dargebotene Hand mit einem
kaum bemerklichen Zögern* Wie geht's?

FRAU MEINHOLD Danke. Schon so früh aus der Stadt zurück?

FRIEDRICH Aus der Stadt? Nein. Ich fahre jetzt erst hinein. Ich
hab' nur meinen Morgenspaziergang gemacht. Ein... herr-
licher Tag...

FRAU MEINHOLD Sie haben eine schöne Reise gehabt.

FRIEDRICH Ja, sehr schön. Sehr schön. Ich bin höchst befriedigt.
Gutes Wetter, interessante Menschen, was will man mehr.

FRAU MEINHOLD Ja richtig, ich habe Ihnen einen Gruß zu bestellen.

FRIEDRICH Einen Gruß? Mir?

FRAU MEINHOLD Sie werden sich ein wenig wundern. Einen Gruß von Herrn von Aigner.

GENIA Von Ihrem Gatten?

FRAU MEINHOLD Ja, heute früh. Eh' ich von Hause fort ging, ist nämlich ein Brief von ihm gekommen, nach vielen, sehr vielen Jahren der erste. Und in wenigen Tagen kommt er selbst. Eine Konferenz mit dem Minister, wie er schreibt.

FRIEDRICH Ja, natürlich, wegen der neuen Bahn. Wird großartig werden, die neue Bahn. Übrigens wird er auch noch einmal Minister werden, Ihr Herr Gemahl. Überhaupt ein merkwürdiger Mensch, ein höchst merkwürdiger Mensch. Er hat noch eine große Zukunft.

FRAU MEINHOLD Glauben Sie das wirklich?

FRIEDRICH Warum denn nicht?

FRAU MEINHOLD Er spricht nämlich in dem Brief auch von seiner schwachen Gesundheit...

FRIEDRICH Schwache Gesundheit!... Auf Felsen klettern kann er allerdings nicht mehr, aber Minister werden, das strengt ja weniger an. Und der Absturz ist weniger gefährlich. Er ist übrigens gar nicht krank. Er ist das Leben selbst. Der überlebt uns alle. Pardon, ich kann natürlich nur von mir sprechen, wir können ja alle immer nur von uns sprechen... *Lacht* Ein sehr interessanter Mensch... wir haben viel miteinander geredt... in den paar Tagen... Ich hab' ihn gern.

FRAU MEINHOLD Er scheint Sie auch sehr ins Herz geschlossen zu haben. Ja, es ist ein sonderbarer Brief. Rührend beinah. Und ein bißchen affektiert. Das wird er sich wohl nicht mehr abgewöhnen.

FRIEDRICH Nein, das kaum mehr...

FRAU MEINHOLD Also auf Wiedersehn.

FRIEDRICH Auf Wiedersehn, gnädige Frau. Und wenn Ihr Herr Gemahl hierherkommt, unser Haus ist natürlich... Les amis de nos amis... und so weiter... Adieu, gnädige Frau.

GENIA *begleitet sie ein paar Schritte.*

FRAU MEINHOLD Bleiben Sie doch, bleiben Sie doch, liebe Frau Genia. Auf Wiedersehn. *Ab.*

GENIA *rasch zurück.*

GENIA, FRIEDRICH

FRIEDRICH *stand regungslos.*

GENIA Nun?... Alles... gut –?

FRIEDRICH *sieht sie an* Na...! –

GENIA Er ist verwundet –?! Friedrich!...

FRIEDRICH Tot ist er!

GENIA Friedrich, treib es nicht zu weit! Hier hört der Hohn auf.

FRIEDRICH Er ist tot. Ich kann's nicht anders sagen.

GENIA Friedrich, Friedrich... *Auf ihn zu, packt ihn bei den Schultern* Du hast ihn umgebracht, Friedrich... Und – seiner Mutter die Hand gedrückt.

FRIEDRICH *zuckt die Achseln* Ich habe nicht gewußt, daß sie da... bei dir ist. Was hätt' ich tun sollen?

GENIA Tot... tot!... *Plötzlich auf ihn zu* Mörder!

FRIEDRICH Es war ein ehrlicher Kampf, ich bin kein Mörder.

GENIA Warum, warum...

FRIEDRICH Warum –? Offenbar... hat's mir so beliebt.

GENIA Es ist ja nicht wahr! Mach' dich nicht fürchterlicher als du bist. Du hast nicht wollen. Ein entsetzlicher Zufall war's!... Du hast nicht wollen... es ist nicht wahr...

FRIEDRICH In dem Augenblick, da er mir gegenübergestanden ist, da ist es wahr gewesen.

GENIA Grauenhafter Mensch! Und hast seiner Mutter die Hand gedrückt. Hast ihn nicht einmal gehaßt und ihn doch umgebracht. Bösewicht, eitler, grauenhafter Bösewicht.

FRIEDRICH So einfach ist das nicht. Hineinschaun in mich kannst du doch nicht. Kann keiner. Die arme Frau Meinhold tut mir leid. Auch mein guter, alter Herr von Aigner. Aber ich kann ihnen nicht helfen. Nein. Auch dir nicht. Und ihm nicht. Und mir. Es hat sein müssen.

GENIA Müssen? –

FRIEDRICH Wie er mir gegenübergestanden ist mit seinem frechen, jungen Blick, da hab' ich's gewußt... er oder ich.

GENIA Du lügst, er hätte dich nicht... er nicht...

FRIEDRICH Du irrst dich. Es war auf Leben und Tod. Er wollte es so gut wie ich. Ich hab's in seinem Aug' gesehn, wie er in meinem. Er... oder ich...

ERNA *und* MAUER *aus dem Garten.*

ERNA *bleibt an der Tür stehn.*

MAUER *rasch zu Genia, drückt ihr die Hand.*

FRIEDRICH Ah, Mauer, du, schon da?

MAUER Ich habe nichts weiter zu tun gehabt.

GENIA Wo ist seine Leiche?

MAUER Auf dem Weg.

GENIA Wohin?

MAUER In das Haus seiner Mutter.

GENIA Weiß sie... wer wird ihr...?

MAUER Es hat's noch keiner gewagt.

GENIA Ich will es ihr sagen. Es ist meine Pflicht. Ich geh' zu ihr.

FRIEDRICH Genia... Einen Augenblick. Wenn du zurückkommst, bin ich kaum mehr da. Ich kann nicht von dir verlangen, daß du mir die Hand reichst, aber – wir sagen uns halt adieu.

GENIA *sich erinnernd* Percy kommt. Noch in dieser Stunde.

FRIEDRICH Percy? Den erwart' ich noch... Dann... die übrigen... na...

GENIA Was hast du vor?

FRIEDRICH In die Stadt hinein. Das beste wird wohl sein, ich stell' mich selbst. Geschehn wird mir ja nichts. Ich hab' ja nur meine Ehre gerettet. Vielleicht daß sie mich gegen Kaution... allerdings Fluchtverdacht ist vorhanden.

GENIA Daran denkst du! Und der andere liegt erschossen –!

FRIEDRICH Ja, der hat's freilich leichter als ich. Für den ist alles erledigt. Aber ich – ich bin auf der Welt. Und ich gedenke weiter zu leben... Man muß sich entscheiden. Entweder – oder.

GENIA *starrt ihn an* Aus... *Will gehen.*

MAUER Frau Genia... Sie dürfen diesen Weg nicht allein gehn. Erlauben Sie mir, Sie zu begleiten.

GENIA *nickt* Ich danke Ihnen. Kommen Sie.

Mauer und Genia ab.

ERNA, FRIEDRICH

FRIEDRICH *steht noch starr wie früher.*

ERNA *an der Türe, bewegungslos* Was wirst du tun?

FRIEDRICH Wie immer es ausfällt, Verurteilung oder Freispre-
chung, selbstverständlich fort aus der Gegend... aus dem
Weltteil.

ERNA Und – wo immer du hingehn willst, Friedrich, – ich folge
dir.

FRIEDRICH Danke. Wird nicht angenommen.

ERNA Ich fühl' es stärker als je, Friedrich, wir gehören zusammen.

FRIEDRICH Irrtum. Du stehst jetzt unter dem Eindruck dieser
Sache. Wahrscheinlich imponiert's dir sogar, daß ich... aber
das ist Täuschung. Alles ist Täuschung. Nächstens schnapp'
ich doch zusammen. Aus Erna, auch zwischen uns. Du bist
zwanzig, du gehörst nicht zu mir.

ERNA *immer auf demselben Platz* Du bist jünger als alle.

FRIEDRICH Still! Ich weiß, was Jugend ist. Es ist noch keine
Stunde her, da hab' ich sie glänzen gesehn und lachen in einem
frechen, kalten Aug'. Ich weiß, was Jugend ist. – Und man
kann doch nicht jeden... Bleib, wo du bist, amüsier' dich gut
und...

ERNA *lauscht* Ein Wagen.

FRIEDRICH *bleibt starr* Percy.

ERNA *jetzt etwas näher zu ihm* Glaube mir, Friedrich, ich liebe
dich, ich gehöre dir.

FRIEDRICH Ich niemandem auf der Welt. Niemandem. Will
auch nicht...

KINDERSTIMME IM GARTEN Mutter! Vater!

FRIEDRICH Percy. *Er wimmert einmal leise auf* Ja, Percy, ich
komm' schon. Da bin ich. *Rasch hinaus auf die Veranda.*

ERNA *bleibt stehn.*

Vorhang

Die Schleier der Pierrette

Pantomime in drei Bildern

Personen

PIERROT

PIERRETTE

PIERRETTENS VATER

PIERRETTENS MUTTER

ARLECCHINO, *Pierrettens Bräutigam*

FRED ⎫
FLORESTAN ⎭ *Pierrots Freunde*

ANNETTE

ALUMETTE

GIGOLO, *ein junger Herr*

EIN DICKER KLAVIERSPIELER

EIN ZWEITER KLAVIERSPIELER

EIN GEIGENSPIELER

EIN KLARINETTIST

DIENER DES PIERROT

ALTE HERREN, ALTE DAMEN ⎫
JUNGE HERREN, JUNGE DAMEN ⎭ *als Hochzeitsgäste*

Ort und Zeit der Handlung: das Wien vom Beginn des vorigen Jahrhunderts.

I. Bild

Das Zimmer Pierrots. Bescheiden eingerichtet. Schreibtisch ungefähr Mitte, mehr rechts. Davor Lehnsessel. Hinten rechts Diwan. Weiter vorn an der Wand ein Spinett mit Leuchtern. Noch weiter vorn eine Etagere, darüber Bilder. Auf der Etagere Bücher. Ganz vorn rechts die Eingangstür. Vorne links ein Wandspiegel, darunter eine Kommode, darauf zwei Leuchter und eine kleine, leere Blumenvase. Links hinten ein Schrank. Vorne Tischchen, Diwan mit Lehne und zwei Sessel. Vorne mehr rechts das Bild Pierrettens auf einer Staffelei. Im Hintergrund erkerartiger Ausbau mit großem Fenster. Ausblick auf die Basteien und auf die Türme der Stadt. Nahe der Türe Kleiderhaken mit Mantel und Hut Pierrots. Abenddämmerung.

Erste Szene

PIERROT *(Kostüm: ein Gemisch des traditionellen Pierrot- und des Alt- wiener Kostüms) sitzt vor dem Schreibtisch, den Kopf in beide Hände gestützt. Steht auf und geht im Zimmer auf und ab. Bleibt vor der Staffelei stehen. Fleht das Bild Pierrettens an, droht dem Bilde, entfernt sich grollend, kehrt zurück, sinkt vor dem Bilde nieder und schluchzt. Steht auf, geht zum Schreibtisch, öffnet eine Lade, entnimmt ihr vertrocknete Blumen, Briefe, Bänder, streut al- les auf die Tischplatte, wühlt in den Andenken.*
Geht zum Fenster, öffnet es, bleibt eine Weile dort stehen. Sinkt auf den Diwan rechts vom Fenster und bleibt der Länge nach ausge- streckt liegen.

Zweite Szene

Es ist beinahe ganz dunkel geworden. Die Tür rechts öffnet sich, vom Vorzimmer fällt ein ziemlich breiter Lichtschein über den Fußboden hin.

DER DIENER *erscheint an der Tür. Durch eine Handbewegung lädt er die Freunde und Freundinnen Pierrots ein einzutreten.*

FRED, FLORESTAN, ANNETTE *und* ALUMETTE *treten ein.*
  Hinter ihnen ein kleiner, dicker Klavierspieler.

FRED, FLORESTAN *fragen den Diener, wo sein Herr sei.*

ANNETTE, ALUMETTE *sehen sich neugierig im Zimmer um.*

DER DIENER *weist auf den Stuhl vor dem Schreibtisch* Hier ist mein Herr gesessen.★

FRED, FLORESTAN Du siehst ja, daß er nicht da ist. Bring doch ein Licht.

DER DIENER *holt einen Leuchter mit angezündeter Kerze aus dem Vorzimmer, geht zum Schreibtisch hin.*

FRED, FLORESTAN *folgen ihm.*

ALUMETTE *löscht die Kerze aus.*

FLORESTAN *verweist es ihr.*

DIENER *zündet wieder an.*

DIENER *vor dem Schreibtisch* Hier ist er doch gesessen.

ALLE FÜNF, *der Diener mit dem Leuchter voraus, machen einen Rundgang durch das Zimmer, kommen zuletzt zum Diwan, auf dem sie Pierrot entdecken.*

FRED Ich will ihn rütteln.

FLORESTAN *hält ihn zurück, zum Diener* Was ist denn mit deinem Herrn geschehen?

DIENER *zuckt die Achseln.*

FRED *kommt auf einen Gedanken, macht Florestan auf die Staffelei mit Pierrettens Bild aufmerksam.*

FLORESTAN *versteht.*

★ Auch was im Text dialogartig gebracht ist, wird selbstverständlich nur pantomimisch ausgedrückt.

ANNETTE, ALUMETTE *stehen vor dem Diwan und sind von Pierrot entzückt.*

FRED, FLORESTAN *haben ein zweites Licht angezündet und stehen vor dem Bild Pierrettens.*

ALUMETTE *zu* ANNETTE *Ich werde Pierrot aufwecken. Sie will ihn an den Haaren zupfen.*

ANNETTE *hält sie zurück.*

ALUMETTE *beugt sich nieder und will Pierrot küssen.*

ANNETTE *hält sie zurück.*

FRED, FLORESTAN *treten von dem Bilde fort zu den zwei Mädchen.*

FRED *gibt dem dicken Klavierspieler ein Zeichen, er möge sich hinsetzen und spielen.*

DER DICKE KLAVIERSPIELER *ist bisher an der Tür gestanden, lächelnd und zerstreut.*

PIERROT *liegt noch immer bewegungslos.*

FRED, FLORESTAN *schicken den Diener hinaus.*

DIENER *ab.*

Dritte Szene

DER DICKE KLAVIERSPIELER *hat sich an das Spinett gesetzt und beginnt einen Walzer zu spielen.*

FLORESTAN, ALUMETTE *und* FRED, ANNETTE *tanzen miteinander.*

PIERROT *wacht auf. Sieht um sich. Versteht nicht, was vorgegangen ist, reibt sich die Augen. Springt auf, geht nach vorne.*

DIE BEIDEN PAARE *lassen sich nicht im Tanzen stören.*

FLORESTAN *und* ALUMETTE *sinken endlich auf den kleinen Diwan links am Tischchen.*

FRED *und* ANNETTE *bleiben neben dem Spinett stehen.*

PIERROT *ist an den Schreibtisch gelehnt.*

FRED, FLORESTAN, ANNETTE, ALUMETTE *sehen ihn an und lachen. Gehen auf ihn zu, als Paare, verbeugen sich.*

FRED, FLORESTAN *stellen ihre Damen vor.*

ANNETTE, ALUMETTE *knicksen zierlich.*

PIERROT *verbeugt sich tief.*

FRED Wir haben dich ja in einem netten Zustand gefunden. Was ist denn mit dir geschehen?

PIERROT Fragt mich nicht.

FLORESTAN *herzlich* Sag uns doch, was es gibt, vielleicht können wir dir helfen.

PIERROT Laßt nur, mir ist nicht zu helfen.

FRED Ich kann mir ja denken, es handelt sich um Pierrette.

PIERROT Laßt mich doch.

ANNETTE, ALUMETTE *eilen zu dem Bild hin, als wollten sie es von der Staffelei entfernen.*

PIERROT *ihnen nach, auf sie zu, beschützt das Bild. Steht mit ausgebreiteten Armen davor.*

FRED Er ist närrisch. Mit ihm ist nichts anzufangen.

FLORESTAN *ergreift Pierrots Hände, entfernt ihn langsam von dem Bilde, geleitet ihn dem Schreibtisch zu.*

FRED Schlag dir die Sache aus dem Kopf, Pierrot, es ist nicht der Mühe wert, sich um Pierrette zu kümmern. Komm mit uns.

FLORESTAN Ja, komm mit uns.

ANNETTE, ALUMETTE *drängen sich an Pierrot* Komm mit uns.

PIERROT *mit einer Gebärde des Widerwillens, befreit sich von den andern. Setzt sich in den Stuhl am Schreibtisch.*

FRED, FLORESTAN *reden ihm weiter zu* Komm mit uns. Wir wollen uns unterhalten. Der Abend ist schön. Wir wollen ins Freie. Wollen trinken, tanzen, küssen.

PIERROT *bleibt sitzen und schüttelt den Kopf.*

FRED, FLORESTAN *werden dringender.*

ANNETTE, ALUMETTE *gesellen sich bittend und schmeichelnd hinzu.*

FRED, FLORESTAN, ANNETTE, ALUMETTE *schließen einen Reigen um Pierrot, umtanzen ihn.*

DER DICKE KLAVIERSPIELER *begleitet auf dem Spinett.*

PIERROT *erhebt sich. Ärgerlich* Laßt mich in Ruhe. Ich ertrag es nicht länger. Ich kann das Spiel nicht hören. Geht.
Eilt zum Spinett, schlägt es heftig zu. Geht nach rückwärts zum Fenster hin.

DER DICKE KLAVIERSPIELER *ist zusammengefahren.*

FRED, ANNETTE, FLORESTAN, ALUMETTE *sehen einander an, fragend, bedenklich, ärgerlich.*

FLORESTAN Lassen wir ihn.

FRED Hol ihn der Teufel.

ANNETTE, ALUMETTE Wie schade.

PIERROT *steht mit gekreuzten Armen am Fenster.*

DIE BEIDEN PAARE *verbeugen sich ironisch vor ihm und verlassen tanzend das Zimmer.*

DER DICKE KLAVIERSPIELER *folgt ihnen.*

Vierte Szene

PIERROT *am Fenster, blickt teilnahmslos hinaus.*

DIENER *tritt ein.*

PIERROT *bemerkt ihn nicht gleich.*

DIENER *tritt näher.*

PIERROT *ihm ein paar Schritte entgegen* Was willst du?

DIENER Gnädiger Herr, ich möchte um Ausgang bitten.

PIERROT Warum?

DIENER Ich bin verliebt und sehne mich danach mit meiner Angebeteten beisammen zu sein.

PIERROT *wendet sich widerwillig ab.*

DIENER *bleibt stehen und wartet vergeblich auf Antwort. Nähert sich abermals bittend dem Pierrot.*

PIERROT *wendet sich wieder zu ihm* Geh, wohin du willst.

DIENER *bedankt sich mit Emphase.*

PIERROT *ungeduldig* Geh nur, geh nur endlich.

Fünfte Szene

PIERROT *allein. Zum Schreibtisch. Wirft die Blumen und Briefe zu Boden. Geht auf und ab.*
Nimmt Mantel und Hut vom Haken.
Ich will fort, wohin immer. Ins Freie, in die Einsamkeit – – vielleicht in den Tod.
Zum Fenster. Sieht hinab. Plötzlich wird er aufmerksam. Beugt sich weit über die Brüstung. Fährt zurück.

Ist es möglich? Nein, ich träume.

Beugt sich wieder hinaus und verfolgt offenbar eine Gestalt, die sich unter seinem Fenster an der Mauer des Hauses hinbewegt. Er beugt sich noch weiter hinaus. Die Gestalt scheint ins Haustor getreten zu sein und ist seinen Blicken entschwunden.

Er tritt vom Fenster zurück in die Mitte des Zimmers in zweifelndem Erstaunen. Er horcht. Kein Zweifel mehr, Schritte auf der Treppe. Er stürzt ins Vorzimmer und verschwindet.

Sechste Szene

PIERROT *noch im Mantel, doch ohne Hut, kommt mit Pierrette, die er an beiden Händen gefaßt hält, ins Zimmer, höchstes Erstaunen in den Zügen.*

PIERRETTE *(Altwiener Brautkleid mit Nuancen des Pierrettekostüms. Myrtenkranz. Schleier um Haupt und Schultern), steht wie gelähmt da, betrachtet Pierrot mit einem selig verstörten Blick.*

PIERROT Träum ich, wach ich? Bist du's? Bin ich's? Wie ist es denn nur möglich, daß du da bist?

PIERRETTE *bewegt leise den Kopf* Laß mich nur zur Besinnung kommen. Ja, ich bin hier. Bei dir. *Sie beginnt zu schwanken.*

PIERROT *hält sie in den Armen aufrecht, geleitet sie zu einem Sessel hin, links vorne neben dem Tischchen.*

PIERRETTE *sinkt in den Sessel.*

PIERROT *sinkt vor Pierrette in die Knie, bedeckt ihre Hände mit Küssen* Nun ist alles wieder gut, da ich dich nur habe. Aber erkläre mir doch endlich...

PIERRETTE *sieht ihn mit stummen Augen an.*

PIERROT *erhebt sich, schleudert den Mantel weg* So rede. Ich beschwöre dich. Woher kommst du? Ich verstehe ja nichts von allem.

PIERRETTE *schweigt. Sieht angstvoll zum Fenster, als hätte sie ein Geräusch gehört.*

PIERROT *beruhigt sie, eilt zum Fenster, blickt hinab, schließt es. Eilt zur Türe, blickt ins Vorzimmer, schließt ab. Eilt wieder zu Pierrette zurück.*

PIERRETTE *hat sich erhoben und breitet Pierrot die Arme entgegen.*

PIERROT *weicht vor ihr zurück, weist auf ihren Myrtenkranz, auf ihren Schleier* Erkläre mir. Sprich endlich.

PIERRETTE *öffnet ihre Arme* Komm.

Der Schleier gleitet ihr von den Schultern herab und bleibt vorne liegen.

PIERROT Nein, mir graut. Woher kommst du?

PIERRETTE Was kümmert dich das jetzt? Ich bin ja bei dir.

PIERROT *weist durch das Fenster hinaus* Aber was ist indessen mit dir geschehen da draußen in der Welt?

PIERRETTE Frage nicht. Das ist vorbei, ich bin jetzt bei dir und bleibe bei dir. *Sie zieht aus ihrem Gürtel eine kleine Silberphiole* Sieh', was ich mitgebracht habe.

PIERROT Was ist das?

PIERRETTE Das ist Gift. Wir wollen miteinander sterben.

PIERROT *nimmt ihr die Phiole aus der Hand* Wie, das sollen wir trinken?

PIERRETTE Ja.

PIERROT Warum sollen wir sterben? Komm, laß uns lieber fliehen.

PIERRETTE *schüttelt den Kopf.*

PIERROT *führt sie zum Fenster hin* Sieh doch, wie schön die Welt ist. All dies ist unser. Komm, laß uns fliehen.

PIERRETTE Fliehen? Nein! Wohin? Was sollen wir tun? Wir haben kein Geld. Es geht nicht anders, wir müssen sterben.

PIERROT *schüttelt den Kopf.*

PIERRETTE Wenn du nicht willst, so laß ich dich hier und werde wieder fortgehen. Leb wohl. *Sie wendet sich zu gehen.*

PIERROT Bleib, bleib.

PIERRETTE Wozu?

PIERROT Es sei... Wir werden dieses Gift trinken und werden zusammen sterben. *Er umfaßt sie und geht mit ihr zum Diwan links.*

PIERROT *und* PIERRETTE *lassen sich nieder.*

PIERROT *umarmt Pierrette heiß.*

PIERROT *erhebt sich plötzlich.*

PIERRETTE *bleibt sitzen und sieht Pierrot mit großen Augen an.*

PIERROT *geht zum Schranke links hinten, öffnet ihn, nimmt zwei Fla-*
schen Wein und einige Gläser heraus. Bringt alles nach vorne und
stellt es auf den Tisch.

PIERRETTE *steht gleichfalls auf, geht zum Schranke, nimmt Backwerk,*
Früchte, Tischtuch, Teller, Eßzeug heraus. Sie deckt rasch den
Tisch.

PIERROT *hilft ihr.*

BEIDE *bewegen sich mit forcierter Lustigkeit.*

PIERRETTE *nimmt Blumen aus ihrem Gürtel, eilt zur Kommode, steckt*
die Blumen in die kleine Vase und bringt die Vase mit den Blumen
auf den Tisch.

PIERROT *und* PIERRETTE *hüpfen Arm in Arm durch das Zimmer, be-*
leuchten es festlich. Zünden die Kerzen auf dem Schreibtisch, auf der
Kommode, auf dem Spinett an.

PIERROT *reicht Pierrette mit scherzhafter Würde den Arm und geleitet*
sie zur Tafel.

BEIDE *nehmen auf dem Diwan Platz, trinken und essen.*

PIERROT *rückt näher an Pierrette heran.*

PIERRETTE *schmiegt sich an Pierrot. Lange dauernde Umarmung.*

PIERROT *erhebt sich plötzlich* Es ist Zeit –

PIERRETTE *schaudert zusammen.*

PIERROT *nimmt die Phiole und gießt in jedes von den beiden noch halb*
gefüllten Weingläsern die Hälfte. Er erhebt das Glas, fordert Pier-
rette auf anzustoßen.

PIERROT *und* PIERRETTE *stoßen miteinander an.*

PIERRETTE *setzt das Glas nieder.*

PIERROT *ebenso.*

PIERRETTE *geht langsam nach rückwärts.*

PIERROT *folgt ihr.*

In der Nähe des Fensters umschlingen beide einander noch einmal.

BEIDE *umschlungen, langsam zurück zum Tischchen.*

PIERROT Bist du bereit?

PIERRETTE Ja.

PIERROT *nimmt das Glas.*

PIERRETTE *zögert.*

PIERROT *lächelt verächtlich* Du hast ja doch nicht den Mut. Siehst du, ich dacht' es.

PIERRETTE O Pierrot, glaub das nicht. Ich habe Mut. Nur einen Kuß noch, dann bin ich bereit.

BEIDE *umarmen einander glühend.*

BEIDE *setzen die Gläser an die Lippen und sehen einander lang in die Augen.*

BEIDE *neigen den Kopf nach rückwärts.*

PIERROT *trinkt das Glas auf einen Zug aus.*

PIERRETTE *hat keinen Tropfen über die Lippen gebracht.*

PIERROT *sieht es, taumelt entsetzt zurück.*

PIERRETTE *hat das Glas ein wenig von den Lippen entfernt, führt es wieder an den Mund.*

PIERROT *schlägt ihr das Glas verächtlich aus der Hand. Sinkt der Länge nach nieder hinter der Staffelei (so, daß er für einen etwa Eintretenden vorerst unsichtbar wäre).*

PIERRETTE *steht wie starr da. Dann wirft sie sich vor Pierrot nieder, faßt ihn an, rüttelt ihn, küßt ihn. Alles vergeblich. Sie nimmt das Glas vom Boden wieder auf, weist es Pierrot* Sieh nur her, ich will's ja tun. *Sie führt das Glas an die Lippen, merkt, daß es leer und zersplittert ist. Sie steht auf, läuft im Zimmer hin und her, greift sich ratlos an den Kopf, fühlt den Myrtenkranz, zuckt zusammen. Plötzlich glaubt sie ein Geräusch zu hören, eilt zum Fenster, kauert auf den Diwan nieder. Sie geht wieder nach vorn, zu Pierrot; schaut angstvoll auf ihn nieder.* Du lebst, nicht wahr du lebst? So antworte doch, Pierrot! *Sie beugt sich tiefer und immer tiefer zu ihm nieder, betrachtet ihn mit wachsendem Schauder, bis sie endlich begreift, daß er tot ist. Von Entsetzen gepackt, rennt sie zur Türe, reißt sie auf, stürzt davon.*

Vorhang

Die Musik leitet ohne Pause über zum zweiten Bild.

II. Bild

Ein Festsaal. Im Hintergrund eine weite Flucht von Zimmern, die von vorn gesehen leicht ansteigt. Festliche Beleuchtung. Buffet links hinten, im vorderen Saal. Rechts Klavier und Pulte. Gewundene Stiegen laufen rechts und links zwischen dem ersten und zweiten Saal nach oben.

Erste Szene

HOCHZEITSGESELLSCHAFT

EINE ANZAHL VON PAAREN *tanzt Walzer.*

ÄLTERE DAMEN UND HERREN *sitzen an den Seitenwänden.*

ZWEI DIENER *hinter dem Buffet damit beschäftigt, Gästen Wein einzuschenken und Backwerk vorzuteilen.*

KLAVIERSPIELER, VIOLINSPIELER *und* KLARINETTIST *besorgen die Tanzmusik.*

PIERRETTENS VATER *und* PIERRETTENS MUTTER *(kleine behagliche Leute) stehen am Buffet und bekomplimentieren die Gäste.*

ARLECCHINO *(der Bräutigam Pierrettens, groß, hager, nicht mehr jung, Altwiener Kostüm, vollkommen schwarz, große weiße Blume im Knopfloch) düster und erregt, steht mit verschränkten Armen rechts vorne und schaut dem Tanze zu.*

Der Walzer endet.

DIE PAARE *promenieren.*

VATER *und* MUTTER *treten in die Mitte des Saales.*

JUNGE HERREN *sprechen mit der Mutter.*

JUNGE DAMEN *mit dem Vater.*

GIGOLO *der Tanzarrangeur, sehr jung, mit übertriebener Eleganz gekleidet, eilt geschäftig im Saale hin und her, bald beim Buffet, bald bei den Musikern, bald bei einzelnen Tänzerinnen und Tänzern.*

EINIGE PAARE *zum Buffet.*

DER VATER, *gut aufgelegt, geleitet zwei junge Damen zum Buffet.*

ZWEI JUNGE MÄDCHEN *treten zu Arlecchino und sprechen lächelnd mit ihm.*

ARLECCHINOS *Antlitz bleibt düster.*

EINIGE GÄSTE *stoßen mit Vater und Mutter an.*

DER VATER *kommt auf Arlecchino zu, mit zwei gefüllten Gläsern, reicht ihm das eine.*

DER VATER *stößt mit Arlecchino an, umarmt ihn dann.*

DIE UMSTEHENDEN *spenden Beifall (nicht Händeklatschen).*

GIGOLO *schlägt in die Hände, animiert die Herren, ihre Damen zu engagieren, geschäftig im Saale hin und her.*

DIE PAARE *stellen sich zu einer Quadrille bereit.*

GIGOLO *zu Arlecchino* Sie müssen auch mittanzen, Herr Arlecchino, engagieren Sie doch Ihre Braut.

ARLECCHINO *nickt ernst, sieht sich im Saale um. Die Quadrille beginnt.*

GIGOLO *sieht, daß Arlecchino noch allein ist, gebietet der Musik Einhalt.*

ARLECCHINO *zu Gigolo* Sie sehen ja, Fräulein Pierrette ist noch nicht da. Jedenfalls verweilt sie auf ihrem Zimmer oben. Lassen Sie die Quadrille nur weiter gehen.

GIGOLO Keineswegs, das geht nicht. *Er eilt zur Mutter* Herr Arlecchino ist ohne Dame, Fräulein Pierrette ist nicht da.

MUTTER *erstaunt, sieht sich im Saal um* Pierrette ist nicht da? Ach ja, ich weiß schon, sie ist auf ihrem Zimmer, kleidet sich an, macht sich für die Reise bereit.

VATER *ist herzugetreten* So geh doch hinauf und hole sie.

MUTTER *rasch ab, rechts.*

GIGOLO *gibt den Musikern ein Zeichen.*

DIE MUSIKER *intonieren ein Menuett. Die zur Quadrille gestellten Paare tanzen das Menuett.*

ARLECCHINO *geht indes rückwärts in der Flucht der Säle, bis weit nach hinten, auf und ab.*

DIE MUTTER *kommt zurück, rasch zum Vater. Zieht ihn nach vorne* Pierrette ist nicht oben.

VATER Du bist verrückt.

MUTTER Ich versichere dich, sie ist nicht oben.

VATER Wie ist denn das möglich?

ARLECCHINO *steht plötzlich bei den beiden* Wo ist Pierrette?

MUTTER *verlegen* Sie wird gleich kommen.

ARLECCHINO Wo ist Pierrette?

MUTTER *verwirrt* Ich weiß es nicht.

ARLECCHINO *faßt die Mutter am Arm.*

DER VATER *will ihm das verwehren.*

ARLECCHINO *stampft auf den Boden* Wo ist Pierrette?

DIE PAARE *haben bemerkt, daß etwas vorgeht.*

DIE TANZMUSIK *hört auf zu spielen.*

EIN PAAR *neben der Gruppe Arlecchino, Vater, Mutter merkt, worum es sich handelt, teilt es dem nächsten Paare mit.*

EIN PAAR *teilt es dem andern mit.*

    Die Aufregung ist groß, alle gruppieren sich um Arlecchino, Vater und Mutter, die jetzt in der Mitte des Saales stehen.

ARLECCHINO *droht* Ich werde fürchterliche Rache nehmen. Ich werde das Haus anzünden. Ich werde alle umbringen.

GIGOLO *tritt hinzu* Gewiß ist das Haus noch nicht ordentlich durchsucht. *Zu den Mädchen* Suchen Sie doch alle, suchen Sie doch überall.

DIE JUNGEN MÄDCHEN *entfernen sich nach den verschiedenen Seiten, einige über die Stiegen, laufen hin und her.*

DIE JUNGEN HERREN *stehen in Gruppen beisammen.*

ARLECCHINO *vorn, geht mit großen Schritten auf und ab.*

VATER *und* MUTTER, *rechts, ziemlich hinten, machen einander Vorwürfe.*

DIE JUNGEN MÄDCHEN *kommen nach und nach zurück* Wir haben Pierrette nicht gefunden.

ARLECCHINO *wird rasend vor Wut. Zum Buffet, zerschlägt einige Gläser und Flaschen. Vollführt drohende Gebärden gegen Vater und Mutter. Geht zum Klavier, zertrümmert die Tasten, reißt den Musikern Violine und Klarinette aus der Hand, zerschmettert sie und wirft sie zu Boden. Dann eilt er durch die Zimmerflucht nach hinten.*

Zweite Szene

Wie Arlecchino ganz rückwärts ist, tritt ihm Pierrette entgegen.

ARLECCHINO *faßt Pierrette bei der Hand, zieht sie nach vorne und bleibt in der Mitte stehen.*

DIE ANDEREN *erstaunen.*

EINIGE *suchen näherzutreten.*

ARLECCHINO *weist sie fort.*

VATER *und* MUTTER *suchen näherzutreten.*

ARLECCHINO *weist sie fort.*

ARLECCHINO *und* PIERRETTE *mitten im Saal.*

DIE ANDERN *in gemessener Entfernung.*

ARLECCHINO *zu Pierrette* Wo bist du gewesen?

PIERRETTE In meinem Zimmer oben.

ARLECCHINO Das ist nicht wahr.

PIERRETTE Ich bin spazierengegangen, draußen im Garten.

ARLECCHINO Du bist gesucht worden, du warst nicht im Hause und nicht im Garten.

PIERRETTE Ich kann nichts andres antworten. Komm, ich will tanzen.

ARLECCHINO Nein, zuerst mußt du mir antworten.

PIERRETTE Ich will tanzen.

ARLECCHINO Zuerst antworte!

VATER, MUTTER, GIGOLO, JUNGE MÄDCHEN *treten näher, versuchen Arlecchino zu begütigen.*

ARLECCHINO *hört nicht auf sie.*

GIGOLO *gibt den Musikern ein Zeichen.*

DIE MUSIKER *verweisen verzweifelt auf ihre ruinierten Instrumente.*

GIGOLO Das macht nichts, spielt nur, es wird schon gehen.

DIE MUSIKER *beginnen zu spielen. Schnellpolka. Die Instrumente klingen schauerlich.*

GIGOLO *tritt in die Mitte des Saales* Tanzen, tanzen.

PIERRETTE *auf Arlecchino zu, mit verzweifelt bacchantischer Geste. Schmiegt sich näher an ihn heran.*

ARLECCHINO *betrachtet sie lang, umfaßt sie, tanzt mit ihr.*

*Alles scheint wieder geordnet. Plötzlich sieht man von hinten, nur
für Pierrette sichtbar, sehr langsam den toten Pierrot kommen.*

PIERRETTE *hält im Tanzen inne, weist entsetzt auf den näher schreiten-
den Pierrot.*

DIE ANDERN *wissen nicht, was Pierrette ist.*

PIERROT *schreitet mitten durch den Saal, bleibt vor Pierrette stehen und
zerfließt in nichts.*

PIERRETTE *weist die Erscheinung als Traumbild von sich, erholt sich.*

DIE ANDERN *beginnen wieder zu tanzen.*

PIERRETTE *geht mit Arlecchino zum Buffet. Verlangt vom Diener
etwas zu trinken.*

*Plötzlich steht statt des Dieners der tote Pierrot hinter dem Buffet.
Schenkt der Pierrette ein Glas Wein ein.*

PIERRETTE *taumelt zurück, rast wie eine Verfolgte zum Klavier hin.*

ARLECCHINO *ihr nach.*

Der tote Pierrot verschwindet.

ARLECCHINO Was hast du? Was ist dir?

PIERRETTE Nichts, nichts. Es geht schon wieder vorüber. *Sie
schauert und will sich verhüllen.*

ARLECCHINO *plötzlich merkend* Elende...

DIE TANZMUSIK *hört auf.*

ARLECCHINO Wo ist dein Schleier, Pierrette?

PIERRETTE *greift sich an Haupt und Schultern.*

ARLECCHINO Wo ist dein Schleier?

PIERRETTE Ich weiß nicht.

ARLECCHINO Während du fort warst, ist dir dieser Schleier ver-
lorengegangen. Wo ist der Schleier? Wo warst du?

PIERRETTE Laß mich doch.

ARLECCHINO Du mußt dir deinen Schleier zurückholen.

PIERRETTE Ich weiß nicht, wo er ist.

*In diesem Augenblick erscheint der tote Pierrot mit dem Schleier in
der Hand im Hintergrunde und kommt nur wenig nach vorn. Bleibt
am Ende des Saales stehen.*

PIERRETTE *eilt dem toten Pierrot entgegen.*

ARLECCHINO *ihr nach, faßt sie bei der Hand.*

DER TOTE PIERROT *mit dem Schleier entfernt sich wieder.*

PIERRETTE *sucht den Schleier zu erhaschen.*
ARLECCHINO *hält sie ununterbrochen bei der Hand.*
PIERROT *mit dem Schleier entschwindet.*
PIERRETTE *dem Scheinbilde nach.*
ARLECCHINO *immer mit ihr.*
EINIGE JUNGE HERREN *wollen nach.*
ARLECCHINO *wendet sich um und verbietet, daß man ihnen folge.*

Vorhang

Die Musik leitet ohne Pause über zum dritten Bild.

III. Bild

Dekoration des ersten.

Erste Szene

PIERROT *liegt tot hingestreckt auf dem Boden, hinter der Staffelei.*
Der Schleier liegt in der Mitte des dunkeln Zimmers, weiß schim-
mernd, da. Die Kerzen größtenteils herabgebrannt, einige ganz er-
loschen. Die Szene bleibt einige Augenblicke vollkommen leer. Die
Türe öffnet sich.
ARLECCHINO *und* PIERRETTE *treten ein.*
ARLECCHINO *hält Pierrette bei der Hand.*
PIERRETTE *eilt zu dem Schleier hin, beugt sich herab, hält ihn hoch* Da
ist er. Nun laß uns gehen.
ARLECCHINO Nein. Wo bin ich hier? *Er geht im Zimmer hin und*
her. Bald steht er vor der Leiche Pierrots, fährt zurück, hält aber
Pierrot nicht für tot, sondern für betrunken. Wendet sich zu Pierrette
Also das war es? Mit diesem Menschen warst du zusammen?
Er gewahrt die Reste des Mahls Hier habt Ihr miteinander geta-
felt und getrunken. Hier hat er dich in den Armen gehalten.
Wartet nur. *Wieder zu Pierrot hin.*
PIERRETTE *auf ihn zu, will ihn zurückhalten.*
ARLECCHINO *schleudert sie von sich.*
PIERRETTE *schleicht sich zum Fenster.*
ARLECCHINO *kniet vor Pierrot nieder* Du Schurke, du Hund. Wer
bist du denn? Antworte! Antworte! Steh auf!
Er faßt Pierrot bei den Schultern und schüttelt ihn.
DER TOTE PIERROT *fällt schwer auf den Boden hin.*
ARLECCHINO *fährt entsetzt zurück. Er geht zu Pierrette, die regungs-*
los am Fenster steht Hast du's gewußt?
PIERRETTE Ja.

ARLECCHINO *geht überlegend auf und ab. Kehrt wieder zu Pierrette zurück, sieht sie lange an* Was soll ich mit dir tun?
Kommt auf einen Einfall, lacht höhnisch auf. Tritt wieder zu dem toten Pierrot hin, will ihn emporheben.

PIERRETTE *eilt entsetzt nach vorne.*

ARLECCHINO *weist sie von sich, ergreift den Leichnam des Pierrot, trägt ihn zu dem Diwan, lehnt ihn dort in die vordere Ecke.*

PIERRETTE *ist entsetzt bis ans Ende des Zimmers geschlichen und schaut dem Beginnen des Arlecchino zu.*

ARLECCHINO *setzt sich auf den Tisch dem Pierrot gegenüber. Schenkt in zwei Gläser ein, erhebt das eine, trinkt dem Pierrot zu. Dann winkt er Pierrette mit einem teuflischen Lächeln herbei.*

PIERRETTE *bleibt regungslos stehen.*

ARLECCHINO *erhebt sich, winkt Pierrette gebieterisch.*

PIERRETTE *kommt langsam.*

ARLECCHINO *geht ihr entgegen, reicht ihr in der Mitte des Zimmers den Arm, geleitet sie zu einem Sessel neben dem Tische, gibt ihr eins der gefüllten Gläser in die Hand, stößt mit ihr an.*

PIERRETTE *kann nicht trinken.*

ARLECCHINO So trink doch.

PIERRETTE *trinkt.*

ARLECCHINO *setzt sich neben Pierrette, drängt sich näher an sie, umfaßt sie, sucht sie an sich zu ziehen.*

PIERRETTE *schaudert zusammen.*

ARLECCHINO *wird zärtlicher.*

PIERRETTE *springt auf, ihr Sessel fällt um, sie flüchtet nach rückwärts in die Fensterecke.*

ARLECCHINO *ihr nach, spielt den Verliebten* Ich bete dich an, meine Teure. *Kniet nieder, versucht sie an sich und mit sich zu ziehen.*

PIERRETTE *entflieht, bis sie links hinter den toten Pierrot zu stehen kommt.*

ARLECCHINO *hat sich erhoben, geht auf Pierrot zu, verbeugt sich vor ihm, dann verbeugt er sich vor Pierrette* Du bist ja in guter Gesellschaft. *Dann geht er zur Tür.*

PIERRETTE *folgt seinen Bewegungen mit wachsendem Entsetzen.*

ARLECCHINO *wendet sich in der Türe nochmals um und verbeugt sich höhnisch.*

PIERRETTE *stürzt ihm nach, wirft sich vor ihm auf die Knie.*

ARLECCHINO *schüttelt sie von sich ab, geht und versperrt die Türe hinter sich.*

Zweite Szene

PIERRETTE *poltert an die Tür. Eilt zum Fenster, reißt es auf. Sieht Arlecchino fortgehen, ruft ihn zurück. Er entschwindet ihren Blicken. Wieder zur Tür, rüttelt, reißt, vergeblich. Rennt im Zimmer umher, sucht nach irgendeinem Ausgang. Findet keinen. Endlich bleibt sie wieder gegenüber dem toten Pierrot stehen. Sieht ihn lange an, läuft davon. Kommt wieder zurück. Nickt ihm zu. Gerät von neuem in Angst, schleicht längs der Wände im ganzen Zimmer hin und her. Ihre Bewegungen verändern sich ins Tanzartige. In ihren Augen spricht sich der beginnende Wahnsinn aus. Wieder ist sie hinter Pierrot, schleicht sich langsam hinter dem Diwan zu ihm hervor. Sie ist in einer halb knienden Stellung vor ihm und blickt ihm ins Gesicht. Verbeugt sich vor ihm. Beginnt zu tanzen. Zuerst vor ihm, dann in immer weiterem Bogen, endlich im ganzen Zimmer herum. Sie hält inne, um dann mit erneuter Kraft wieder weiter zu tanzen. Poltern an der Türe.*

PIERRETTE *ist beinahe atemlos, ihre Kräfte beginnen zu schwinden, ihre Augen glänzen trübe, sie ist dem Verlöschen nahe.*

Neues, verstärktes Poltern.

PIERRETTE *sinkt zu Boden, tot. Zu Füßen des toten Pierrot.*

Die Türe wird erbrochen.

Dritte Szene

FRED, FLORESTAN, ANNETTE, ALUMETTE *treten ein.*

Der Morgen ist herangedämmert. Beginnender Sonnenaufgang.

FRED *und* FLORESTAN *wenden sich lachend zu den Mädchen. Beide Paare tänzeln Arm in Arm bis ganz nahe zu Pierrot und Pierrette hin, fassen, was geschehen ist, und weichen entsetzt zurück.*

Vorhang

Professor Bernhardi

Komödie in fünf Akten

Personen

DR. BERNHARDI, *Professor für interne Medizin, Direktor des Elisabethinums*

DR. EBENWALD, *Professor für Chirurgie, Vizedirektor*
DR. CYPRIAN, *Professor für Nervenkrankheiten*
DR. PFLUGFELDER, *Professor für Augenkrankheiten*
DR. FILITZ, *Professor für Frauenkrankheiten*
DR. TUGENDVETTER, *Professor für Hautkrankheiten*
DR. LÖWENSTEIN, *Dozent für Kinderkrankheiten*
DR. SCHREIMANN, *Dozent für Halskrankheiten*
DR. ADLER, *Dozent für pathologische Anatomie*
DR. OSKAR BERNHARDI ⎱ *Assistenten Bernhardis*
DR. KURT PFLUGFELDER ⎰
DR. WENGER, *Assistent Tugendvetters*
HOCHROITZPOINTNER, *Kandidat der Medizin*
LUDMILLA, *Krankenschwester*

am Elisabethinum

PROFESSOR DR. FLINT, *Unterrichtsminister*
HOFRAT DR. WINKLER, *im Unterrichtsministerium*
FRANZ REDER, *Pfarrer der Kirche zum Heiligen Florian*
DR. GOLDENTHAL, *Verteidiger*
DR. FEUERMANN, *Bezirksarzt in Oberhollabrunn*
KULKA, *ein Journalist*
EIN DIENER *bei Bernhardi*
EIN DIENER *im Elisabethinum*
EIN DIENER *im Unterrichtsministerium*

Wien um 1900

Erster Akt

Ein mäßiger Vorraum, der zu einem Krankenzimmer führt. Rechts eine Türe auf den Gang. Im Hintergrund Türe ins Krankenzimmer. Links ein ziemlich breites Fenster. In der Mitte mehr links ein länglicher Tisch, auf dem ein dickes Protokollbuch liegt, außerdem Mappen mit Krankengeschichten, Aktenstücke und allerlei Papiere. Neben der Eingangstüre ein Kleiderrechen. In dem Winkel rechts ein eiserner Ofen. Neben dem Fenster eine breite Etagere, zu oberst ein Ständer mit Eprouvetten; daneben einige Medizinflaschen. In den unteren Fächern Bücher und Zeitschriften. Neben der Mitteltüre beiderseits je ein geschlossener Schrank. An dem Kleiderrechen hängt ein weißer Kittel, ein Mantel, ein Hut. Über der Etagere eine ziemlich alte Photographie, das Professorenkollegium darstellend. Einige Sessel nach Bedarf.

SCHWESTER LUDMILLA, *etwa 28, leidlich hübsch, blaß, mit großen, manchmal etwas schwimmenden Augen, eben an der Etagere beschäftigt. Aus dem Krankensaal kommt* HOCHROITZPOINTNER, *25jähriger junger Mensch, mittelgroß, dick, kleiner Schnurrbart, Schmiß, Zwikker, blaß, das Haar sehr geschniegelt.*

HOCHROITZPOINTNER Der Professor ist noch immer nicht da? Lang' brauchen die heut' unten. *An den Tisch, eine der Mappen aufschlagend* Das ist jetzt die dritte Sektion in acht Tagen. Alles mögliche für eine Abteilung von zwanzig Betten. Und morgen haben wir wieder eine.

SCHWESTER Glauben Herr Doktor? Die Sepsis?

HOCHROITZPOINTNER Ja. Ist übrigens die Anzeige gemacht?

SCHWESTER Natürlich, Herr Doktor.

HOCHROITZPOINTNER Nachweisbar ist ja nichts gewesen. Aber es war sicher ein verbotener Eingriff. Ja, Schwester, da draußen in der Welt kommen allerlei Sachen vor. *Er bemerkt ein geöffnetes Paket, das auf dem Tisch liegt* Ah, da sind ja die Einladungen zu unserm Ball. *Liest* »Unter dem Protektorate der

Fürstin Stixenstein.« Na, werden Sie auch auf unsern Ball kommen, Schwester?

SCHWESTER *lächelnd* Das wohl nicht, Herr Doktor.

HOCHROITZPOINTNER Ist es Ihnen denn verboten zu tanzen?

SCHWESTER Nein, Herr Doktor. Wir sind ja kein geistlicher Orden. Uns ist gar nichts verboten.

HOCHROITZPOINTNER *mit pfiffigem Blick auf sie* So, gar nichts?

SCHWESTER Aber es möcht' sich doch nicht schicken. Und außerdem, man hat doch nicht den Kopf drauf in unserm Beruf.

HOCHROITZPOINTNER Ja, warum denn? Was sollten denn dann wir sagen, wir Ärzte! Schaun Sie sich zum Beispiel den Doktor Adler an. Der ist gar pathologischer Anatom und ein sehr fideler Herr. Übrigens, ich bin auch nirgends besser aufgelegt als im Seziersaal.

DR. OSKAR BERNHARDI *von rechts, 25 Jahre, recht elegant, von zuvorkommendem, aber etwas unsicherem Benehmen.* HOCHROITZ-POINTNER, SCHWESTER

OSKAR Guten Morgen.

HOCHROITZPOINTNER UND SCHWESTER Guten Morgen, Herr Assistent.

OSKAR Der Papa wird gleich da sein.

HOCHROITZPOINTNER Also schon aus unten, Herr Assistent? Was ist denn konstatiert worden, wenn man fragen darf?

OSKAR Von der Niere ist der Tumor ausgegangen und war ganz scharf umgrenzt.

HOCHROITZPOINTNER Also hätt' man eigentlich noch operieren können?

OSKAR Ja, können. –

HOCHROITZPOINTNER Wenn der Professor Ebenwald auch daran geglaubt hätte –

OSKAR – hätten wir die Sektion um acht Tage früher gehabt. *Am Tisch* Ah, da sind ja die Drucksorten von unserm Ball. Warum einem die Leute das daherschicken . . .?!

HOCHROITZPOINTNER Der Ball des Elisabethinums verspricht

heuer eines der elegantesten Karnevalsfeste der Saison zu werden. Steht schon in der Zeitung. Herr Assistent haben ja dem
Komitee einen Walzer gewidmet, wie man hört –

OSKAR *abwehrend* Aber – *Zum Krankensaal hin* Was Neues da
drin?

HOCHROITZPOINTNER Mit der Sepsis geht's zu Ende.

OSKAR Na ja... *Bedauernd* Da war nichts zu machen.

HOCHROITZPOINTNER Ich hab' ihr eine Kampferinjektion gegeben.

OSKAR Ja, die Kunst, das Leben zu verlängern, die verstehen wir
aus dem Effeff.

Von rechts PROFESSOR BERNHARDI, *über fünfzig, graumelierter Vollbart, schlichtes, nicht zu langes Haar, im Gehaben mehr vom Welt-
mann als vom Gelehrten.* DOKTOR KURT PFLUGFELDER, *sein erster
Assistent, 27, Schnurrbart, Zwicker, lebhaft und zugleich etwas streng
im Wesen.* HOCHROITZPOINTNER, SCHWESTER, OSKAR. *Begrüßung.*

BERNHARDI *noch an der Türe* Aber –

SCHWESTER *nimmt ihm den Überzieher ab, den er umgehängt trägt,
und hängt ihn an einen Haken.*

KURT Also, ich kann mir nicht helfen, Herr Professor, dem
Doktor Adler wäre es ja doch lieber gewesen, wenn die Diagnose des Professor Ebenwald gestimmt hätte.

BERNHARDI *lächelnd* Aber, lieber Doktor Pflugfelder! Überall
wittern Sie Verrat. Wo werden Sie noch hinkommen mit Ihrem Mißtrauen?

HOCHROITZPOINTNER Guten Morgen, Herr Professor.

BERNHARDI Guten Morgen.

HOCHROITZPOINTNER Höre eben von Herrn Doktor Oskar, daß
wir recht behalten haben.

BERNHARDI Ja, Herr Kollege. Aber wir haben doch zugleich
unrecht behalten? Oder hospitieren Sie nicht mehr bei Professor Ebenwald?

OSKAR Der Doktor Hochroitzpointner hospitiert ja beinahe auf
allen Abteilungen.

BERNHARDI Da müssen Sie viele Patriotismen auf Lager haben.

HOCHROITZPOINTNER *bekommt schmale Lippen.*

BERNHARDI *ihm die Hand leicht auf die Schulter legend, freundlich*
Na, also was gibt's denn Neues?

HOCHROITZPOINTNER Der Sepsis geht's recht schlecht.

BERNHARDI So lebt also das arme Mädel noch?

KURT Die hätten sie sich auch auf der gynäkologischen Abteilung behalten können.

OSKAR Sie haben vorgestern grad kein Bett freigehabt.

HOCHROITZPOINTNER Was werden wir denn eigentlich als To-
desursache angeben?

OSKAR Na, Sepsis natürlich.

HOCHROITZPOINTNER Und Ursache der Sepsis? Weil's ja doch
wahrscheinlich ein verbotener Eingriff war –

BERNHARDI *der unterdessen am Tisch einige Schriftstücke unterzeich-
net hat, die ihm die Schwester vorlegte* Das konnten wir nicht
nachweisen. Eine Verletzung war nicht zu konstatieren. Die
Anzeige ist erstattet, damit ist für uns die Sache erledigt. Und
für die arme Person drin... war sie's schon früher.
Er steht auf und will sich in den Krankensaal begeben.

PROFESSOR EBENWALD *kommt, sehr großer, schlanker Mensch, gegen
40, umgehängter Überzieher, kleiner Vollbart, Brille, redet bieder und
mit einem zuweilen etwas übertriebenen österreichischen Akzent.*
HOCHROITZPOINTNER, SCHWESTER, OSKAR, PROF. BERNHARDI,
KURT

EBENWALD Guten Morgen. Ist vielleicht – Ah, da sind Sie ja,
Herr Direktor.

BERNHARDI Guten Tag, Herr Kollege.

EBENWALD Haben Herr Direktor eine Minute Zeit für mich?

BERNHARDI Jetzt?

EBENWALD *näher zu ihm* Wenn es möglich wäre. Es ist nämlich
wegen der Neubesetzung der Abteilung Tugendvetter.

BERNHARDI Eilt das gar so? Wenn Herr Kollege mich vielleicht
in einer halben Stunde in der Kanzlei –

EBENWALD Ja, wenn ich da nicht grad meinen Kurs hätte, Herr Direktor.

BERNHARDI *nach kurzer Überlegung* Ich bin drin bald fertig. Wenn Sie sich vielleicht hier gedulden wollen, Herr Kollege.

EBENWALD Bitte, bitte.

BERNHARDI *zu Oskar* Hast du dem Doktor Hochroitzpointner das Sektionsprotokoll schon gegeben?

OSKAR Ja, richtig. *Nimmt es aus seiner Tasche* Sie sind vielleicht so gut, Herr Kollege, und tragen es gleich ein.

HOCHROITZPOINTNER Bitte.

Bernhardi, Oskar, Kurt, Schwester in den Krankensaal.
Ebenwald, Hochroitzpointner.

HOCHROITZPOINTNER *setzt sich und macht sich bereit zu schreiben.*

EBENWALD *ist zum Fenster gegangen, schaut hinunter, wischt sich die Brille.*

HOCHROITZPOINTNER *beflissen* Wollen Herr Professor nicht Platz nehmen.

EBENWALD Lassen Sie sich nicht stören, Hochroitzpointner. Na, wie geht's denn immer?

HOCHROITZPOINTNER *sich erhebend* Danke bestens, Herr Professor. Wie's halt geht, ein paar Wochen vor dem letzten Rigorosum.

EBENWALD Na, es wird Ihnen schon nix g'schehn – bei Ihrem Fleiß.

HOCHROITZPOINTNER Ja, praktisch fühle ich mich leidlich sicher, aber die graue Theorie, Herr Professor.

EBENWALD Ah so. Na, war auch nie meine starke Seite. *Näher zu ihm* Wenn es Sie beruhigt, bin seinerzeit aus der Physiologie sogar durchgesaust. Sie sehen, es schad't der Karriere nicht besonders.

HOCHROITZPOINTNER *der sich niedergesetzt hat, lacht erfreut.*

EBENWALD *Hochroitzpointner über die Schulter schauend* Sektionsprotokoll?

HOCHROITZPOINTNER Jawohl, Herr Professor.

EBENWALD Große Freude in Israel – wie?

HOCHROITZPOINTNER *unsicher* Wie meinen, Herr Professor?

EBENWALD Na, weil die Abteilung Bernhardi triumphiert hat.

HOCHROITZPOINTNER Ah, Herr Professor meinen, daß der Tumor abgegrenzt war.

EBENWALD Und ist ja tatsächlich von der Niere ausgegangen.

HOCHROITZPOINTNER Aber mit absoluter Sicherheit war das doch eigentlich nicht zu konstatieren. Es war doch mehr, wenn ich so sagen darf, ein Raten.

EBENWALD Aber Hochroitzpointner, raten...! Wie können Sie nur –! Intuition heißt man das! Diagnostischen Scharfblick!

HOCHROITZPOINTNER Und zu operieren wär's doch keinesfalls mehr gewesen.

EBENWALD Ausgeschlossen. Das können sich die drüben im Krankenhaus erlauben, solche Experimente, aber wir, in einem verhältnismäßig jungen, sozusagen privaten Institut... Wissen S', lieber Kollega, es gibt so Fälle, wo immer nur die Internisten fürs Operieren sind. Dafür operieren wir ihnen dann immer zuviel. – Aber schreiben S' nur weiter.

HOCHROITZPOINTNER *beginnt zu schreiben.*

EBENWALD Ja richtig, entschuldigen Sie, daß ich Sie noch einmal störe. Sie hospitieren doch natürlich auch auf der Abteilung Tugendvetter?

HOCHROITZPOINTNER Jawohl, Herr Professor.

EBENWALD Ich möcht' Sie nämlich im Vertrauen fragen. Wie tragt denn eigentlich der Doktor Wenger vor?

HOCHROITZPOINTNER Der Doktor Wenger?

EBENWALD Na ja, er suppliert doch den Alten öfters, wenn der grad dringend auf die Jagd fahren muß oder zu einem ang'steckten Fürsten geholt wird.

HOCHROITZPOINTNER Ja freilich, da tragt dann der Doktor Wenger vor.

EBENWALD Also, wie tragt er denn vor?

HOCHROITZPOINTNER *unsicher* Eigentlich ganz gut.

EBENWALD So.

HOCHROITZPOINTNER Vielleicht etwas zu – zu gelehrt. Aber recht lebendig. Freilich – aber, ich darf mir vielleicht nicht erlauben, über einen künftigen Chef –

EBENWALD Wieso künftiger Chef? Das ist noch gar nicht entschieden. Sind auch andere da. Und im übrigen, das ist doch
ein Privatgespräch. Wir könnten grad so gut im Riedhof drüben miteinander sitzen und plaudern. Na, reden Sie nur. Was
haben Sie gegen den Doktor Wenger? Volkes Stimme, Gottes
Stimme.

HOCHROITZPOINTNER Also, gegen seinen Vortrag hab' ich ei-
gentlich weniger, aber so seine ganze Art. Wissen, Herr
Professor, so ein bißchen präponderant ist er halt in seinem
Wesen.

EBENWALD Aha. Das, worauf Sie da anspielen, ist wahrscheinlich identisch mit dem, lieber Kollege, was mein Vetter neulich im Parlament so zutreffend den »Jargon der Seele« genannt hat.

HOCHROITZPOINTNER Ah, sehr gut. Jargon der Seele. *Couragiert*
Den andern hat er aber auch, der Doktor Wenger.

EBENWALD Das möcht' nix machen. Wir leben schon einmal in
einem Reich der Dialekte.
Bernhardi, Oskar, Kurt und Schwester aus dem Krankenzimmer.

BERNHARDI So, da bin ich, Herr Kollega.

SCHWESTER *legt ihm ein Blatt zum Unterschreiben vor.*

BERNHARDI Was ist denn? Noch was? Ah so. Also, entschuldigen Sie noch einen Moment, Herr Kollega. *Während er un-
terschreibt* Es wirkt doch immer wieder erstaunlich – *Zu Ebenwald* Da haben wir nämlich drin eine Sepsis liegen. Acht-
zehnjähriges Mädel. Vollkommen bei Bewußtsein. Möcht'
aufstehen, spazieren gehen, hält sich für ganz gesund. Und
der Puls nicht mehr zu zählen. In einer Stunde kann's aus sein.

EBENWALD *fachlich* Das sehen wir öfters.

HOCHROITZPOINTNER *beflissen* Soll ich ihr vielleicht noch eine
Kampferinjektion geben?

BERNHARDI *ihn ruhig ansehend* Sie hätten sich die frühere auch
schon ersparen können. *Ihn beruhigend* Vielleicht übrigens,
daß Sie ihr die glücklichste Stunde ihres Lebens verschafft haben. Na, ich weiß, auch das war nicht Ihre Absicht.

HOCHROITZPOINTNER *irritiert* Ja, warum denn, Herr Direktor?
Man ist ja am End' auch kein Fleischhacker.

BERNHARDI Ich erinnere mich nicht, Ihnen einen Vorwurf dieser Art gemacht zu haben.

Blick zwischen Hochroitzpointner und Ebenwald.

BERNHARDI *zur Schwester* Hat sie Verwandte?

SCHWESTER Es ist in den drei Tagen niemand dagewesen.

BERNHARDI Auch ihr Liebhaber nicht?

KURT Der wird sich hüten.

OSKAR Sie hat ihn nicht einmal genannt. Wer weiß, ob sie ihn beim Namen kennt.

BERNHARDI Und so was hat dann auch einmal Liebesglück geheißen. *Zu Ebenwald* Also, ich stehe zur Verfügung, Herr Kollega.

OSKAR Pardon, Papa, kommst du dann noch einmal herauf? Weil sie dich ja so gebeten hat.

BERNHARDI Ja, ich schau noch einmal her.

KURT *ist zu der Etagere gegangen, hat sich dort mit zwei Eprouvetten zu schaffen gemacht.*

OSKAR *tritt zu ihm hin, sie sprechen miteinander, gehen bald darauf wieder ins Krankenzimmer.*

SCHWESTER *zu Hochroitzpointner* Ich geh' jetzt hinüber, Seine Hochwürden holen.

HOCHROITZPOINTNER Ja gehen S' nur. Wenn S' zu spät kommen, ist's auch kein Malheur.

SCHWESTER *ab.*

HOCHROITZPOINTNER *nimmt sich einige Krankengeschichten aus einem Faszikel und begibt sich in das Krankenzimmer.*
Ebenwald, Bernhardi.

EBENWALD *der sehr ungeduldig geworden ist* Also, die Sache ist nämlich die, Herr Direktor. Ich habe von Professor Hell aus Graz einen Brief bekommen, er wäre geneigt, eine Wahl als Nachfolger von Tugendvetter anzunehmen.

BERNHARDI Ah, er wäre geneigt.

EBENWALD Jawohl, Herr Direktor.

BERNHARDI Hat ihn wer gefragt?

EBENWALD Ich war so frei – als alter Freund und Studienkollege.

BERNHARDI Sie haben aber doch privat an ihn geschrieben?

EBENWALD Selbstverständlich, Herr Direktor. Da ja vorläufig kein Beschluß vorliegt. Immerhin hielt ich mich für berechtigt, um so mehr, da mir bekannt ist, daß auch Professor Tugendvetter der Kandidatur von Hell mit einiger Sympathie gegenübersteht.

BERNHARDI *etwas scharf* Professor Tugendvetter tritt seine neue Stellung am Krankenhaus erst zu Beginn des Sommersemesters an. Unsere Unterhaltung über diesen Gegenstand – und wenn ich mir eine Bemerkung erlauben darf, auch Ihr Briefwechsel, Herr Kollega, mit Professor Hell erscheint mir daher ein wenig verfrüht. Und wir brauchen um so weniger uns in dieser Angelegenheit zu überstürzen, als der bisherige Assistent von Tugendvetter, Doktor Wenger, schon einigemal seine Eignung, die Stelle wenigstens zu supplieren, in vorzüglicher Weise dargetan hat.

EBENWALD Ich möchte nicht verfehlen, in diesem Zusammenhange meiner prinzipiellen Abneigung gegen Provisorien Ausdruck zu geben.

PROF. TUGENDVETTER *von rechts, etwa fünfzig, grau, Bartkotelettes, im Gehaben etwas Joviales, absichtlich Humoristisches, dabei Unsicheres und Beifallhaschendes, sieht im ganzen weniger einem Gelehrten als einem Börsenmann ähnlich. Kommt mit dem Hut auf dem Kopf, den er erst nach einigen Sekunden abnimmt.* EBENWALD, BERNHARDI

TUGENDVETTER Guten Morgen. Servus, Bernhardi. Grüß Sie Gott, Ebenwald. Ich hab' dich schon oben gesucht, Bernhardi.

EBENWALD Ich störe vielleicht –

TUGENDVETTER Aber gar keine Idee. Keine Geheimnisse.

BERNHARDI Also, was gibt's denn? Du hast mich zu sprechen?

TUGENDVETTER Die Sache ist nämlich die. Seine Exzellenz, der Unterrichtsminister, hat bei mir angefragt, ob ich in der Lage wäre, die Klinik drüben unverzüglich zu übernehmen.

BERNHARDI Unverzüglich?

TUGENDVETTER Sobald als möglich.

BERNHARDI Es hieß doch, daß Brunnleitner die Klinik bis zu Beginn des Sommersemesters weiterführt.

TUGENDVETTER Hat um Urlaub angesucht. Armer Teufel. Sechs Perzent Zucker. Letzte Tage von Pompeji. Wie? *Er hat die Gewohnheit, manchen Sätzen, insbesondere Zitaten, ein solches gedankenlos fragendes Wie anzufügen.*

BERNHARDI Woher weißt du das? Ist das authentisch?

TUGENDVETTER Authentisch? Wenn es mir Flint selber gesagt hat. Ich war nämlich gestern im Ministerium. Sie sollen mir doch einen neuen Pavillon bauen. Ich krieg' ihn auch. Er läßt dich übrigens schön grüßen.

BERNHARDI Wer läßt mich grüßen?

TUGENDVETTER Flint. Wir haben viel über dich gesprochen. Er hält große Stücke auf dich. Er erinnert sich noch mit Vergnügen der Zeit, wo ihr zusammen bei Rappenweiler Assistenten wart. Seine Worte. Ipsissima verba. Was, das ist eine Karriere. Der erste Fall seit Menschengedenken, wenigstens in Österreich, daß ein klinischer Professor Unterrichtsminister wird!

BERNHARDI Er war immer ein guter Politiker, dein neuester Freund Flint.

TUGENDVETTER Er interessiert sich sehr für unser, für euer, nein, vorläufig noch für unser Institut.

BERNHARDI Das ist mir nicht unbekannt. Er hat's doch einmal aus lauter Interesse ruinieren wollen.

TUGENDVETTER Das war nicht er. Das war das ganze Kollegium. Es war der Kampf der Alten gegen die Jungen. Und das ist doch alles längst vorbei. Ich versichere dich, Bernhardi, er steht dem Elisabethinum mit der größten Sympathie gegenüber.

BERNHARDI Worauf wir ja zur Not heute schon verzichten könnten, Gott sei Dank.

TUGENDVETTER Stolz lieb' ich den Spanier, wie?

BERNHARDI Im übrigen, mich interessiert ja vorläufig nur, wie du dich seiner Anfrage gegenüber verhalten hast.

TUGENDVETTER Ich habe mich da gar nicht zu verhalten. *Humo-*

ristisch Herr Direktor haben hierüber zu entscheiden. Erst wenn du mir privatim deine Zustimmung zu erkennen gibst, werde ich bei der Direktion mein Gesuch einbringen. Auch was Geschriebenes forderst du, Pedant, wie?

BERNHARDI Wir werden dich natürlich nicht einen Tag länger halten, als du bleiben willst. Ich verspreche dir, die Angelegenheit kurzerhand zu erledigen. Glücklicherweise hast du ja einen sehr tüchtigen Assistenten, der bis auf weiteres deine Abteilung in deinem Geiste weiterführen wird.

TUGENDVETTER Der kleine Wenger, ja. Tüchtiger Bursch. Ja. Aber lang' werdet ihr ihn doch nicht supplieren lassen?

EBENWALD Ich habe mir eben auch zu bemerken erlaubt, daß ich Provisorien im allgemeinen für eine ungesunde Sache halte, und war so frei, von einem an mich gelangten Brief des Professor Hell aus Graz Mitteilung zu machen, der bereit wäre...

TUGENDVETTER So. Mir hat er auch schon geschrieben.

BERNHARDI Na, er scheint ja ein ganz rühriger Herr zu sein.

TUGENDVETTER *mit kurzem Blick auf Ebenwald* Du, Bernhardi, mit Hell würde euer Institut eine famose Akquisition machen.

BERNHARDI Da scheint er sich ja in Graz glänzend entwickelt zu haben. Solang' er in Wien war, hat man ihn für einen recht unfähigen Patron gehalten.

TUGENDVETTER Wer?

BERNHARDI Du zum Beispiel. Und wir wissen doch alle, wem er die seinerzeitige Berufung nach Graz verdankt hat. Nur gewissen Einflüssen von oben.

EBENWALD Es ist ja schließlich auch keine Schand', wenn einer einen Prinzen gesund gemacht hat.

BERNHARDI Ich nehm's ihm auch nicht übel. Aber die ganze Karriere sollte nicht von solch einem Einzelfall abhängen. Und seine wissenschaftlichen Leistungen –

TUGENDVETTER Entschuldige, auf dem Gebiet dürfte ich doch besser orientiert sein. Er hat einige vorzügliche Arbeiten veröffentlicht.

BERNHARDI Mag sein. Jedenfalls entnehme ich aus dem allen, daß du selbst für deine Nachfolge lieber Hell in Vorschlag brächtest als deinen Assistenten und Schüler Wenger.

TUGENDVETTER Wenger ist zu jung. Ich bin überzeugt, er selber denkt nicht daran.

BERNHARDI Da hätte er unrecht. Seine letzte Serumarbeit macht allgemeines Aufsehen.

EBENWALD Sensation, Herr Direktor. Das ist nicht dasselbe.

TUGENDVETTER Er hat Talent. Gewiß hat er Talent. Aber was die Verläßlichkeit seiner Experimente anbelangt –

EBENWALD *einfach* Es gibt Leute, die ihn – sagen wir für einen Phantasten halten.

TUGENDVETTER Das geht zu weit. Übrigens kann ich niemanden hindern, seine Kandidatur anzumelden. Weder Hell noch Wenger.

BERNHARDI Aber, ich mache dich aufmerksam, für einen von beiden wirst du dich entscheiden müssen.

TUGENDVETTER Von mir hängt es doch nicht ab? Ich ernenne doch nicht meinen Nachfolger.

BERNHARDI Aber du wirst dich an der Abstimmung beteiligen. Das Schicksal deiner einstigen Abteilung und unseres Institutes wird dich hoffentlich noch so weit interessieren.

TUGENDVETTER Das will ich glauben. Das wär wirklich nicht schlecht. Wir haben es doch gegründet, das Elisabethinum, *Zu Ebenwald* Bernhardi, ich und Cyprian. Es ritten drei Reiter zum Tore hinaus... wie? Wie lang' ist es jetzt her?

BERNHARDI Fünfzehn Jahre sind es, lieber Tugendvetter.

TUGENDVETTER Fünfzehn Jahre, eine schöne Zeit. Beim Himmel, leicht wird es mir nicht werden. Du, Bernhardi, ließe es sich nicht vielleicht machen für den Anfang, daß ich zugleich hier und im allgemeinen Krankenhaus –

BERNHARDI *bestimmt* Absolut nicht. An dem Tag, wo du drüben deine Stelle antrittst, werde ich selbstverständlich deinen bisherigen Assistenten mit der Supplierung betrauen.

EBENWALD Dann werde ich aber bitten, die Beratung über die definitive Neubesetzung in den allernächsten Tagen anzuberaumen.

BERNHARDI Weshalb, wenn ich fragen darf? Das sähe ja beinahe
aus, als wollten wir Wenger geradezu verhindern, durch ein
paar Monate hindurch seine Lehrfähigkeit zu erproben.

EBENWALD Ich bezweifle, daß das Elisabethinum als Vortrags-
schule für junge Dozenten gegründet worden ist.

BERNHARDI Wollen Sie alles weitere getrost mir überlassen,
Herr Kollega Ebenwald. Sie werden ja zugeben, daß bisher in
unserm Institut noch nichts überflüssig aufgeschoben, aber
auch noch nichts leichtfertig überstürzt worden ist.

EBENWALD Die Insinuation, als wäre vielleicht von meiner Seite
zu Überstürzung oder gar zu leichtfertiger Überstürzung auf-
gefordert worden, gestatte ich mir als unzutreffend zurück-
zuweisen.

BERNHARDI *lächelnd* Ich nehme es zur Kenntnis.

EBENWALD *auf die Uhr sehend* Muß auf meine Abteilung. Habe
die Ehre, meine Herren.

BERNHARDI Ich muß ja auch endlich in die Kanzlei. *Läßt Ebenwald den Vortritt* Bitte sehr, Herr Kollega, Ihre Hörer warten
schon.

TUGENDVETTER Ich sei, gewährt mir die Bitte – wie?

EBENWALD *trifft in der Türe mit dem Dozenten Adler zusammen* Habe
die Ehre. *Ab.*

Dr. ADLER *kommt, klein, schwarz, frisch, lebhaft, glühende Augen,
Schmiß, etwa dreißig Jahre alt, in weißem Seziermantel.* BERNHARDI,
TUGENDVETTER

ADLER Habe die Ehre.

BERNHARDI Was führt Sie in das Bereich der Lebendigen, Doktor Adler?

ADLER Ich wollte wegen Ihres Falles noch in der Krankengeschichte etwas nachsehen, Herr Direktor.

BERNHARDI Steht Ihnen alles zur Verfügung.

ADLER Schade übrigens, Herr Direktor, daß Sie jetzt nicht unten
waren. Ein Fall von der Abteilung Cyprian. Denken Sie, abgesehen von der Tabes, die diagnostiziert war, ein beginnender Tumor im Kleinhirn, der gar keine Erscheinungen gemacht haben soll.

BERNHARDI Nein, wenn man denkt, daß manche Leute sozusagen gar nicht dazu kommen, alle ihre Krankheiten zu erleben, man möchte an der Vorsehung irre werden.

OSKAR *aus dem Krankensaal, zu Tugendvetter* Habe die Ehre, Herr Professor.

TUGENDVETTER Servus, Oskar. Habe schon gehört, Tonkünstler. »Rasche Pulse.« Widmungswalzer.

OSKAR Aber ich bitte Sie, Herr Professor...

BERNHARDI Was, du hast schon wieder was komponiert, und ich weiß gar nichts davon? *Zieht ihn scherzend am Ohr* Na, kommst du mit?

OSKAR Ja. Ich geh ins Laboratorium.

TUGENDVETTER Väter und Söhne – wie?

Tugendvetter, Bernhardi und Oskar ab. Hochroitzpointner aus dem Krankensaal.

ADLER, HOCHROITZPOINTNER

HOCHROITZPOINTNER Habe die Ehre, Herr Dozent.

ADLER Servus, Herr Kollega. Ich möcht' Sie bitten, ob ich nicht noch einen Blick in die Krankengeschichte machen könnt'.

HOCHROITZPOINTNER Bitte sehr, Herr Dozent.

Er nimmt das Blatt aus einer Mappe.

ADLER Danke sehr, lieber Doktor Hochroitz – wie? –

HOCHROITZPOINTNER Hochroitzpointner.

ADLER *setzt sich an den Tisch* Einen Namen haben Sie.

HOCHROITZPOINTNER Vielleicht nicht schön?

ADLER *über der Krankengeschichte* Aber prachtvoll. Man denkt gleich an Bergesgipfel, Gletschertouren. Sie sind ja aus Tirol, Herr Doktor, nicht wahr?

HOCHROITZPOINTNER Jawohl. Aus Imst.

ADLER Ah, aus Imst. Von dort aus hab' ich als Student eine wunderschöne Tour gemacht. Auf den Wetterfernkogel.

HOCHROITZPOINTNER Da haben s' im vorigen Jahr eine Hütten hinaufgebaut.

ADLER Überall bauen sie jetzt schon Hütten. *Wieder über der Krankengeschichte* Die ganze Zeit kein Albumen?

HOCHROITZPOINTNER Absolut nicht. Es ist täglich untersucht worden.

KURT *ist aus dem Krankenzimmer gekommen* Die letzten Tage ist Albumen aufgetreten. Sogar in beträchtlichen Mengen.

HOCHROITZPOINTNER Jawohl, in den letzten drei Tagen allerdings.

ADLER Aha, da steht es ja.

HOCHROITZPOINTNER Natürlich, es steht ja drin.

ADLER *zu Kurt* Wie geht's denn dem Herrn Papa? Der laßt sich bei uns unten ja gar nicht sehen. *Über der Krankengeschichte* Also bei euch ist er nur acht Tage gelegen?

HOCHROITZPOINTNER Ja. Vorher war er beim Professor Ebenwald. Aber da es ein inoperabler Fall war –

ADLER Als Diagnostiker ist er wirklich ersten Ranges, euer Chef, da kann man sagen, was man will.

KURT *lächelnd* Was will man denn sagen?

ADLER Wieso?

KURT Nun, weil Herr Dozent äußern: Da kann man sagen, was man will.

ADLER *etwas süß* Was sind S' denn so streng mit mir, Doktor Pflugfelder? Ich hab' halt gemeint, daß eure Hauptstärke in der Diagnose liegt, nicht so sehr in der Therapie. Da experimentiert ihr doch verdammt viel herum, meiner unmaßgeblichen Ansicht nach.

KURT Ja, Herr Dozent, was sollen wir denn tun auf der Internen? Man muß doch die neuen Mittel versuchen, wenn die alten nicht mehr helfen.

ADLER Und morgen ist das Neue schon wieder das Alte. Ihr könnt's ja nichts dafür. Ich hab' ja das auch einmal mitgemacht. Aber es ist schon verstimmend manchmal, daß man so im Dunkeln herumtappen muß. Das war ja der Grund, daß ich mich zur pathologischen Anatomie geflüchtet habe. Da ist man sozusagen der Oberkontrollor.

KURT Entschuldigen, Herr Dozent, es ist doch noch einer über Ihnen.

ADLER Aber der hat keine Zeit, sich um uns zu kümmern. Der ist zu sehr bei einer anderen Fakultät engagiert. *Über der Krankengeschichte* Also Röntgen auch? Ja, glaubt's ihr denn wirklich, daß das in solchen Fällen –

KURT Wir fühlen uns verpflichtet, alles zu versuchen, Herr Dozent. Besonders, wo nichts mehr zu verlieren ist. Das ist keineswegs Phantasterei oder gar Reklamebedürfnis, wie von manchen Seiten behauptet wird, und man sollte es dem Professor nicht übelnehmen.

ADLER Wer nimmt's ihm denn übel? Ich gewiß nicht.

KURT Ich weiß, Herr Dozent, Sie nicht. Aber es gibt schon Leute.

ADLER Es hat halt jeder seine Widersacher.

KURT Und Neider.

ADLER Natürlich. Wer was arbeitet und was erreicht. Viel Feind, viel Ehr'. Bernhardi kann sich ja wirklich nicht beklagen. Praxis in den höchsten Kreisen und in gewissen andern, wo's glücklicherweise mehr trägt, – Professor, Direktor des Elisabethinums –

KURT Na, wer soll's denn sein, wenn nicht er? Er hat sich für das Institut genug herumgeschlagen.

ADLER Gewiß, gewiß. Ich bin der letzte, der seine Verdienste verkleinern möchte. Und daß er so hoch gekommen ist gerade bei den heutigen Strömungen, – – ich hab' ja ein gewisses Recht, davon zu reden, da ich selbst aus meiner jüdischen Abstammung niemals ein Hehl gemacht habe, wenn ich auch mütterlicherseits aus einer alten Wiener Bürgerfamilie stamme. Habe sogar Gelegenheit gehabt, in meiner Studentenzeit für die andere Hälfte zu bluten.

KURT Ist bekannt, Herr Dozent.

ADLER Es freut mich eigentlich, Herr Doktor, daß auch Sie unserm Herrn Direktor in gebührender Weise Gerechtigkeit widerfahren lassen.

KURT Warum freut Sie das, Herr Dozent?

ADLER Sie waren ja deutschnationaler Couleurstudent.

KURT Und Antisemit. Jawohl, Herr Dozent. Bin's sogar noch

immer, im allgemeinen. Nur bin ich seither auch Antiarier geworden. Ich finde, die Menschen sind im allgemeinen eine recht mangelhafte Gesellschaft, und ich halte mich an die wenigen Ausnahmen da und dort.

PROFESSOR CYPRIAN *von rechts. Älterer kleiner Herr mit langen, fast noch blonden Haaren, etwas gedehnte, singende Redeweise, gerät immer unversehens ins Vortraghalten, spricht wie zu einem Auditorium.*
ADLER, KURT, HOCHROITZPOINTNER

CYPRIAN Habe die Ehre, meine Herren. *Gegengrüße* Ist der Doktor Adler vielleicht da? Ah ja, da sind Sie. Ich hab' Sie unten gesucht. Kann ich mich darauf verlassen, Doktor Adler, daß mir der Schädel von heut' nicht wieder verschwindet, wie neulich der von dem Paralytiker?
ADLER Der Diener ist beauftragt, Herr Professor –
CYPRIAN Der Diener ist nicht zu finden. Wahrscheinlich wieder im Wirtshaus. Sie werden noch erleben, was ich seinerzeit in Prag erlebt habe, wie ich dort bei Heschel gearbeitet habe. Dort war auch so ein Alkoholiker als Diener im pathologischanatomischen Institut angestellt. Der Kerl hat uns allmählich den ganzen Spiritus von den Präparaten weggesoffen.
ADLER Der unsere, Herr Professor, zieht vorläufig noch Kümmel vor.
CYPRIAN Also, ich möchte heute abend hinunterkommen. Wann sind Sie denn unten?
ADLER Ich arbeite jetzt gewöhnlich bis gegen Mitternacht.
CYPRIAN So, da komme ich also nach zehn.
Bernhardi und Oskar kommen von rechts.
BERNHARDI Guten Tag. Grüß dich Gott, Cyprian. Suchst du vielleicht mich?
CYPRIAN Ich habe eigentlich etwas mit Doktor Adler zu sprechen gehabt. Aber es ist mir sehr angenehm, daß ich dich treffe. Ich wollte dich nämlich fragen, wann du etwa Zeit hättest, mit mir ins Unterrichtsministerium zu kommen?
BERNHARDI Was gibt's denn?

Sie stehen allein zusammen. Oskar geht gleich in den Krankensaal.
Die andern Herren abseits im Gespräch.

CYPRIAN Es gibt gar nichts Besonderes. Aber ich glaube, wir sollten das Eisen schmieden, solange es warm ist.

BERNHARDI Ich verstehe dich wirklich nicht.

CYPRIAN Es ist jetzt der günstigste Moment, für unser Institut was herauszuschlagen. Daß ein Arzt, ein klinischer Professor, sich an leitender Stelle befindet, das ist eine Konstellation, die wir ausnützen müssen.

BERNHARDI Ihr seid ja alle merkwürdig hoffnungsvoll in Hinsicht auf Flint.

CYPRIAN Mit guten Gründen. Ich habe ihm die Karriere prophezeit, wie wir zusammen im Laboratorium bei Brücke vor bald dreißig Jahren gearbeitet haben. Er ist ein administratives Genie. Ich habe schon ein Memorandum skizziert. Was wir verlangen, ist vor allem eine staatliche Subvention, um nicht länger ausschließlich auf die etwas unwürdigen Privatsammlungen angewiesen zu sein. Ferner –

BERNHARDI Ihr seid in einer Weise vergeßlich! Flint ist unser erbittertster Gegner.

CYPRIAN Aber ich bitte dich, das ist ja längst vorbei. Er steht dem Elisabethinum heute mit der größten Sympathie gegenüber. Hofrat Winkler hat es mir erst gestern wieder gesagt. Ganz spontan.

BERNHARDI Na. –

OSKAR *aus dem Krankenzimmer, rasch zu Bernhardi* Du, Papa, ich glaube, wenn du sie noch sprechen willst –

BERNHARDI Entschuldige mich, lieber Cyprian. Vielleicht geduldest du dich fünf Minuten. *Ab.*

OSKAR *zu Cyprian* Eine Sterbende, Herr Professor.
Folgt seinem Vater in den Krankensaal.
Hochroitzpointner, Kurt, Adler, Cyprian

KURT *beiläufig* Eine Sepsis. Junges Mädel. Abortus.

HOCHROITZPOINTNER *zu Adler* Für morgen, Herr Dozent.

CYPRIAN *in seiner eintönigen Weise* Wie ich noch Assistent war bei Skoda, da haben wir einen Primarius im Spital gehabt, no-

mina sunt odiosa, der hat uns gebeten, uns Assistenten mein'
ich, wir sollen ihn, wenn irgend möglich, zu jedem Sterbefall
herbeirufen. Er wollte eine Psychologie der Sterbestunden
schreiben, angeblich. Ich habe damals gleich zu Bernitzer gesagt, der mit mir zusammen Assistent war, da stimmt etwas
nicht. Es geht ihm nicht um die Psychologie. Also, denken
Sie sich, eines Tages ist der Primarius plötzlich verschwun-
den. War ein verheirateter Mann mit drei Kindern. Zu der
Nacht darauf findet man in irgendeiner abgelegenen Straße
einen zerlumpten Kerl erstochen auf. Na, Sie erraten ja schon
die Pointe, meine Herren. Es stellt sich heraus, daß der Primarius und der erstochene Strolch ein und dieselbe Person sind.
Durch viele Jahre hindurch hatte er ein Doppelleben geführt.
Bei Tag war er der beschäftigte Arzt, nachts war er Stamm-
gast in allerlei verdächtigen Spelunken, Zuhälter –

DER PFARRER *kommt, ein junger Mann von 28 Jahren, mit energi-
schen, klugen Zügen. Der Mesner, der an der Türe stehen bleibt.*
HOCHROITZPOINTNER, KURT, ADLER, CYPRIAN

ADLER *beflissen* Habe die Ehre, Hochwürden.
PFARRER Guten Tag, meine Herren. Ich komme hoffentlich
noch nicht zu spät.
KURT Nein, Hochwürden. Der Herr Professor ist gerade bei der
Kranken. *Er stellt sich vor* Assistent Dr. Pflugfelder.
PFARRER Die Hoffnung ist also noch nicht ganz aufgegeben?
OSKAR *kommt aus dem Krankenzimmer* Guten Tag, Hochwürden.
KURT Doch, Hochwürden, es ist ein völlig hoffnungsloser Fall.
OSKAR Bitte, wollen Hochwürden –
PFARRER Ich will vielleicht so lange warten, bis der Herr Profes-
sor die Kranke verlassen hat.
Der Mesner tritt zurück, die Türe schließt sich.
HOCHROITZPOINTNER *rückt dem Pfarrer einen Sessel hin.*
PFARRER Danke, danke.
Er setzt sich zuerst nicht.
CYPRIAN Ja, Hochwürden, wenn wir nur zu den Kranken gin-

gen, wo wir noch helfen können. Manchmal können wir auch nichts Besseres tun als trösten.

KURT Und lügen.

PFARRER *setzt sich* Sie gebrauchen da ein etwas hartes Wort, Herr Doktor.

KURT Verzeihung, Hochwürden, das bezog sich natürlich nur auf uns Ärzte. Übrigens ist gerade das manchmal der schwerste und edelste Teil unseres Berufes.

Bernhardi wird an der Türe sichtbar, der Pfarrer erhebt sich.

Hochroitzpointner, Adler, Kurt, Cyprian, Oskar, Pfarrer, Bernhardi.

Nach Bernhardi kommt die Schwester aus dem Krankenzimmer.

BERNHARDI *etwas befremdet* Oh, Hochwürden.

PFARRER Wir lösen einander ab, Herr Professor. *Er reicht ihm die Hand* Ich finde die Kranke wohl noch bei Bewußtsein?

BERNHARDI Ja. Man könnte sogar sagen, bei gesteigertem Bewußtsein. *Mehr zu den andern* Es ist absolute Euphorie bei ihr eingetreten. *Wie erklärend zum Pfarrer* Sie befindet sich sozusagen wohl.

PFARRER Nun, das ist ja sehr schön. Wer weiß –! Erst neulich hatte ich wieder die Freude, einem jungen Mann, der ein paar Wochen vorher schon völlig auf den Tod gefaßt von mir die letzte Ölung empfangen hatte, gesund auf der Straße zu begegnen.

ADLER Und wer weiß, ob es nicht gerade Hochwürden waren, der ihm die Kraft, den Mut zum Leben wiedergegeben haben.

BERNHARDI *zu Adler* Hochwürden hat mich ja mißverstanden, Herr Doktor. *Zum Pfarrer* Ich meinte nämlich, daß die Kranke völlig ahnungslos ist. Sie ist verloren, aber sie glaubt sich genesen.

PFARRER Wahrhaftig.

BERNHARDI Und es ist fast zu besorgen, daß Ihr Erscheinen, Hochwürden –

PFARRER *ganz mild* Fürchten Sie nichts für Ihre Kranke, Herr Professor. Ich komme nicht, um ein Todesurteil auszusprechen.

BERNHARDI Natürlich, aber trotzdem –

PFARRER Man könnte die Kranke vielleicht vorbereiten.

SCHWESTER *von Bernhardi nicht bemerkt, begibt sich auf einen kaum merklichen Augenwink des Pfarrers in das Krankenzimmer.*

BERNHARDI Das würde ja die Sache nicht bessern. Wie ich schon bemerkte, Hochwürden, die Kranke ist völlig ahnungslos. Und sie erwartet alles andere eher als diesen Besuch. Sie ist vielmehr in dem glücklichen Wahn befangen, daß in der nächsten Stunde jemand, der ihr nahe steht, erscheinen wird, um sie abzuholen, und sie wieder mit sich zu nehmen – ins Leben und ins Glück. Ich glaube, Hochwürden, es wäre kein gutes, fast möchte ich zu behaupten wagen, kein gottgefälliges Werk, wenn wir sie aus diesem letzten Traum erwecken wollten.

PFARRER *nach kleinem Zögern bestimmter* Ist eine Möglichkeit vorhanden, Herr Professor, daß mein Erscheinen den Verlauf der Krankheit in ungünstiger Weise –

BERNHARDI *rasch einfallend* Es wäre nicht unmöglich, daß das Ende beschleunigt wird, vielleicht nur um Minuten, aber immerhin –

PFARRER *lebhafter* Nochmals: Ist Ihre Kranke noch zu retten? Bedeutet mein Erscheinen in diesem Sinne eine Gefahr? Dann wäre ich natürlich sofort bereit, mich zurückzuziehen.

ADLER *nickt beifällig.*

BERNHARDI Sie ist rettungslos verloren, darüber kann kein Zweifel sein.

PFARRER Dann, Herr Professor, sehe ich durchaus keinen Grund –

BERNHARDI Entschuldigen Sie, Hochwürden, ich bin vorläufig hier noch in ärztlicher Funktion anwesend. Und zu meinen Pflichten gehört es, wenn nichts anderes mehr in meinen Kräften steht, meinen Kranken, wenigstens soweit als möglich, ein glückliches Sterben zu verschaffen.

CYPRIAN *zeigt leichte Ungeduld und Mißbilligung.*

PFARRER Ein glückliches Sterben. – Es ist wahrscheinlich, Herr Professor, daß wir darunter verschiedene Dinge verstehen.

Und nach dem, was mir die Schwester mitteilte, bedarf Ihre Kranke der Absolution dringender als manche andere.

BERNHARDI *mit seinem ironischen Lächeln* Sind wir nicht allzumal Sünder, Hochwürden?

PFARRER Das gehört wohl nicht hierher, Herr Professor. Sie können nicht wissen, ob nicht irgendwo in der Tiefe ihrer Seele, die Gott allein sieht, gerade in diesen letzten Augenblicken, die ihr noch vergönnt sind, die Sehnsucht wach ist, durch eine letzte Beichte aller Sünden sich zu entlasten.

BERNHARDI Muß ich es nochmals wiederholen, Hochwürden? Die Kranke weiß nicht, daß sie verloren ist. Sie ist heiter, glücklich und – reuelos.

PFARRER Eine um so schwerere Schuld nähme ich auf mich, wenn ich von dieser Schwelle wiche, ohne der Sterbenden die Tröstungen unserer heiligen Religion verabreicht zu haben.

BERNHARDI Von dieser Schuld, Hochwürden, wird Sie Gott und jeder irdische Richter freisprechen. *Auf seine Bewegung* Jawohl, Hochwürden. Denn ich als Arzt darf Ihnen nicht gestatten, an das Bett dieser Kranken zu treten.

PFARRER Ich wurde hierher berufen. Ich muß also bitten –

BERNHARDI Nicht in meinem Auftrag, Hochwürden. Und ich kann nur wiederholen, daß ich Ihnen als Arzt, dem das Wohl seiner Kranken bis zur letzten Stunde anvertraut bleibt, das Überschreiten dieser Schwelle leider verbieten muß.

PFARRER *vortretend* Sie verbieten es mir?

BERNHARDI *leicht seine Schulter berührend* Ja, Hochwürden.

SCHWESTER *eilend aus dem Krankenzimmer* Hochwürden –

BERNHARDI Sie waren drin?

SCHWESTER Es wird zu spät, Hochwürden.

KURT *rasch ins Krankenzimmer.*

BERNHARDI *zur Schwester* Sie haben der Kranken gesagt, daß Seine Hochwürden da sind?

SCHWESTER Ja, Herr Direktor.

BERNHARDI So. Und – antworten Sie mir ganz ruhig – wie hat sich die Kranke dazu verhalten? Hat sie irgend etwas geäußert? Sprechen Sie. Nun?

SCHWESTER Sie hat gesagt –

BERNHARDI Nun?

SCHWESTER Sie ist halt ein bissel erschrocken.

BERNHARDI *nicht böse* Nun, so sprechen Sie doch, was hat sie gesagt?

SCHWESTER »Muß ich denn wirklich sterben?«

KURT *aus dem Krankenzimmer* Es ist vorbei.

Kleine Pause.

BERNHARDI Erschrecken Sie nicht, Hochwürden. Ihre Schuld ist es nicht. Sie wollten nur Ihre Pflicht erfüllen. Ich wollte es auch. Daß es mir nicht geglückt ist, tut mir leid genug.

PFARRER Nicht Sie, Herr Professor, sind es, der mir Absolution zu erteilen hat. Das arme Geschöpf da drin ist als Sünderin und ohne die Tröstungen der Religion dahingegangen. Und das ist Ihre Schuld.

BERNHARDI Ich nehme sie auf mich.

PFARRER Es wird sich noch erweisen, Herr Professor, ob Sie dazu imstande sein werden. Ich empfehle mich, meine Herren. *Er geht.*

Die andern bleiben bewegt und in einiger Verlegenheit zurück. Bernhardi sieht sie der Reihe nach an.

BERNHARDI Also morgen früh, lieber Doktor Adler, die Sektion.

CYPRIAN *zu Bernhardi, ungehört von den anderen* Es war nicht richtig.

BERNHARDI Wieso nicht richtig?

CYPRIAN Und nebstbei wird es ein Einzelfall bleiben. Du wirst an der Sache selbst nichts ändern.

BERNHARDI An der S a c h e? War auch nicht meine Absicht.

ADLER Ich hielte es für unaufrichtig, Herr Direktor, wenn ich nicht schon in dieser Stunde loyal ausspräche, daß ich in dieser Angelegenheit – formell nicht auf Ihrer Seite zu stehen vermag.

BERNHARDI Und es wäre illoyal, Herr Doktor, wenn ich Ihnen nicht versicherte, daß ich mir das gleich hätte denken können. *Cyprian und Adler ab.*

OSKAR *beißt sich in die Lippen.*

BERNHARDI Na, mein Sohn, dir wird's ja hoffentlich in der Karriere nicht schaden.

OSKAR Aber Papa.

BERNHARDI *nimmt ihn beim Kopf, zärtlich* Na. Ich hab' dich nicht beleidigen wollen.

SCHWESTER Herr Professor, ich hab' geglaubt –

BERNHARDI Was haben Sie geglaubt? Na, wozu übrigens, jetzt ist's ja vorüber.

SCHWESTER Es ist doch immer, Herr Direktor, und – *Auf Hochroitzpointner weisend* der Herr Doktor –

HOCHROITZPOINTNER Ja, ich hab's ihr natürlich nicht verboten, Herr Direktor.

BERNHARDI Selbstverständlich, Herr Doktor Hochroitzpointner. Sie hospitieren wahrscheinlich auch in der Kirche, was?

HOCHROITZPOINTNER Herr Direktor, wir leben in einem christlichen Staat.

BERNHARDI Ja. *Sieht ihn lange an* Der Herr verzeihe ihnen – – sie wissen verdammt gut, was sie tun.

Ab mit Kurt und Oskar.

Hochroitzpointner, Schwester

HOCHROITZPOINTNER Aber Kinderl, was fällt Ihnen denn ein, sich zu entschuldigen? Sie haben doch nur Ihre Pflicht getan. Aber was haben S' denn... Jetzt fangen S' gar an zu weinen... Daß Sie mir nur nicht wieder einen Anfall kriegen.

SCHWESTER *schluchzend* Aber der Herr Direktor war so bös'.

HOCHROITZPOINTNER Und wenn er schon bös' war, – der Herr Direktor. Na, lang' bleibt er's ja nimmer. Das bricht ihm den Kragen!

Vorhang

Zweiter Akt

Ordinationszimmer des Professor Bernhardi. Rechts Haupteingang, links Tür ins Nebenzimmer. Ein Medikamentenschrank links, Bücherregale nehmen die ganze Hinterwand ein, zum Teil grün verhängt. Auf dem Ofen, in der rechten Ecke, eine Äskulapbüste. Schreibtisch mit Sessel. Ein kleines Tischchen neben dem Schreibtisch. An dem Schreibtisch gegen den Zuschauerraum ein Diwan. Stühle. Photographien an den Wänden, Gelehrte darstellend.

DR. OSKAR BERNHARDI *sitzt am Schreibtisch, notiert etwas in ein aufgeschlagenes Protokollbuch, dann klingelt er.* DIENER *tritt ein.*

OSKAR Es ist niemand mehr da?

DIENER Nein, Herr Doktor.

OSKAR So werde ich jetzt weggehen. Wenn der Papa nach Hause kommt – *Klingel draußen* Oh, sehen Sie nach.

DIENER *ab.*

OSKAR *schließt das Protokollbuch, bringt den Schreibtisch in Ordnung.*

DIENER *tritt ein, bringt eine Karte.*

OSKAR Will mich sprechen?

DIENER Der Herr fragte zuerst, ob der Herr Professor zu Hause sei. Aber –

OSKAR Aber begnügt sich auch mit mir . . . Na, – möchte hereinkommen.

DIENER *ab.*

OSKAR, DR. FEUERMANN, *junger, kleiner, schwarzbärtiger, aufgeregter Mensch mit Brille. Hut in der Hand, Gehrock, Handschuhe.*

OSKAR *ihm entgegen.*

FEUERMANN Ich weiß nicht, ob Sie sich meiner noch erinnern werden –

OSKAR Aber Feuermann, ob ich mich deiner noch erinnere! *Reicht ihm die Hand.*

FEUERMANN Es sind immerhin acht Jahre, seit –

OSKAR Ja, wie die Zeit vergeht. Na, willst du nicht Platz nehmen? Du wolltest den Papa sprechen?

FEUERMANN Allerdings –

OSKAR Ich ordiniere heute für ihn, er ist zum Prinzen Konstantin nach Baden berufen worden.

FEUERMANN Ja, er hat eine schöne Praxis, dein Herr Papa. *Er
setzt sich.*

OSKAR Na, und wie geht's denn dir? Als Patient kommst du
wohl nicht... Wo praktizierst du denn eigentlich?

FEUERMANN In Oberhollabrunn.

OSKAR Ja richtig. Also, was führt dich denn her? Machst du
etwa ein Sanatorium auf, oder gehst du irgendwohin als Badearzt? Oder wollt ihr aus Oberhollabrunn einen Luftkurort
machen?

FEUERMANN Nichts von alledem. Es ist eine fürchterliche Geschichte. Du weißt noch nichts?

OSKAR *verneinende Geste.*

FEUERMANN Ich habe deinem Herrn Papa schon geschrieben in
meiner Angelegenheit.

OSKAR Er bekommt so viele Briefe.

FEUERMANN Wenn du nun auch noch ein Wort für mich einle-
gen wolltest –

OSKAR Um was handelt es sich denn?

FEUERMANN Du kennst mich, Bernhardi. Wir haben zusammen
studiert, du weißt, ich habe es an Fleiß und Gewissenhaftig-
keit nie fehlen lassen. So ein Unglück kann jedem passieren,
der gleich von der Universität weg in die Praxis hinaus muß.
Es hat's nicht jeder so gut wie du zum Beispiel.

OSKAR Na, der Sohn von einem berühmten Vater zu sein, das
hat auch seine Schattenseiten.

FEUERMANN Entschuldige, so hab ich's ja nicht gemeint. Aber es
ist doch unschätzbar, sich im Spital weiter ausbilden zu können, an den Brüsten der alma mater Kurse zu hören –

OSKAR *etwas ungeduldig* Also, was ist denn eigentlich passiert?

FEUERMANN Ich bin unter Anklage wegen Vergehens gegen die

Sicherheit des Lebens. Ich werde vielleicht mein Diplom verlieren. Ein Kunstfehler, ein sogenannter. Ich will ja nicht behaupten, daß ich ganz ohne Schuld bin. Wenn ich noch ein bis
zwei Jahre hier an der geburtshilflichen Klinik praktiziert
hätte, so wär' mir die Frau wahrscheinlich durchgekommen.
Du mußt dir das nur vorstellen in so einem Nest. Keine Assi-
stenz, keine ordentliche Antisepsis. Ach, was wißt ihr denn
hier in der großen Stadt. Wie vielen ich das Leben gerettet
habe, das rechnet mir keiner nach. Einmal hat man Malheur,
und man kann sich eine Kugel durch den Kopf schießen.

OSKAR Aber Feuermann, du mußt doch nicht gleich das
Schlimmste – du bist doch noch nicht verurteilt. Die Sachverständigen haben doch auch noch ein Wort zu reden.

FEUERMANN Ja, die Sachverständigen. Also, das ist ja eigentlich
der Grund, darum wollt' ich deinen Herrn Papa – Er kennt
mich ja auch, er wird sich vielleicht meiner noch erinnern, ich
habe ja sogar einmal einen Kurs über Herzkrankheiten bei
ihm genommen –

OSKAR Nun das –

FEUERMANN Er ist gewiß sehr befreundet mit Professor Filitz,
der die gynäkologische Abteilung am Elisabethinum leitet,
und Filitz ist als Sachverständiger vorgeschlagen. Und da
wollte ich deinen Papa bitten, ob er nicht bei Professor Filitz –
Oh, ich will keine Protektion, aber –

OSKAR Ja, ja, mein lieber Feuermann, ob da die Fürsprache meines Vaters – Er steht nämlich gar nicht so besonders gut mit
Filitz, wie du anzunehmen scheinst.

FEUERMANN Dein Vater ist doch Direktor des Elisabethinums –

OSKAR Na ja, aber die Verhältnisse hier liegen nicht so einfach.
Da müßt' ich dir lange Geschichten erzählen. Von diesen
Zuständen könnt wieder ihr in Oberhollabrunn euch wahrscheinlich keinen rechten Begriff machen. Da gibt es Strömungen und Unterströmungen und Gegenströmungen –
Also, ob eine Intervention meines Papa nicht geradezu die
gegenteilige Wirkung –

FEUERMANN Wenn er vielleicht in anderer Weise für mich ein-

treten könnte! Dein Vater schreibt ja so glänzend. Seine Artikel über ärztliche Standesfragen, die treffen immer den Nagel
auf den Kopf. Es käme ja einfach darauf an, meiner Sache
einen allgemeinen Gesichtspunkt abzugewinnen. Auf den
Grund des Übels hinzuweisen. Auf die unglückseligen mate-
riellen Verhältnisse der jungen Ärzte, auf die Schwierigkeiten
in der Landpraxis, auf die Feindseligkeiten, die Rivalitäten
und so weiter, und so weiter – Oh, das wäre ein Thema für
deinen Vater – und ich könnte ihm ein Material zur Verfügung stellen.

Diener tritt ein mit einer Karte.

OSKAR   Oh, Fil – *er steht auf* Du mußt so freundlich sein,
Feuermann – Ich lasse bitten.

DIENER *ab.*

FEUERMANN   Sagtest du nicht Filitz?

OSKAR   Ich –

FEUERMANN   Ja, du sagtest es.

OSKAR   Du willst doch nicht jetzt – Ich möchte dich sogar bitten,
vielleicht durch diese Tür –

FEUERMANN   O nein. Das kannst du nicht von mir verlangen.
Das ist ein Fingerzeig des Himmels.

FILITZ *tritt ein. Vierzig Jahre, schöner blonder Mann, Zwicker.*

OSKAR, FEUERMANN

FILITZ   Guten Morgen, Herr Kollega.

FEUERMANN   Möchtest du so freundlich sein, mich dem Herrn
Professor vorzustellen, lieber Freund?

OSKAR *in Verlegenheit lächelnd* Der Herr Professor wird wohl mit
mir –

FEUERMANN *stellt sich vor* Doktor Feuermann. Ich sehe es nämlich als einen Fingerzeig des Himmels an, Herr Professor, daß
Sie in dieser Stunde – daß ich das Glück habe – Ich bin prakti-
scher Arzt in Oberhollabrunn – Doktor Feuermann. Es ist
eine Anklage gegen mich erhoben.

FILITZ   Feuermann. Ach ja. Ich weiß schon. *Liebenswürdig* Sie
haben eine hinüberspediert … eine Lehrersgattin …

FEUERMANN *entsetzt* Herr Professor sind falsch berichtet. Wenn Sie den Fall erst – wenn Sie die große Güte haben werden, den Fall genau – Es war eine Reihe von unglückseligen Zufällen.

FILITZ Ja, das ist dann immer so. Aber solche Zufälle würden eben nicht eintreten, wenn die jungen Leute nicht so ohne alle Vorbildung hinaus in die Praxis drängten. Da macht man mit Ach und Krach seine paar Prüfungen und denkt, Gott wird schon weiterhelfen. Aber zuweilen hilft er eben nicht und hat seine triftigen Gründe.

FEUERMANN Herr Professor, wenn Sie mir erlauben wollten – ich habe alle meine Prüfungen mit Auszeichnung bestanden, sogar in Geburtshilfe. Und in die Praxis mußt' ich hinaus, weil ich sonst verhungert wäre. Und daß diese arme Frau nach der Geburt verblutet ist, ich wage es kühn zu behaupten, es hätte ihr auch bei einem Professor passieren können.

FILITZ Es gibt allerlei Professoren.

FEUERMANN Aber wenn's ein Professor gewesen wäre, dann hätte man ihn nicht angeklagt, sondern – sondern es wäre Gottes unerforschlicher Ratschluß gewesen.

FILITZ Ah, meinen Sie. Na ja. *Stellt sich vor ihn hin und fixiert ihn* Sind wohl auch einer von den jungen Herren, die es ihrer wissenschaftlichen Würde schuldig zu sein glauben, die Atheisten zu agieren? –

FEUERMANN Oh, Herr Professor, es ist mir wahrhaftig –

FILITZ Ganz nach Ihrem Belieben, Herr Doktor. Aber ich versichere Sie, Glaube und Wissenschaft vertragen sich sehr gut. Ich möchte meine Ansicht sogar dahin formulieren, daß Wissenschaft ohne Glauben immer eine etwas unsichere Angelegenheit bleiben wird, schon weil in diesem Falle die sittliche Grundlage, das Ethos, fehlt.

FEUERMANN Gewiß, Herr Professor. Ich bitte, meine frühere Äußerung –

FILITZ Wohin der nihilistische Hochmut führt, daran mangelt es ja nicht an Beispielen. Und ich hoffe, es wird nicht Ihr Ehrgeiz sein, Herr Doktor Feuerstein –

FEUERMANN *schüchtern* Feuermann –

FILITZ – der staunenden Mitwelt ein neues Beispiel zu bieten. Übrigens habe ich Ihren Akt bei mir zu Hause. Kommen Sie vielleicht morgen früh um acht zu mir, wir wollen weiter über die Sache reden.

FEUERMANN *wie berauscht von dieser neuen Wendung* Herr Professor erlauben mir also? Oh, ich bin Ihnen unendlich dankbar. Ich werde so frei sein, an der Hand des Materials – Meine Existenz steht nämlich auf dem Spiel. Ich habe eine Frau und zwei Kinder. Es bliebe mir nichts übrig, als mich umzubringen.

FILITZ Es wäre mir erwünscht, Herr Doktor, wenn Sie derlei sentimentale Bemerkungen unterließen. Wenn Sie sich wirklich nichts vorzuwerfen haben, bedarf es derartiger Mätzchen, wenigstens mir gegenüber, nicht. Also, auf Wiedersehen, Herr Doktor.

OSKAR Du verzeihst, wenn ich dich nicht begleite, lieber Feuermann.

FEUERMANN Oh. Ich danke dir sehr. *Ab.*

OSKAR Ich möchte Sie, Herr Professor, noch in seinem Namen um Entschuldigung bitten wegen seiner etwas taktlosen Bemerkungen. Er war begreiflicherweise in einiger Aufregung.

FILITZ Studienkollege?

OSKAR Jawohl, Herr Professor. Und wie ich gleich bemerken möchte, ein sehr fleißiger und gewissenhafter Student. Es ist mir bekannt, daß er in den ersten Jahren von fünfzehn oder zwanzig Gulden monatlich leben mußte, die er sich durch Lektionen verdiente.

FILITZ Das beweist noch nichts, lieber Kollega. Mein Vater war ein Millionär, und es ist auch etwas ganz Tüchtiges aus mir geworden. Na ja. Ihr Papa ist verreist?

OSKAR Nicht verreist, Herr Professor, er ist nur in Baden beim Prinzen Konstantin.

FILITZ Ah.

OSKAR Er wollte eigentlich schon zur Ordination zurück sein.

FILITZ *auf die Uhr sehend* Na, warten kann ich leider nicht mehr lange. Vielleicht sind Sie so freundlich und bestellen Ihrem

Herrn Papa, was ja auch für Sie einiges Interesse haben dürfte, daß meine Frau heute von der Fürstin Stixenstein nicht empfangen wurde.

OSKAR *nicht ganz verstehend* So. Die Fürstin war vielleicht nicht zu Hause?

FILITZ Meine Frau war für ein Uhr hinbeschieden, lieber Kollega, in ihrer Eigenschaft als Präsidentin des Ehrenballkomitees zur Patronesse und Gattin des Kuratoriumspräsidenten, der Fürstin Stixenstein. Ich glaube, diese Tatsache spricht Bände.

Er fixiert nach seiner Gewohnheit Oskar.

OSKAR *etwas verlegen.*

DIENER *mit Karte.*

OSKAR Verzeihen Sie, Herr Professor. Es ist Professor Löwenstein.

FILITZ Lassen Sie sich nicht stören. Ich muß ja ohnedies –

OSKAR *zum Diener* Ich lasse bitten.

FILITZ *macht sich anscheinend zum Fortgehen bereit.*

LÖWENSTEIN *kommt. Gegen vierzig, mittelgroß, etwas hastig, kleine Augen, die er manchmal weit aufreißt. Brille. Er bleibt gern mit abfallender linker Schulter und leicht gebogenen Knien seinem Gesprächspartner gegenüber stehen und fährt sich manchmal durch die Haare.*

FILITZ, OSKAR

LÖWENSTEIN Guten Tag. Oh, Professor Filitz. Sie wollen schon gehen? Bleiben Sie noch einen Moment. Die Sache wird Sie interessieren. Da, Oskar, lesen Sie. *Er gibt ihm einen Brief* Entschuldigen Sie, Herr Professor Filitz, er muß ihn früher lesen als Mitglied des Ballkomitees. Die Fürstin Stixenstein hat das Protektorat über den Ball niedergelegt.

OSKAR *hat den Brief rasch durchflogen, reicht ihn dem Professor Filitz* Ohne jede Angabe von Gründen?

LÖWENSTEIN Das hielt sie nicht für nötig.

FILITZ Besonders, wenn die Gründe für jedermann so klar auf der Hand liegen.

OSKAR Ist denn – diese Geschichte schon so publik geworden? Innerhalb von acht Tagen?

LÖWENSTEIN Lieber Oskar, daran hab' ich keinen Augenblick gezweifelt. Wie man mir die Szene rapportiert hat, sagte ich sofort: das ist ein Fressen für gewisse Leute, das wird aufgebauscht werden.

FILITZ Entschuldigen Sie, lieber Doktor Löwenstein, hier ist nichts aufgebauscht worden, hier brauchte auch nichts aufgebauscht zu werden, der ganze Vorfall in seiner schlichten und faktiösen Deutlichkeit – Aber ich ziehe es vor, meine Ansicht hierüber meinem Freunde Bernhardi persönlich vorzutragen.

OSKAR Ich brauche wohl nicht erst zu bemerken, Herr Professor, daß ich in dieser ganzen Angelegenheit durchaus auf der Seite meines Vaters stehe.

FILITZ Natürlich, natürlich, das ist nur Ihre Pflicht.

OSKAR Es ist auch meine Überzeugung, Herr Professor.

LÖWENSTEIN Ebenso wie die meine, Herr Professor. Und ich erkläre ausdrücklich, daß nur böser Wille versuchen kann, aus einem vollständig unschuldigen Vorfall so irgend etwas wie eine Affäre zu machen. Und um ganz deutlich zu sein, daß kein Mensch den Versuch machen würde, wenn Bernhardi nicht zufällig ein Jude wäre.

FILITZ Also, da seid ihr ja glücklich wieder bei eurer fixen Idee. Bin ich etwa auch ein Antisemit? Ich, der ich immer mindestens einen jüdischen Assistenten habe? Gegenüber anständigen Juden gibt es keinen Antisemitismus.

LÖWENSTEIN So, so, ich behaupte gerade –

FILITZ Wenn ein Christ sich so benommen hätte wie Bernhardi, wäre gleichfalls eine Affäre daraus geworden. Das wissen Sie sehr gut, lieber Löwenstein.

LÖWENSTEIN Gut. Möglich. Aber dann wären hinter diesem Christen Tausende oder Hunderttausende gestanden, die sich jetzt nicht rühren oder sich sogar gegen ihn stellen werden.

FILITZ Wer?

LÖWENSTEIN Die Deutschnationalen und natürlich die Juden, – eine gewisse Sorte mein' ich, die keine Gelegenheit vorübergehen läßt, sich in den Schutz der herrschenden Mächte zu begeben.

FILITZ Sie verzeihen, lieber Löwenstein, das grenzt an Verfolgungswahn. Und ich möchte es hier einmal aussprechen, daß gerade Leute wie Sie, lieber Löwenstein, in ihrer lächerlichen Antisemitenriecherei die Hauptschuld an der bedauerlichen Verschärfung der Gegensätze tragen. Und es stünde hundertmal besser –

BERNHARDI *tritt ein.* FILITZ, LÖWENSTEIN, OSKAR

BERNHARDI *in offenbar guter Stimmung, mit seinem leicht ironischen Lächeln, begrüßend und handreichend* Oh, meine Herren. Was gibt es denn? Sind wir abgebrannt? Oder hat uns jemand eine Million geschenkt?

OSKAR *ihm den Brief reichend* Die Fürstin hat das Protektorat über unsern Ball niedergelegt.

BERNHARDI *den Brief durchfliegend* Na, so wird man sich eben eine andere Patronesse suchen. *Zu Oskar scherzend* Oder legst du vielleicht auch deine Präsidentschaft nieder, mein Sohn?

OSKAR *etwas beleidigt* Papa. –

LÖWENSTEIN Lieber Bernhardi, dein Sohn hat eben feierlich erklärt, daß er vollkommen auf deiner Seite stehe.

BERNHARDI *Oskar zärtlich über das Haar streichend* Na, selbstverständlich. Du nimmst es mir hoffentlich nicht übel, Oskar. Und du, Löwenstein, da brauch' ich wohl nicht erst zu fragen. Aber was ist denn mit dir, Filitz? Du machst ja wirklich ein Gesicht, als wenn wir abgebrannt wären.

OSKAR Ich werde mich jetzt empfehlen. *Lächelnd* Um sechs haben wir nämlich eine Sitzung des Ballkomitees. Guten Tag, Herr Professor, guten Tag, Herr Dozent. *Beide reichen ihm die Hand* Ja, richtig, Papa, Herr Doktor Feuermann war hier. Er hätte dir geschrieben.

BERNHARDI Ach ja.

FILITZ Wegen dieses Feuerstein macht euch keine Sorgen. Wenn es irgend möglich ist, ich reiß' ihn heraus, *Mit triumphierendem Blick auf Löwenstein* trotzdem er Jude ist.

OSKAR Ich glaube wirklich, Herr Professor, daß Sie da keinem
Unwürdigen –
FILITZ Gewiß, gewiß. Guten Tag, lieber Kollega.
OSKAR *ab.*

Filitz, Löwenstein, Bernhardi.

BERNHARDI Bist du vielleicht wegen dieses Feuermann –
FILITZ O nein. Ich bin ihm nur zufällig hier begegnet. Ich kam
her, um dir mitzuteilen, daß meine Frau heute mittag von der
Fürstin Stixenstein nicht empfangen wurde.
BERNHARDI Nun?
FILITZ Nicht empfangen wurde! Die Fürstin hat nicht nur ihr
Protektorat niedergelegt, sie hat auch meine Frau nicht vor-
gelassen.
BERNHARDI Wirklich, deswegen kommst du zu mir?
FILITZ Was spielst du denn den Unschuldigen, mein lieber
Bernhardi! Du weißt doch sehr gut, daß all das, so bedeu-
tungslos es an sich sein mag, sehr symptomatisch für die Auffassung ist, die eine dir nicht ganz unbekannte Angelegenheit
in maßgebenden höheren Kreisen findet.
BERNHARDI *sehr heiter* Ich für meinen Teil kann wieder mit ganz
andern Symptomen aus vielleicht noch höheren Kreisen dienen. Soeben komme ich vom Prinzen Konstantin, der natürlich von der Geschichte auch schon gehört hat, und der ganz
anders über sie zu denken scheint als Ihre Durchlaucht die
Fürstin Stixenstein.
FILITZ Ich bitte dich, Bernhardi, komme mir doch nicht mit
dem Prinzen Konstantin. Für den ist das Liberalsein ein Sport,
wie für andere seiner Standesgenossen das Taubenschießen.
BERNHARDI Immerhin –
FILITZ Und was mich anbelangt, so ist mir die Ansicht des Prinzen Konstantin in dieser Angelegenheit vollkommen gleichgültig. Ich für meinen Teil gestatte mir über dein Vorgehen,
respektive dein Benehmen, in der zur Rede stehenden Angelegenheit durchaus anders zu denken.
BERNHARDI Ach so. Hat dich deine Frau Gemahlin hergeschickt, um mir eine Zurechtweisung zu erteilen?

FILITZ *sehr ärgerlich* Ich bin keineswegs berechtigt, und es liegt mir auch völlig fern – Kurz und gut, ich bin da, um dich zu fragen, was du zu tun gedenkst, um meiner Frau Genugtuung für den ihr angetanen Affront zu verschaffen.

BERNHARDI *wirklich erstaunt* Ah. Na! Du meinst wohl nicht im Ernst –

CYPRIAN *kommt.* FILITZ, LÖWENSTEIN, BERNHARDI

CYPRIAN Guten Abend, meine Herren. Bitte um Entschuldigung, daß ich so ohne weiteres... Aber ich kann mir ja denken – *reicht allen die Hände.*

BERNHARDI Du kommst am Ende auch, weil die Fürstin Stixenstein das Protektorat über unsern Ball niedergelegt?

CYPRIAN Die Ballsache steht in zweiter Linie.

FILITZ *auf die Uhr sehend* Ich habe leider keine Zeit mehr. Du wirst mich entschuldigen, Cyprian. Ich wiederhole nur noch einmal meine Frage an dich, Bernhardi, in welcher Weise du meiner Frau Genugtuung dafür zu verschaffen gedenkst, *Mit einem Blick auf Cyprian* daß sie von der Fürstin Stixenstein nicht empfangen wurde.

LÖWENSTEIN *blickt auf Cyprian.*

BERNHARDI *sehr ruhig* Sage deiner verehrten Gemahlin, lieber Filitz, ich hielte sie für zu klug, um annehmen zu dürfen, sie kränke sich nur eine Sekunde ernstlich darüber, daß ihr der Salon einer durchlauchtigsten Gans verschlossen blieb.

FILITZ Diese Art der Beantwortung überhebt mich ja allerdings alles weiteren. Ich habe die Ehre, meine Herren. *Rasch ab. Löwenstein, Bernhardi, Cyprian.*

CYPRIAN Das hättest du nicht sagen sollen, Bernhardi.

LÖWENSTEIN Warum hätte er nicht sollen?

CYPRIAN Ganz abgesehen davon, daß man gewisse Leute nicht überflüssigerweise reizen soll, er ist im Unrecht. Die Fürstin ist alles eher als eine Gans. Sie ist sogar eine sehr kluge Person.

BERNHARDI Klug? Babette Stixenstein?

LÖWENSTEIN Beschränkt, kleinlich, bigott ist sie.

CYPRIAN Es gibt Dinge, über die die Fürstin nicht einmal nach-
denken darf, sonst wäre sie gerade so eine Entartete wie du,
wenn du nicht über diese Dinge nachdächtest. Wir müssen
diese Leute verstehen, das gehört zu unserem Wesen, und sie
dürfen uns gar nicht verstehen, das gehört wieder zu ihrem
Wesen. Im übrigen ist das ja nur der Anfang. Selbstverständlich wird auch der Fürst seine Konsequenzen ziehen, – das
heißt, das Kuratorium wird wahrscheinlich in corpore demissionieren.

LÖWENSTEIN Das wäre ja eine Ungeheuerlichkeit.

BERNHARDI *der hin und her gegangen, vor Cyprian stehen bleibend*
Entschuldige, Cyprian. Das Kuratorium besteht aus dem
Prinzen Konstantin, dem Bischof Liebenberg, dem Fürsten
Stixenstein, dem Bankdirektor Veith und dem Hofrat Wink-
ler. Und außer dem Fürsten, das garantiere ich dir –

CYPRIAN Garantier' lieber nichts.

BERNHARDI Vor einer Stunde habe ich den Prinzen gesprochen.

CYPRIAN Er hat dir wohl seine Anerkennung ausgesprochen?

BERNHARDI Er war die Liebenswürdigkeit selbst. Und daß er
mich gerade heute rufen ließ, sagt mehr als alles, denn es fehlt
ihm nicht das Geringste, und es war offenbar nur, um über die
Sache mit mir zu reden.

CYPRIAN Er hat davon begonnen?

BERNHARDI Natürlich.

LÖWENSTEIN Was hat er gesagt?

BERNHARDI *etwas geschmeichelt lächelnd* Daß ich vor ein paar hundert Jahren wahrscheinlich auf dem Scheiterhaufen geendet
hätte.

CYPRIAN Und das hast du als Zustimmung aufgefaßt?

BERNHARDI Du weißt noch nicht, was er hinzugesetzt hat: »Ich
wahrscheinlich auch. «

LÖWENSTEIN Ha!

CYPRIAN Was ihn nicht hindert, regelmäßig die Messe zu besu-
chen und im Herrenhaus gegen die Eherechtsreform zu stimmen.

BERNHARDI Ja, es gibt offizielle Verpflichtungen.

CYPRIAN Na, und hast du dich vielleicht gleich beim Prinzen erkundigt, wie die andern Herren des Kuratoriums über die Sache denken?

BERNHARDI Der Prinz hat mir ungefragt eine Äußerung des Bischofs mitgeteilt.

LÖWENSTEIN Nun?

BERNHARDI »Der Mann gefällt mir.«

LÖWENSTEIN Der Bischof gefällt dir?

BERNHARDI Nein, ich gefalle ihm.

CYPRIAN Ja, diese Äußerung ist mir auch schon mitgeteilt worden, nur hat man mir nicht die zweite Hälfte unterschlagen.

BERNHARDI Die zweite Hälfte?

CYPRIAN Vollständig lautet die Äußerung des Bischofs nämlich: »Dieser Bernhardi gefällt mir nicht übel, aber er wird's bereuen.«

BERNHARDI Und von wem weißt du denn das so genau?

CYPRIAN Vom Hofrat Winkler, aus dessen Bureau ich eben komme, und der mir auch angedeutet hat, daß das Kuratorium demissionieren wird.

BERNHARDI Aber ich bitte dich. Der Hofrat ist doch selber im Kuratorium, und der wird uns doch nicht im Stich lassen.

CYPRIAN Es würde ihm nichts anderes übrigbleiben. Er kann nicht als einziger Kurator sitzenbleiben, wenn die andern alle gehen.

BERNHARDI Warum nicht? Wenn er der Mann ist, für den wir ihn immer gehalten haben –

LÖWENSTEIN Ich bitte dich, ein Hofrat...

CYPRIAN Was wäre denn damit geholfen, wenn er als einziger deine Partei nähme? Kannst du von ihm verlangen, daß er deinetwegen –

BERNHARDI Es handelt sich nicht um mich, das weißt du sehr gut.

CYPRIAN Sehr richtig, nicht um dich. Du sagst es selbst. Es handelt sich um das Institut. Um unser Institut. Und wenn das Kuratorium geht, so ist es aus mit uns.

BERNHARDI Aber, aber!

LÖWENSTEIN Wieso denn? Dein Prinz Konstantin und auch Seine Eminenz haben sich nie durch besondere Noblesse ausgezeichnet.

CYPRIAN Aber dafür nenn' ich euch ein Dutzend Juden, die uns überhaupt nur was geben, weil ein Prinz und ein Bischof im Kuratorium sitzen. Und wenn wir kein Geld mehr kriegen, so können wir einfach zusperren.

BERNHARDI Und alles das sollte passieren, weil ich meine Pflicht als Arzt erfüllt habe...

LÖWENSTEIN Es ist ungeheuerlich, ungeheuerlich. So soll es zusammenbrechen, unser Institut. Wir gründen ein anderes, ein besseres, ohne die Filitze und Ebenwalds und Konsorten. Ah, Bernhardi, wie hab ich dich gewarnt vor diesen Leuten. Aber du mit deiner Vertrauensseligkeit. Nun wirst du hoffentlich gewitzigt sein.

CYPRIAN *der vergeblich versucht hat, ihn zu beschwichtigen* Möchtest du einen nicht endlich zu Worte kommen lassen. Vorläufig steht ja das Institut noch. Und vorläufig haben wir sogar noch das Kuratorium. Bisher hat es nicht demissioniert. Und es wird sich möglicherweise ein Modus finden lassen, um diese immerhin etwas peinliche Sache zu verhindern.

BERNHARDI Ein Modus?

CYPRIAN Auch der Hofrat, wie du nicht leugnen wirst, ein sehr kluger, aufgeklärter und dir wahrhaft wohlgesinnter Mensch, ist der Ansicht – –

BERNHARDI Welcher Ansicht? Drück' dich doch etwas klarer aus, Cyprian.

CYPRIAN Daß du dir nicht das Geringste damit vergäbest, Bernhardi, wenn du in einer angemessenen Form –

LÖWENSTEIN *dreinfahrend* Er soll sich entschuldigen?

CYPRIAN Wer redet von Entschuldigen. Er soll ja nicht Buße tun im härenen Gewand an der Kirchentür. Er soll ja nichts widerrufen oder irgendein Dogma beschwören. *Zu Bernhardi* Es wird vollkommen genügen, wenn du dein Bedauern aussprichst –

BERNHARDI Ich habe nichts zu bedauern.

LÖWENSTEIN Im Gegenteil.

CYPRIAN Also nicht dein Bedauern. Wir wollen uns nicht um Worte streiten. Aber du kannst doch erklären, ohne dir damit das Geringste zu vergeben, daß es dir ferne lag, irgendwelche religiösen Gefühle zu verletzen. Das hast du doch wirklich nicht tun wollen.

BERNHARDI Das wissen ja die Leute.

CYPRIAN Als wenn es darauf ankäme. Du redest immer, als wenn du es ausschließlich mit ehrlichen Leuten zu tun hättest. Natürlich wissen es die Leute und die, die dir einen Strick aus der Sache drehen wollen, wissen es am allerbesten. Aber trotzdem sehe ich voraus, und es sind schon Anzeichen dafür vorhanden, daß man versuchen wird, dich als einen bewußten Religionsstörer hinzustellen, und dir aufbringen wird, du habest ein heiliges Sakrament verhöhnt.

BERNHARDI Aber!

CYPRIAN Verlaß dich drauf. Und es wird niemand da sein, niemand, der für dich eintritt.

BERNHARDI Niemand –?

CYPRIAN Und du wirst die ganze Affäre nicht nur unter dem böswilligen Geheul deiner geborenen und neuerworbenen Feinde, sondern überdies unter dem verlegenen Schweigen oder dem mißbilligenden Gemurmel der Gleichgültigen, und sogar deiner Freunde, durchzuführen haben. Und natürlich wird es auch an dem Vorwurf nicht fehlen, daß gerade du dich vor einer solchen Unvorsichtigkeit hättest hüten müssen, weil dir gewisse Vorbedingungen fehlen, die die Menschen erst fähig machen, das tiefste Wesen der katholischen Sakramente zu erfassen.

BERNHARDI Ja, sag' mir nur –

CYPRIAN Alles das hab' ich schon gehört. Von Wohlwollenden, mein Lieber, von sogenannten Aufgeklärten. Und du magst dir darnach einen Begriff machen, was du von den andern zu erwarten hast.

LÖWENSTEIN Und wegen dieses Gesindels –

CYPRIAN So kommt mir doch nicht immer mit eurer moralethischen Entrüstung. Ja, die Menschen sind ein Gesindel – aber wir müssen damit rechnen. Und – *Zu Bernhardi* – da es doch weder deine Absicht, noch deine Sache ist, dich mit dem Gesindel einzulassen, und du an den Menschen und Dingen durch Halsstarrigkeit nicht das Geringste ändern wirst, so rate ich dir noch einmal auf das allerdringendste das Möglichste zu tun, um den drohenden Sturm zu beschwichtigen und vorläufig einmal eine Erklärung abzugeben, wie ich sie dir früher vorgeschlagen habe. Die Gelegenheit bietet sich von selbst. Morgen haben wir eine Sitzung wegen der Neubesetzung der Tugendvetterschen Abteilung.

BERNHARDI Richtig, richtig. Darüber wäre eigentlich wichtiger zu reden als über diese ganze verdammte –

CYPRIAN Das denk' ich mir auch. Du sollst ja nicht deine Überzeugung verleugnen, Bernhardi. Wie ich schon sagte: Eine einfache Erklärung wäre ausreichend.

BERNHARDI Und du glaubst, daß damit –

LÖWENSTEIN Du willst doch nicht wirklich, Bernhardi? Wenn du das tust, dann nehm' ich's auf mich. Dann trete ich für die Sache ein. Als hätte ich selbst Seine Hochwürden –

CYPRIAN Laß dich von diesem Menschen nicht aufhetzen, Bernhardi. Überlege doch nur! Würdest du nur einen Moment zögern, ein so kleines Opfer deiner Eitelkeit zu bringen, wenn es sich zum Beispiel um die Zukunft deines Oskar handelte? Und so ein Werk wie das Elisabethinum ist am Ende auch nichts viel Geringeres als ein Kind. Es ist ja doch hauptsächlich dein Werk, wenn ich auch an deiner Seite gestanden bin. Bedenke doch nur, gegen welche Anfechtungen du es verteidigt, wie du dafür gearbeitet, gekämpft hast.

BERNHARDI *immer hin und her* Das hat allerdings seine Richtigkeit. Es waren wahrhaftig Kampfjahre, besonders die ersten. Es war keine Kleinigkeit, das muß ich schon sagen, was ich...

CYPRIAN Und jetzt, wo wir das Institut so weit gebracht haben, soll es wegen einer solchen Bagatelle ernstlich gefährdet sein, gar am Ende zugrunde gehen? Nein, Bernhardi, das darf nicht geschehen. Du hast Besseres zu tun, als deine Kraft in einem unfruchtbaren und etwas lächerlichen Kampf aufzureiben. Du bist Arzt. Und ein gerettetes Menschenleben ist mehr wert als ein hochgehaltenes Banner.

LÖWENSTEIN Sophisterei!

CYPRIAN Wir stehen an einem Wendepunkt. Es hängt nur von dir ab, Bernhardi, und unser Institut geht einer glänzenden Zukunft entgegen.

BERNHARDI *bleibt erstaunt stehen.*

CYPRIAN Das Wichtigste weißt du nämlich noch gar nicht. Ich habe auch Gelegenheit gehabt, mit Flint zu sprechen.

BERNHARDI Du hast mit ihm über diese Angelegenheit...?

CYPRIAN Nein, über die kein Wort. Ich habe es absichtlich vermieden, und er auch. Ich war bei ihm wegen der kriminalanthropologischen Ausstellung, die im Herbst stattfinden soll. Aber natürlich kamen wir auch auf das Elisabethinum zu reden, und ich kann dich versichern, Bernhardi, daß er seine Stellung zu uns wirklich ganz entschieden geändert hat.

LÖWENSTEIN Flint ist ein Streber, ein Schwätzer.

CYPRIAN Er hat seine Fehler, das wissen wir alle, aber er ist ein administratives Genie; er hat große Dinge vor, plant Reformen auf allen möglichen Gebieten, insbesondere auf dem des medizinischen Unterrichts und der Volkshygiene, und dazu, es sind seine eigenen Worte, braucht er Menschen, nicht Beamte. Menschen wie mich und dich –

BERNHARDI So? – Menschen braucht er... Er hat es vielleicht sogar geglaubt in dem Augenblick, da er mit dir darüber sprach.

CYPRIAN Ja, er ist leicht entzündet, das wissen wir. Aber es kommt eben nur darauf an, ihn warm zu halten. Dann wird auch viel von ihm zu erreichen sein. Und dich schätzt er wirklich, Bernhardi. Er war geradezu gerührt, als er von eurer gemeinsamen Assistentenzeit bei Rappenweiler sprach. Es ist ihm aufrichtig leid, daß ihr auseinandergekommen seid, und er hofft, dies seine eigenen Worte, daß ihr euch auf der Höhe des Lebens wiederfinden werdet. Was für einen Anlaß hätte er, so etwas zu sagen, wenn er es nicht empfände?

BERNHARDI Empfände... Im Moment. Ich kenn ihn ja. Wärst du eine Viertelstunde länger bei ihm geblieben, so hätte er sich eingebildet, ich sei sein bester Freund gewesen. Und geradeso ist vor zehn Jahren das Elisabethinum, erinnere dich nur, ein Seuchenherd mitten in der Stadt gewesen, und wir – eine bedenkliche Clique allzu strebsamer junger Dozenten.

CYPRIAN Er ist seither älter geworden und reifer. Er weiß heute, was das Elisabethinum bedeutet, und wir hätten einen Freund an ihm. Glaub' mir, Bernhardi.

BERNHARDI *nach einer kleinen Pause* Wir müssen ja heute jedenfalls noch einmal zusammenkommen, schon wegen der Besetzungssache.

CYPRIAN Ja, natürlich. Ich werde auch an Tugendvetter telephonieren.

LÖWENSTEIN Der kommt nicht.

BERNHARDI Also, wenn's euch recht ist, wollen wir uns um halb zehn im Riedhof treffen, und bei dieser Gelegenheit können wir ja noch ein Wort über die Form der sogenannten Erklärung –

LÖWENSTEIN Bernhardi –!

BERNHARDI Ich habe nämlich wirklich gar keine Lust, den Helden um jeden Preis zu spielen. Daß ich im Ernstfalle der Mann bin, durchzusetzen, was ich will, das habe ich ja schon etliche Male bewiesen. Und so wird sich vielleicht eine Form finden lassen –

CYPRIAN Um die Form ist mir nicht bange. Du findest gewiß das Richtige so in deiner Art, leicht ironisch, wenn du willst, aber eben nur l e i c h t. Am Ende würde wohl dein Lächeln genügen, das man ja der Fürstin nicht hinterbringen müßte.

LÖWENSTEIN Ihr seid mir Männer.

CYPRIAN Ruhig, Löwenstein, du bist ja doch nur der Kiebitz, dem kein Spiel zu hoch ist.

LÖWENSTEIN Ich bin kein Kiebitz, ich bin ein Vogel auf eigene Faust.

CYPRIAN Also auf Wiedersehen, Bernhardi, um halb zehn. Und du bringst ein Konzept mit.

BERNHARDI Ja, das auch deine religiösen Gefühle nicht beleidigen wird, Löwenstein.

LÖWENSTEIN Das hab' ich gar gern.

BERNHARDI *reicht beiden die Hände, und sie gehen.*

Bernhardi allein geblieben, geht ein paarmal hin und her, dann sieht er auf die Uhr, schüttelt den Kopf, nimmt sein Notizbuch hervor, schaut nach, steckt es wieder ein, mit einer Geste, als wollte er sagen: Das kann warten, dann setzt er sich an den Schreibtisch, nimmt aus einer Mappe einen Bogen Papier, beginnt zu schreiben, anfangs ernst, bald geht ein ironisches Lächeln über seine Lippen, er schreibt weiter, der Diener tritt ein.

DIENER *eine Karte überreichend.*

BERNHARDI *befremdet, zögernd – dann* Ich lasse bitten.

EBENWALD *tritt ein.* BERNHARDI

EBENWALD Guten Abend.

BERNHARDI *ihm entgegengehend und die Hand reichend* Guten Abend, Herr Kollega, was verschafft mir das Vergnügen?

EBENWALD Wenn es Ihnen recht ist, Herr Direktor, so möchte ich ohne weitere Einleitung gleich in medias res –

BERNHARDI Selbstverständlich – bitte. *Lädt ihn zum Sitzen ein.*

EBENWALD *setzt sich auf einen Sessel neben dem Schreibtisch.*

BERNHARDI *setzt sich auf seinen Schreibtischstuhl.*

EBENWALD Ich halte es nämlich für meine Pflicht, Herr Direktor, Ihnen mitzuteilen, daß sich etwas gegen Sie, respektive gegen unser Institut, vorbereitet.

BERNHARDI So, ist es das? Da glaube ich, Sie beruhigen zu können, Herr Kollega, die Sache wird applaniert werden.

EBENWALD Welche Sache, wenn ich fragen darf?

BERNHARDI Sie sprechen doch jedenfalls von der in der Luft schwebenden Demission des Kuratoriums?

EBENWALD So, das Kuratorium will demissionieren? Na ja, das ist ja ziemlich – aber das erfahre ich eben von Ihnen, Herr Direktor. Ich komme wegen was ganz anderm. Wie ich aus parlamentarischen Kreisen erfahre, soll demnächst eine Interpellation in einer gewissen, Ihnen nicht unbekannten Angelegenheit eingebracht werden.

BERNHARDI Oh –! Nun, es ist anzunehmen, daß auch diese Interpellation unterbleiben wird.

EBENWALD Also, Herr Direktor, ich bitte um Entschuldigung, ich weiß ja nicht, was Sie vorhaben, um die unerwünschte, wenn auch nicht unbegreifliche Stellungnahme gewisser Persönlichkeiten in der leidigen Affäre in günstigem Sinn für uns alle zu beeinflussen; aber, ob die Gefahr dieser Interpellation so ohne weiteres von Ihrem, das heißt von unserm Haupte abzuwenden sein wird, darüber kann ich leider nicht so optimistisch denken wie Sie, Herr Direktor.

BERNHARDI Wir müssen es eben abwarten.

EBENWALD Das ist auch ein Standpunkt. Aber es handelt sich ja da nicht um Sie allein, Herr Direktor, sondern um unser Institut.

BERNHARDI Ist mir bekannt.

EBENWALD Und so wäre es immerhin empfehlenswert, über einen Modus nachzudenken, durch welchen diese Interpellation verhindert werden könnte.

BERNHARDI Das stelle ich mir allerdings nicht so einfach vor. Denn die betreffenden Herren werden doch jedenfalls aus Überzeugung interpellieren – im Namen der von mir beleidigten Religion. Und was in aller Welt könnte gesinnungstüchtige Männer veranlassen, von einem als gerecht und notwendig empfundenen Vorsatz wieder abzustehen?

EBENWALD Was diese Leute veranlassen könnte wieder abzustehen? Nun, wenn sie zur Einsicht gelangten, daß keine Schuld, daß sie wenigstens nicht in dem Ausmaße vorhanden ist, wie ursprünglich angenommen wurde, wenn sie die Überzeugung gewännen, daß nicht etwa eine gewisse Neigung vorhanden ist, a tout prix einen, wie soll ich sagen – antikatholischen Standpunkt zu betonen –

BERNHARDI Muß das diesen Leuten wirklich erst gesagt werden?

EBENWALD Nein, gesagt nicht, denn gesagt ist ja leicht was. Man müßte es beweisen.

BERNHARDI Das fängt ja an interessant zu werden. Wie stellen
Sie sich denn einen solchen Beweis vor, Herr Kollega?

EBENWALD Wenn man sich etwa einem konkreten Fall gegen-
überbefände, aus dem die von mir angedeutete Folgerung gewissermaßen unzweideutig resultieren würde.

BERNHARDI *ungeduldig* So einen Fall müßte man ja direkt konstruieren.

EBENWALD Gar nicht notwendig. Der Fall liegt schon vor.

BERNHARDI Wieso?

EBENWALD Morgen, Herr Direktor, soll über die Neubesetzung
der Tugendvetterschen Abteilung entschieden werden.

BERNHARDI Ah!

EBENWALD *kühl* Jawohl. Es stehen sich zwei Kandidaten gegenüber.

BERNHARDI *sehr bestimmt* Einer, der die Stelle verdient, und
einer, der sie nicht verdient. Ich weiß keinen andern Unterschied, der in Betracht käme.

EBENWALD Es wäre ja möglich, daß beide Kandidaten sie verdienen, und ich weiß nicht, Herr Direktor, ob Sie sich genügend mit Dermatologie befaßt haben, um in diesem Fall –

BERNHARDI Ich habe selbstverständlich im Laufe der letzten
Wochen die Arbeiten von beiden Kandidaten durchstudiert.
Es ist einfach lächerlich – und Sie wissen das so gut wie ich,
Herr Kollega –, die beiden Leute miteinander nur in einem
Atem zu nennen. Ihr Doktor Hell hat ein paar Krankenge-
schichten geschrieben, in ziemlich fragwürdigem Deutsch
nebstbei, die Arbeiten von Wenger sind außerordentlich,
richtunggebend.

EBENWALD *sehr ruhig* Dagegen steht die Meinung anderer, daß
die Hellschen Krankengeschichten vorzüglich und für den
Praktiker von enormer Bedeutung sind, während die Wen-
gerschen Arbeiten wohl geistreich, aber nach der Ansicht von
Fachleuten nicht als besonders verläßlich gelten können. Und
was seine Persönlichkeit anbelangt, so erfreut sich sein prä-
ponderantes und auch sonst nicht sehr angenehmes Wesen
selbst bei seinen Freunden nur geringer Sympathie. Und mei-

ner Ansicht nach sollte bei einem Arzt, insbesondere bei dem Leiter einer Abteilung –

BERNHARDI *immer ungeduldiger* Diese Diskussion erscheint mir gegenstandslos. Nicht ich habe zu entscheiden, sondern das Plenum.

EBENWALD Aber bei Stimmengleichheit, Herr Direktor, entscheiden Sie. Und Stimmengleichheit ist mit Sicherheit vorauszusehen.

BERNHARDI Wieso?

EBENWALD Also für Wenger werden sein: Cyprian, Löwenstein, Adler und natürlich der bewährte altliberale Pflugfelder –

BERNHARDI Und Tugendvetter.

EBENWALD Das glauben Sie selbst nicht, Herr Direktor.

BERNHARDI Hat er Ihnen schon versprochen?

EBENWALD Das wäre kein Beweis. Aber Sie wissen ja so gut wie ich, Herr Direktor, er wird ni c h t für Wenger sein. Und daß der eigene Lehrer ihm die Stimme verweigern dürfte, das sollte auch Sie, Herr Direktor, etwas bedenklich –

BERNHARDI *nach seiner Gewohnheit hin und her* Sie wissen doch ganz gut, Herr Professor Ebenwald, warum Tugendvetter gegen seinen Schüler ist. Einfach, weil er Angst hat, durch ihn an seiner Praxis einzubüßen. Dabei ist Ihnen geradeso gut bekannt wie uns allen, daß die letzten Arbeiten Tugendvetters nicht von ihm sind, sondern von Wenger.

EBENWALD Bitte, Herr Direktor, wollen Sie das nicht dem Herrn Professor Tugendvetter persönlich sagen?

BERNHARDI Das lassen Sie meine Sorge sein, Herr Professor, es ist immer meine Gewohnheit gewesen, den Leuten ins Gesicht zu sagen, was ich denke. Und so sage ich Ihnen, Herr Professor, daß Sie nur darum für Hell agitieren, weil er – kein Jude ist.

EBENWALD *sehr ruhig* Mit demselben Recht könnte ich Ihnen erwidern, Herr Direktor, daß Ihre Stellungnahme für Wenger –

BERNHARDI Sie vergessen, daß ich vor drei Jahren für Sie gestimmt habe, Herr Professor Ebenwald.

EBENWALD Aber mit einiger Selbstüberwindung, nicht wahr? Und so ging's mir auch mit dem Wenger, Herr Direktor. Und darum tu ich's nicht. So was bereut man immer. Und selbst, wenn ich eine höhere Meinung von Wenger hätte, ich versichere Sie, Herr Direktor, in einer Korporation kommt es nicht allein auf das Talent des Einzelnen an –

BERNHARDI Sondern auf den Charakter.

EBENWALD Auf die Atmosphäre, hab' ich sagen wollen. Und hier sind wir wieder bei dem Ausgangspunkte unserer Unterhaltung angelangt. Es ist ja wirklich schrecklich, daß bei uns in Österreich alle Personalfragen auf politischem Gebiete endigen. Aber damit muß man sich schon einmal abfinden. Schaun Sie, Herr Direktor, wenn der Hell ein Idiot wär', so möcht' ich natürlich nicht für ihn stimmen und es Ihnen nicht zumuten. Aber schließlich, er macht die Leute grad so gesund wie der Wenger. Und wenn Sie bedenken, Herr Direktor, daß durch eine Stellungnahme Ihrerseits möglicherweise auch alle die unbequemen Folgen vermieden würden, die durch jene andere Affäre – Eine Garantie kann ich natürlich nicht übernehmen. Denn es ist ja nur ein Einfall von mir.

BERNHARDI Ah!

EBENWALD Selbstverständlich. Aber es wäre jedenfalls der Mühe wert, Herr Direktor, wenn Sie sich die Sache einmal sine ira et studio überlegten. Wir können ja morgen vor der Sitzung noch einmal darüber sprechen.

BERNHARDI Das dürfte überflüssig sein.

EBENWALD Wie Sie meinen, Herr Direktor. Aber wenn ich mir eine Bemerkung erlauben darf, Sie sollten nicht durch einen falschen Stolz – es bleibt ja natürlich alles unter uns –

BERNHARDI Ich habe keinerlei Anlaß, Sie um Ihre Diskretion zu ersuchen, Herr Professor. Sagen Sie den Herren, die Sie hergeschickt haben –

EBENWALD Oho!

BERNHARDI Daß ich auf Geschäfte solcher Art nicht eingehe und –

EBENWALD Pardon, es hat mich niemand hergeschickt; Bestellungen entgegenzunehmen, bin ich also nicht in der Lage. Mein Besuch bei Ihnen, Herr Direktor, war ein durchaus inoffizieller. Das bitte festzuhalten. Ich bin weder als Abgesandter gekommen noch in meinem Interesse, da ich mich ja keineswegs geneigt finde, die Verantwortung für Ihre Haltung gegenüber Seiner Hochwürden mitzutragen, – sondern in dem Interesse unseres Institutes und in dem Ihren, Herr Direktor. Sie haben die dargebotene Freundeshand verschmäht –

BERNHARDI Und Sie gehen als Feind. Mir lieber. Es ist die ehrlichere Rolle.

EBENWALD Nach Belieben, Herr Direktor. – Ich habe die Ehre.

BERNHARDI Guten Abend.

Begleitet ihn zur Türe, Ebenwald ab. Bernhardi allein, einige Male auf und ab, ergreift das Blatt, auf das er früher zu schreiben begonnen, liest es durch, dann nimmt er es und reißt es auseinander. Sieht wieder auf die Uhr, macht sich fertig. Der Diener tritt ein.

BERNHARDI Was gibt's denn?

DIENER *überreicht ihm eine Karte.*

BERNHARDI Wie? Persönlich? Ich meine, Seine Exzellenz selbst ist hier?

DIENER Jawohl, Herr Professor.

BERNHARDI Ich lasse bitten.

DIENER *ab. Gleich darauf tritt Flint ein.*

BERNHARDI, FLINT, *groß, schlank, fünfzig vorüber, kurzgeschnittenes Haar, kleine Bartkotelettes, eine nicht ganz unbeabsichtigte Diplomatenmaske, sehr liebenswürdig, oft mit echter Wärme.*

BERNHARDI *noch an der Türe* Exzellenz? *Mit seinem leicht ironischen Lächeln.*

FLINT *ihm die Hand reichend* Wir haben uns lange nicht gesehen, Bernhardi.

BERNHARDI Doch erst neulich – in der Gesellschaft der Ärzte.

FLINT Ich meine, so privat.

BERNHARDI Ja, das freilich. – Willst du nicht Platz nehmen?

FLINT Danke, danke. *Er setzt sich, Bernhardi bald nach ihm. Absichtlich leicht* Es wundert dich, mich bei dir zu sehen?

BERNHARDI Ich bin – angenehm überrascht, und will die Gelegenheit nicht versäumen, dir zu deiner neuen Würde Glück zu wünschen.

FLINT Würde! Du weißt wohl, daß ich meine neue Stellung nicht so auffasse. Aber nichtsdestoweniger nehme ich deinen Glückwunsch mit ganz besonderer Befriedigung entgegen. Freilich bin ich nicht ausschließlich gekommen, um mir diesen Glückwunsch persönlich einzukassieren, wie du dir wohl denken kannst.

BERNHARDI Allerdings.

FLINT *einsetzend* Also, mein lieber Bernhardi, ich brauche dir nicht erst zu sagen, daß ich nicht beabsichtige, mein Portefeuille als Ruhekissen zu benützen, sondern daß ich entschlossen bin, die möglicherweise nur karg bemessene Spanne Zeit, die mir auf meinem Posten gegönnt ist, zur Durchführung von allerlei Reformen zu benützen, die mir, wie du dich vielleicht erinnern kannst, von Jugend auf am Herzen liegen. Reformen auf dem Gebiete des medizinischen Unterrichtes, der sozialen Hygiene, der allgemeinen Volksbildung, na, und so weiter. Hierzu genügen selbstverständlich die braven, aber doch in ihrer Weltauffassung etwas schablonenhaften Leute nicht, die mir die Regierung zur Verfügung stellt. Hierzu brauche ich gewissermaßen einen Stab, einen freiwilligen Stab natürlich, von selbständig denkenden, vorurteilslosen Männern. An tüchtigen Beamten ist ja kein Mangel in Österreich und speziell bei uns im Unterrichtsministerium; aber was ich zur Durchführung meiner Pläne brauche, sind Menschen. Und ich komme dich fragen, lieber Bernhardi, ob ich auf dich rechnen kann.

BERNHARDI *nach einem leichten Zögern* Du wirst vielleicht die Güte haben, dich etwas präziser zu fassen.

FLINT Noch präziser... hm... Nun – ich war ja darauf vorbereitet, dich spröde zu finden.

BERNHARDI Nein, gewiß nicht. Ich wünsche nur, daß du dich

näher erklärst. Früher kann doch ich nicht – ich muß doch wissen, auf welchem Gebiet du meine Mitwirkung brauchst. *Mit seinem ironischen Lächeln* Auf dem des medizinischen Unterrichtes, der sozialen Hygiene, der Volksbildung – Hab' ich noch etwas vergessen?

FLINT Immer der Alte noch. Aber gerade darum gestatte ich mir, auf dich besondere Hoffnungen zu setzen. Es liegt ja vielleicht noch manches zwischen uns, obwohl ich wirklich nicht recht weiß –

BERNHARDI *ernst* Ich will es dir sagen, Flint; die Freundschaft einer Jugend und – was dann daraus wurde.

FLINT *herzlich* Aber was wurde denn daraus, Bernhardi? Man kam eben ein wenig auseinander mit der Zeit. Das lag in den Verhältnissen, vielleicht selbst ein wenig in den Gesetzen unserer inneren Entwicklung.

BERNHARDI Ganz meine Ansicht.

FLINT Solltest du nachträgerisch sein, Bernhardi?

BERNHARDI Ich habe nur ein gutes Gedächtnis.

FLINT Das kann auch ein Fehler sein, Bernhardi, wenn es die klare Auffassung gegenwärtiger Verhältnisse behindert. Ich dachte eigentlich, die Streitaxt zwischen uns wäre tief begraben, und die Jahre des Kampfes vergessen.

BERNHARDI Kampf? Das ist ein recht edles Wort für eine nicht sonderlich edle Sache.

FLINT Bernhardi!

BERNHARDI Nein, mein Lieber, es war nicht schön! Und es erschiene mir wie eine Treulosigkeit gegen meine eigene Vergangenheit, wenn ich so leicht darüber hinweggehen könnte. *Er ist aufgestanden* Oh, mit welchen Waffen habt ihr uns damals bekämpft, du und die andern Ordinarii; mit welchen Mitteln habt ihr versucht, unser junges Unternehmen zu untergraben! Was habt ihr alles aufgebracht, um uns in der Meinung der Leute herabzusetzen, wie habt ihr uns verdächtigt und verfolgt! Wir gründen unser Institut, um den praktischen Ärzten das Geld abzujagen. Wir verseuchen die Stadt, wir wollen eine zweite medizinische Fakultät gründen –

FLINT *ihn unterbrechend* Mein lieber Bernhardi, alle diese Vorwürfe wären in gewissem Sinn auch heute aufrecht zu erhalten, wenn nicht das Gute, das ihr auf wissenschaftlichem und
humanitärem Gebiete leistet, die weniger positiven Seiten eures Unternehmens längst wettgemacht hätte. Das haben wir
eingesehen, ich vor allen, lieber Bernhardi, und aus diesem
Grund, nur aus diesem Grunde haben wir unsere Haltung gegen euch geändert. Und du darfst mir glauben, daß das Elisabethinum heute keinen wärmeren Freund besitzt als mich –
wie es ja überhaupt niemals persönliche Motive waren, die
mich in meiner Stellung gegenüber euch beeinflußt haben,
und ich nur aus meiner Überzeugung heraus –

BERNHARDI Ja, das suggeriert man sich dann immer in der
wachsenden Erbitterung des Kampfes. Die Überzeugung!

FLINT Entschuldige, Bernhardi. Unsere Fehler haben wir ja alle.
Du wahrscheinlich so gut wie ich. Aber wenn ich irgend
etwas behaupten kann, so ist es, daß ich niemals, auch nur im
kleinsten, gegen meine Überzeugung gesprochen oder gehandelt habe.

BERNHARDI Du weißt das ganz bestimmt?

FLINT Bernhardi!

BERNHARDI Denke einmal genau nach.

FLINT *etwas unsicher* Ich mag geirrt haben in meinem Leben wie
wir alle, aber gegen meine Überzeugung... Nein!...

BERNHARDI Also, mir ist ein Fall bekannt, in dem du ganz er-
weislichermaßen gegen deine Überzeugung gehandelt hast.

FLINT Da muß ich aber doch –

BERNHARDI Und daß du so gehandelt hast, das hatte sogar damals den Tod eines Menschen zur Folge.

FLINT Das ist doch etwas stark. Nun muß ich aber darauf bestehen –

BERNHARDI Bitte, bitte. *Er geht einige Male im Zimmer hin und
her, bleibt plötzlich stehen, sehr lebhaft* Wir waren damals Assistenten bei Rappenweiler. Da lag ein junger Mensch auf der
Klinik, ich sehe ihn noch vor mir, ich weiß sogar noch seinen
Namen, Engelbert Wagner, Diurnist, bei dem unser Chef

und übrigens wir alle eine falsche Diagnose gestellt hatten. Als er zur Sektion kam, da stellte sich heraus, daß der Kranke durch eine andere (antiluetische) Behandlung zu retten gewesen wäre. Und wie wir da unten standen und die Sache klar wurde, da hast du mir zugeflüstert: Ich hab's ja gewußt. Erinnerst du dich? Du hattest gewußt, was dem Kranken fehlt, du hattest die richtige Diagnose gestellt –

FLINT Als einziger.

BERNHARDI Ja, als einziger. Hast es aber sorgfältig vermieden, bei Lebzeiten des Kranken etwas davon verlauten zu lassen. Und warum du es vermieden hast, das ist eine Frage, die du dir selbst beantworten magst. Aus Überzeugung dürfte es wohl nicht gewesen sein.

FLINT Donnerwetter, du hast ein gutes Gedächtnis. Auch ich erinnere mich dieses Falles, und es stimmt, ich habe es tatsächlich für mich behalten, daß ich eine andere Behandlung für erfolgversprechend, sogar für geboten erachtete. Und es sei dir ohne weiteres zugestanden, ich hatte nur deshalb geschwiegen, um Rappenweilers Empfindlichkeit nicht zu verletzen, der, wie du weißt, es nicht gerne sah, wenn seine Assistenten klüger waren als er. Und so machst du mir vielleicht ganz mit Recht den Vorwurf, daß ich ein menschliches Leben hingeopfert habe. Nur in den Gründen, in den tieferen Gründen, die du mir unterschiebst, bist du im Irrtum. Dieses eine Opfer, Bernhardi, mußte fallen zugunsten von Hunderten anderer Menschenleben, die später sich meiner ärztlichen Kunst anvertrauen sollten. Ich konnte damals Rappenweilers Protektion noch nicht völlig entbehren, und die Professur in Prag stand in nächster Aussicht.

BERNHARDI Du glaubst, daß dich Rappenweiler fallen gelassen hätte, wenn du –

FLINT Es ist sehr wahrscheinlich. Du bist ein Überschätzer der Menschheit, Bernhardi. Du ahnst nicht, wie kleinlich die Leute sind. Meine Karriere hätte es mich natürlich nicht gekostet, aber einen Aufschub hätte es immerhin bedeuten können. Und mir lag daran, schnell vorwärtszukommen, um für

meine Begabung, die auch du nicht leugnen wirst, den nötigen Spielraum zu gewinnen. Darum, mein lieber Bernhardi,
habe ich den Diurnisten Engelbert Wagner sterben lassen,
und ich fühle mich sogar außerstande, es zu bereuen. Denn es
will nicht viel besagen, lieber Bernhardi, sich in irgendeinem
unbeträchtlichen Einzelfall korrekt oder, wenn du willst,
überzeugungstreu zu benehmen, es handelt sich darum, der
immanenten Idee seines eigenen Lebens mit Treue zu dienen.
Es ist mir in vieler Hinsicht interessant, daß du im Verlaufe
unserer heutigen Unterredung den armen Engelbert Wagner
aus seinem Grabe wieder emporzitierst, denn geradezu blitz-
haft erkenne ich nun den tiefern inneren Unterschied zwischen dir und mir, und – du wirst vielleicht staunen, Bernhardi – unsere Fähigkeit einander zu ergänzen. Du bist vielleicht das, Bernhardi, und mehr als ich, was man einen anständigen Menschen nennt. Sentimentaler bist du in jedem
Fall. Aber ob du imstande wärest, für das Wohl eines großen
Ganzen mehr zu leisten als ich, das erscheint mir sehr fraglich.
Was dir fehlt, Bernhardi, das ist der Blick fürs Wesentliche,
ohne den alle Überzeugungstreue doch nur Rechthaberei
bleibt. Denn es kommt nicht aufs Rechthaben an im Einzelnen, sondern aufs Wirken im Großen. Und solche Möglichkeit des Wirkens hinzugeben für das etwas ärmliche
Bewußtsein, in irgendeinem gleichgültigen Fall das Rechte
getan zu haben, erscheint mir nicht nur klein, sondern im
höheren Sinne unmoralisch. Jawohl, mein lieber Bernhardi.
Unmoralisch.

BERNHARDI *sich besinnend* Wenn ich den Ton deiner Worte recht
deute, hast du jetzt offenbar etwas ganz Bestimmtes im Auge.

FLINT Es hat sich sozusagen, während ich sprach, in mein Ge-
sichtsfeld geschoben.

BERNHARDI Und wollten wir nun nicht ganz unversehens dem
eigentlichen Zwecke deines Besuches nähergeraten sein?

FLINT Nicht dem eigentlichen, aber immerhin einem nicht ganz
nebensächlichen.

BERNHARDI Und deswegen bemühst du dich –

FLINT Auch deswegen. Denn die Angelegenheit, an die wir jetzt
beide denken, dürfte, wie ich mit einiger Sicherheit voraus-
sehe, weitere Kreise ziehen. Du hast das selbstverständlich
nicht geahnt. Du hast, wie es deine liebenswürdige, aber
manchmal unglückliche Eigenschaft ist, in der gewiß edlen
Erregung des Augenblicks unterlassen weiterzublicken. Und
so hast du in deinem Auftreten gegenüber Seiner Hochwürden eine Kleinigkeit vergessen, nämlich, daß wir in einem
christlichen Staate leben. Ich weiß nicht, was es da zu lächeln
gibt.

BERNHARDI Du wirst dich wieder einmal über mein gutes Gedächtnis wundern. Ich erinnere mich eines Artikels, den du
als junger Mensch schreiben wolltest. Er sollte den Titel führen: Gotteshäuser – Krankenhäuser.

FLINT Hm!

BERNHARDI Du wolltest dahin wirken, daß man statt der vielen
Kirchen lieber mehr Spitäler baue.

FLINT Ach, einer von den vielen Artikeln, die ich schreiben
wollte und nicht geschrieben habe.

BERNHARDI Und nie schreiben wirst.

FLINT Den gewiß nicht. Heute weiß ich, daß sie sehr gut nebeneinander bestehen können, die Gotteshäuser und die Krankenhäuser, und daß in den Gotteshäusern manches Leid ge-
heilt wird, dem wir in den Spitälern, lieber Bernhardi, vorläufig machtlos gegenüberstehen. Aber wir wollen uns nicht
in politische Diskussionen verlieren, nicht wahr?

BERNHARDI Um so weniger, als ich dir auf dieses Gebiet kaum
folgen könnte.

FLINT Nun ja, das dürfte stimmen. Also, beschränken wir uns
lieber auf den speziellen Fall.

BERNHARDI Ja, tun wir das. Ich bin sehr neugierig, was für einen
Vorschlag mir Seine Exzellenz der Minister für Kultus und
Unterricht zu überbringen hat.

FLINT Vorschlag? Ich habe keinen bestimmten. Ich kann dir nur
nicht verhehlen, daß die Stimmung gegen dich überall, wo
man hinhören kann, auch in Kreisen, wo du es gar nicht ver-

muten würdest, eine höchst ungünstige ist, und ich es um deinet- und um eures Institutes willen von Herzen wünschte, daß man die ganze Affäre, soweit es noch möglich ist, aus der Welt schaffen könnte.

BERNHARDI Das wünschte auch ich.

FLINT Wie?

BERNHARDI Ich hätte nämlich allerlei viel Wichtigeres zu tun, als mich mit dieser Sache noch lange zu beschäftigen.

FLINT Sprichst du im Ernst?

BERNHARDI Wie kannst du daran zweifeln. Ich kann dir sogar sagen, daß ich vor kaum einer Stunde mit Cyprian und Löwenstein über eine Erklärung beraten habe, mit der sich die angeblich beleidigten Faktoren sicher zufrieden geben würden.

FLINT Das wäre ja – das wäre ja ausgezeichnet. Aber ich fürchte, unter den gegenwärtigen Umständen kämen wir damit nicht ganz aus.

BERNHARDI Wieso? Was sollte ich denn?

FLINT Wenn du vielleicht – du würdest dir meiner Ansicht nach nicht das Geringste vergeben, um so weniger, als meines Wissens noch keinerlei offizielle Anzeige erstattet worden ist, wenn du durch einen persönlichen Besuch bei Seiner Hochwürden –

BERNHARDI Wie?

FLINT Es würde den vortrefflichsten Eindruck machen. Da du nun doch einmal, sagen wir, die Unvorsichtigkeit begangen hast, Seine Hochwürden gewissermaßen mit Gewalt zu verhindern –

BERNHARDI Mit Gewalt?

FLINT Das ist natürlich ein zu starkes Wort. Aber immerhin, du hast ihn doch von der Türe, so wird wenigstens erzählt –

BERNHARDI Was wird erzählt?

FLINT – einigermaßen heftig weggedrängt.

BERNHARDI Das ist eine Lüge. Du wirst mir doch glauben –

FLINT Also du hast ihn nicht fortgestoßen?

BERNHARDI Ich habe ihn kaum berührt. Wer von Anwendung

einer Gewalt spricht, ist ein bewußter Lügner. Oh, ich weiß ja, wer die Leute sind. Aber das soll ihnen nicht – Jetzt werde ich selbst –

FLINT Aber Ruhe, Bernhardi. Offiziell liegt ja nicht das Geringste vor. Wenn du nun doch schon entschlossen bist, eine Erklärung abzugeben, so wäre es doch das einfachste, bei dieser Gelegenheit ausdrücklich zu erwähnen, daß alle diese Gerüchte –

BERNHARDI Pardon, lieber Flint, du befindest dich in einem Irrtum. Ich habe allerdings eine Erklärung im Sinne gehabt, die ich vorerst in der morgigen Sitzung abgeben wollte, aber es sind indes Umstände eingetreten, die mir die Abgabe einer solchen Erklärung absolut unmöglich machen.

FLINT Was ist denn das wieder? Welche Umstände?

BERNHARDI Zwingende, du kannst es mir glauben.

FLINT Hm. Und du kannst mir nichts Näheres darüber verraten? Es würde mich in hohem Grade interessieren –

BERNHARDI *wieder lächelnd*

Sage, mein lieber Flint, solltest du wirklich nur gekommen sein, um m i r aus einer Verlegenheit zu helfen?

FLINT Wenn es mir gleichgültig wäre, wie die Sache für dich – und euer Institut ausgeht, so brauchte sie mich wahrhaftig nicht weiter zu kümmern. Du hast dich zum mindesten so unrichtig benommen, daß ich mir wenig Gewissen daraus machte, dich deine Suppe einfach selber auslöffeln zu lassen, wenn es mir nicht um dich und euer Institut leid täte.

BERNHARDI Also kurz und gut, du möchtest um m e i n e t w i l l e n , daß ich dir – eine Interpellation im Parlament erspare.

FLINT Allerdings. Es ist nicht viel in der Sache zu holen. Du hast dich nun einmal dem Pfarrer gegenüber nicht absolut korrekt benommen. Und als ehrlicher Mann wäre man verpflichtet, das wenigstens zuzugeben, wenn man auch im übrigen für die Reinheit deiner Intentionen, für deine Bedeutung als Mann der Wissenschaft –

BERNHARDI Mein lieber Flint, du ahnst wohl nicht, wie sehr du deine Macht überschätztest.

FLINT Hm...

BERNHARDI Du bildest dir offenbar ein, daß es überhaupt noch in deinem Belieben liegt, eine solche Interpellation zu verhindern.

FLINT Bei dir liegt es. Ich kann dich versichern.

BERNHARDI Bei mir, ja. Du weißt gar nicht, wie recht du hast. Bei mir allein. Vor einer halben Stunde hatte ich es in der Hand, die Gefahr dieser Interpellation von meinem und deinem Haupte abzuwenden.

FLINT Du hattest –

BERNHARDI Ja, auf die einfachste Art von der Welt. Die Abteilung Tugendvetter ist bei uns neu zu besetzen, wie du weißt. Morgen haben wir eine Sitzung. Wenn ich mich verpflichtet hätte, im Falle von Stimmengleichheit nicht für Wenger, sondern für Hell zu stimmen, wäre alles in Ordnung.

FLINT Verpflichtet? Wieso? Wem gegenüber?

BERNHARDI Ebenwald war eben bei mir. Er hat mir diesen Antrag überbracht.

FLINT Hm. Glaubst du wirklich? –

BERNHARDI Jedenfalls hatte ich den Eindruck, als wenn Ebenwald zum Abschluß dieses Handels ausreichende Vollmacht besäße, wenn er es auch geleugnet hat. Vielleicht hätte ich auch nur hineinfallen sollen, und die Interpellation wäre jedenfalls erfolgt, auch wenn ich für Hell meine Stimme abgegeben hätte.

FLINT *hin und her* Unser Kollege Ebenwald ist sehr befreundet mit seinem Vetter, dem Abgeordneten Ebenwald. Der ist ein Führer der Klerikalen, und wenn der nicht will, würde die Interpellation gewiß unterbleiben. Ich glaube schon, daß unser Kollege Ebenwald in diesem Fall sozusagen ehrlich vorgegangen ist. Nun, wie hast du dich seinem Antrag gegenüber verhalten?

BERNHARDI Flint!

FLINT Nun ja, du hältst Wenger wohl für den bedeutenderen Dermatologen.

BERNHARDI Du doch auch. Du weißt so gut wie ich, daß Hell

eine Null ist. Und selbst wenn die beiden gleichberechtigt wären, so hätte es mir Ebenwald doch einfach durch sein Ansinnen unmöglich gemacht, für einen andern als für Wenger zu stimmen.

FLINT Ja, sehr schlau hat das Ebenwald allerdings nicht angestellt.

BERNHARDI Nicht schlau –?! Und das ist alles, was du zu sagen hast? Ich finde dich etwas mild, mein lieber Flint.

FLINT Mein guter Bernhardi, die Politik –

BERNHARDI Was geht mich denn die Politik an?

FLINT Sie geht uns alle an.

BERNHARDI Und du meinst, weil derartige Infamien alle Tage vorkommen in eurer sogenannten Politik, soll ich diese neueste lächelnd als selbstverständlich hinnehmen und den schmählichen Handel überhaupt in Erwägung ziehen?

FLINT Es wäre ja möglich, daß die Frage gar nicht an dich herantritt, daß keine Stimmengleichheit vorliegt und Hell oder Wenger ohne dein Zutun gewählt würden.

BERNHARDI Oh, mein lieber Flint, so bequem wird dir die Sache nicht gemacht.

FLINT Mir? Ich denke –

BERNHARDI *warm* Flint, wenn du heut' auch Minister bist, du bist doch am Ende auch Arzt, ein Mann der Wissenschaft, ein Mann der Wahrheit. Wie sagtest du doch früher selbst? Auf den Sinn für das Wesentliche käme es an. Nun, wo ist hier das Wesentliche? Siehst du es nicht? Daß der Fähigste die Abteilung bei uns bekommt, der, dem dann die Möglichkeit gegeben ist, für die kranken Menschen und für die Wissenschaft was Ordentliches zu leisten. Darauf kommt es an, nicht wahr? Das ist das Wesentliche. Nicht daß mir oder dir die Unbequemlichkeit einer Interpellation erspart bleibt, auf die sich ja nötigenfalls eine nicht üble Antwort finden ließe.

FLINT Hm. Um eine Antwort wäre mir freilich nicht bange.

BERNHARDI Das denke ich mir auch.

FLINT Sag einmal, Bernhardi, wärst du imstande, es schriftlich niederzulegen – ich meine, ob du mir einen Brief schreiben könntest, der diese ganze Angelegenheit kurz und schlagend darstellt, damit ich erforderlichenfalls –

BERNHARDI Erforderlichenfalls?

FLINT Jedenfalls will ich es schwarz auf weiß in der Hand haben. Vielleicht würde es nicht notwendig werden, diesen Brief zu verlesen. Man könnte anfangs ziemlich reserviert erwidern, wenn sie interpellieren, mein' ich. Aber dann, wenn sie nicht Ruhe geben, dann käme man mit deinem Brief.

Geste, wie wenn er den Brief aus der Brieftasche zöge.

BERNHARDI Da wird dir deine parlamentarische Erfahrung wohl den richtigen Weg zeigen.

FLINT Erfahrung? Vorläufig wohl mehr Intuition. Aber ich glaube, es würde gar nicht bis dahin kommen – bis zur Verlesung deines Briefes, meine ich. Schon aus meinen ersten Worten würden sie merken, aus meinem Tonfall, daß ich noch etwas im Hinterhalt habe. Alle würden es merken. Denn ich h a b e sie, Bernhardi, sobald ich zu reden anfange, habe ich sie alle. Geradeso wie ich meine Hörer auf der Klinik gehabt habe, geradeso habe ich die Herren im Parlament. Da war neulich eine kleine Debatte über die neue Schulgesetznovelle, ich habe nur ganz beiläufig eingegriffen, aber du kannst dir kaum eine Vorstellung machen von der atemlosen Stille im Haus, Bernhardi. Ehrlich gestanden, ich habe gar nichts Besonderes gesagt. Aber sofort hatte ich ihr Ohr. Und darauf kommt es an. Sie hören mir zu. Und wenn man einem nur wirklich zuhört, kann man ihm nicht mehr ganz unrecht geben.

BERNHARDI Gewiß.

FLINT Und auf die Gefahr hin, daß du es für Eitelkeit hältst, Bernhardi, ich fange beinahe an zu wünschen, daß die Kerle interpellieren.

BERNHARDI Flint!

FLINT Denn bei dieser Gelegenheit könnte man sehr ins Allgemeine gehen. Ich sehe nämlich in diesem Einzelfall ein Symbol für unsere ganzen politischen Zustände.

BERNHARDI Ist's wohl auch.

FLINT Das geht mir immer so – auch scheinbar ganz bedeu-
tungslosen Einzelfällen gegenüber. Jeder wird irgendwie für
mich zum Symbol. Das ist's wohl, was mich für die politische
Laufbahn prädestiniert.

BERNHARDI Allerdings.

FLINT Und darum meine ich, man könnte bei dieser Gelegenheit
ins Allgemeine gehen.

BERNHARDI Aha, Gotteshäuser – Krankenhäuser.

FLINT Du lächelst. – Mir ist es leider nicht gegeben, solche
Dinge leicht zu nehmen.

BERNHARDI Ja, mein lieber Flint, nach all dem, was du jetzt gesagt hast, müßte man ja beinahe den Eindruck haben, daß du
geneigt wärst, in der Angelegenheit auf meiner Seite zu stehen.

FLINT Da gehört wohl nicht viel Scharfsinn dazu. Ich will es dir
gestehen. Anfangs war ich nicht so vollkommen – denn dein
Vorgehen gegen den Pfarrer find ich nach wie vor nicht sonderlich korrekt – Aber dieser Ebenwald-Handel, der rückt
doch alles in eine ganz andere Beleuchtung. Wichtig ist natürlich nur, daß vorläufig all das ein Geheimnis zwischen uns
beiden bleibt. Ich meine, daß du auch deinen Freunden von
dieser Ebenwaldsache kein Wort mitteilst. Denn wenn die
Leute Wind davon bekommen, was ich vorhabe, so könnten
sie sich's am Ende überlegen und vor der Interpellation abste-
hen. Also du behältst dir natürlich eine Abschrift von dem
Brief zurück, aber der Inhalt bleibt geheim bis zu dem Augenblick, da ich ihn auf den Tisch des Hauses niederlege.
Geste ohne Übertriebenheit.

BERNHARDI Es ist mir ja höchst erfreulich, daß du so – aber – ich
will dir doch noch etwas zu bedenken geben. Die Partei, gegen die du aufzutreten hättest, ist sehr stark, sehr rücksichts-
los – und es ist die Frage, ob du imstande sein wirst, ohne sie
zu regieren.

FLINT Es käme auf die Probe an.

BERNHARDI Immerhin, wenn dir dein Amt lieber sein sollte –

FLINT Als du –

BERNHARDI Als die Wahrheit – nur auf die kommt es an, dann rühre lieber nicht an die Sache, dann setz' dich lieber nicht für mich ein.

FLINT Für dich? Tu ich ja gar nicht. Für die Wahrheit, für die gerechte Sache.

BERNHARDI Und bist du denn nun auch ganz überzeugt, Flint, daß diese unbeträchtliche Affäre den Einsatz wert ist?

FLINT Diese unbeträchtliche Affäre? Bernhardi! – Merkst du denn noch immer nicht, daß hier viel höhere Werte zur Diskussion stehen, als es auf den ersten Blick den Anschein hat? Daß es sich in gewissem Sinne hier um den ewigen Kampf zwischen Licht und Dunkel – Aber das klingt nach Phrase.

BERNHARDI Ein Kampf jedenfalls, mein lieber Flint, dessen Ausgang unter den heutigen Verhältnissen ziemlich unsicher ist, und in dem deine ganze Ministerherrlichkeit –

FLINT Laß das meine Sorge sein. Wie immer es kommt, ich kann mir keinen schöneren Tod denken als für eine gerechte Sache und – zugunsten von einem, der – gestehe es nur – noch vor einer Stunde mein Feind war.

BERNHARDI Dein Feind bin ich nicht gewesen. Und jedenfalls werde ich gerne bereit sein, dir abzubitten, wenn ich dir unrecht getan haben sollte. Aber das will ich dir gleich sagen, Flint, selbst für den Fall, daß die Sache für dich kein ganz gutes Ende nimmt, Gewissensbisse werde ich keine haben. Denn du weißt, wo das Recht ist in diesem Falle, und ich lehne es von vornherein ab, dich etwa zu bewundern dafür, daß du im Ernstfall deine Pflicht tun wirst.

FLINT Das sollst du auch nicht, Bernhardi. *Er reicht ihm die Hand* Leb wohl. *Möglichst leicht* Ich habe einen Menschen gesucht, ich habe ihn gefunden. Auf Wiedersehen!

BERNHARDI Auf Wiedersehen, Flint! *Zögernd* Ich danke dir.

FLINT Oh! Auch das darfst du niemals tun. Unsere Sympathie soll auf festerem Grunde ruhen. *Er geht.*

BERNHARDI *bleibt eine Weile sinnend stehen* Nun, wir werden ja sehen.

Vorhang

Dritter Akt

Sitzungssaal im Elisabethinum. In der üblichen Weise eingerichtet.
Langer grüner Tisch in der Mitte, Schränke, zwei Fenster rückwärts,
Mitte. Photographien von berühmten Ärzten, ein Porträt der Kaiserin
Elisabeth über der Eingangstür links. Es ist Abend, künstliche Beleuch-
tung. Lüster mit großem grünen Schirm. Anfangs noch nicht alle Flam-
men aufgedreht. Seite rechts an der Wand kleinerer Tisch.

HOCHROITZPOINTNER, *sitzend über einem großen Protokollbuch, von*
einem andern Blatt abschreibend.
Dozent DR. SCHREIMANN *tritt ein. Er ist groß, glatzköpfig, schwar-*
zer martialischer Schnurrbart, Schmiß über der Stirn, Brille. Auffal-
lend tiefes, biederes Bierdeutsch, betont österreichischer Dialekt mit
plötzlich durchschlagenden jüdischen Akzenten.

HOCHROITZPOINTNER *springt auf* Habe die Ehre, Herr Regi –
   Herr Dozent.
SCHREIMANN Servus. Na, ausg'schlafen vom Ball, Hochroitz-
   pointner?
HOCHROITZPOINTNER Ich habe mich gar nicht niedergelegt,
   Herr Dozent. Es war nimmer der Müh' wert.
SCHREIMANN *da Hochroitzpointner noch immer in einer Habachtstel-*
   lung steht Aber bequem, bequem.
HOCHROITZPOINTNER *in gemütlicher Stellung* Bis sieben habe ich
   getanzt, um acht war ich schon auf der internen Abteilung,
   um zehn auf der chirurgischen, um zwölf –
SCHREIMANN *ihn unterbrechend, setzt sich an den Tisch* Hören S'
   schon auf, ich weiß ja, daß Sie überall sind. Und jetzt haben
   Sie das Protokoll von der letzten Sitzung ins reine g'schrie-
   ben?
HOCHROITZPOINTNER Bin leider nicht früher dazu gekommen,
   Herr Dozent.
SCHREIMANN Aber, aber, ist ja überhaupt nicht Ihre Pflicht. Ich

spreche Ihnen in meiner Eigenschaft als Schriftführer den Dank aus. Haben S' nur alles gut lesen können? *Zu ihm hin, im Protokoll lesend, murmelnd* »Abstimmung – Vier Stimmen für den außerordentlichen Professor an der Grazer Universität Hell, vier für den Doktor S. Wenger« – *Zu Hochroitzpointner gewandt* Samuel –

HOCHROITZPOINTNER Das wird aber doch nicht ausgeschrieben.

SCHREIMANN Möcht' wissen, warum. Mein Großvater zum Beispiel hat Samuel geheißen und hat sich immer ausgeschrieben, und ich heiße Siegfried und schreib' mich auch immer aus.

HOCHROITZPOINTNER *dumm* Jawohl, Herr Regimentsarzt.

SCHREIMANN Aber ich bin doch nimmer Ihr Regimentsarzt. *Er liest weiter* »Der Direktor machte von seinem statutengemäßen Recht Gebrauch, bei Stimmengleichheit zu dirimieren, und entschied für Dozenten Doktor Wenger, womit dieser als Chef der Abteilung für Dermatologie und Syphilis gewählt erscheint.« *Kleine Pause* Na, sind Sie zufrieden mit Ihrem neuen Chef?

HOCHROITZPOINTNER *unwillkürlich die Hacken zusammenschlagend* Gewiß.

SCHREIMANN *lachend, ihm die Hand auf die Schulter legend* Aber was machen S' denn, Hochroitzpointner? Sie sind doch nimmer militärischer Eleve unter mir.

HOCHROITZPOINTNER Leider, Herr Doktor. Waren schöne Zeiten.

SCHREIMANN Ja, jünger waren wir halt. Aber sagen Sie mir, Hochroitzpointner, weil wir schon dabei sind, wann gedenken Sie eigentlich Ihr letztes Rigorosum zu machen?

EBENWALD *tritt ein.* SCHREIMANN, HOCHROITZPOINTNER

EBENWALD Ja, das frag ich ihn auch immer.

HOCHROITZPOINTNER Habe die Ehre, Herr Professor.

EBENWALD Servus, Schreimann.

SCHREIMANN Servus.

EBENWALD Wissen S' was, Hochroitzpointner, Sie sollten nächstens einmal Urlaub nehmen von den verschiedenen Abteilungen und büffeln. Verstehn S', büffeln, damit Sie endlich
fertig werden. Was machen Sie übrigens da im Sitzungszim-
mer?

SCHREIMANN Der Doktor war so freundlich und hat mir das
Protokoll ins reine geschrieben.

EBENWALD Also das auch noch. Nein, was das Elisabethinum
ohne den Hochroitzpointner anfangen möcht'! – Und gestern
auf dem Ball waren Sie doch Vortänzer?

HOCHROITZPOINTNER *dumm* Vor- und Nachtänzer, Herr Professor.

SCHREIMANN Und hat sich nicht einmal niedergelegt.

EBENWALD Ja, die jungen Leut'! – Na, wie war's denn?

HOCHROITZPOINTNER Riesig voll. Sehr animiert.

EBENWALD *zu Hochroitzpointner* Wissen Sie, wo Sie heut' nacht
getanzt haben, Hochroitzpointner? Auf einem Vulkan.

HOCHROITZPOINTNER Es war auch sehr heiß, Herr Professor.

EBENWALD *lacht* Ha! Also Urlaub nehmen, Prüfungen machen
und nicht mehr auf Vulkanen tanzen! Auch auf keinem ausge-
kühlten. Servus! *Reicht ihm verabschiedend die Hand.*

SCHREIMANN *tut dasselbe.*

HOCHROITZPOINTNER *schlägt wieder die Hacken zusammen.*

EBENWALD Wie ein Leutnant! –

SCHREIMANN Hab's ihm grad g'sagt.

HOCHROITZPOINTNER *ab.*

SCHREIMANN, EBENWALD

EBENWALD Also, Seine Exzellenz der Unterrichtsminister ist
auch dort gewesen?

SCHREIMANN Ja, und hat sogar mindestens eine halbe Stunde
mit Bernhardi konversiert.

EBENWALD Es ist doch sonderbar.

SCHREIMANN Ich bitte dich, auf einem Ball.

EBENWALD Aber er muß doch wissen, daß das Kuratorium demissioniert hat.

SCHREIMANN Und wenn auch, war doch sogar ein Mitglied des Kuratoriums auf dem Ball.

EBENWALD Wer?

SCHREIMANN Der Hofrat Winkler.

EBENWALD Der ist immer so ein Frondeur.

SCHREIMANN Übrigens, offiziell ist ja die Sache noch nicht.

EBENWALD So gut wie offiziell. Die Sitzung ist doch heute jedenfalls wegen der Demission anberaumt. Na – *Zögernd* kann ich mich auf dich verlassen, Schreimann?

SCHREIMANN *leicht* Ich erlaube mir diese Frage etwas sonderbar zu finden.

EBENWALD Na, hör' auf, wir sind doch keine Studenten mehr.

SCHREIMANN Du kannst dich immer auf mich verlassen, wenn ich deiner Ansicht bin. Und da ja das glücklicherweise meistens der Fall ist –

EBENWALD Es könnte aber vielleicht doch Fragen geben, in denen dir ein Zusammengehen mit mir gewisse Bedenken verursachen würde.

SCHREIMANN Ich habe dir schon einmal gesagt, lieber Ebenwald, diese ganze Affäre ist meiner Ansicht nach überhaupt nicht von irgendeinem religiösen oder konfessionellen Standpunkt, sondern vielmehr von dem des Taktes aus zu betrachten. Also, auch wenn ich Nationaljude wäre, ich würde in diesem Fall gegen Bernhardi Stellung nehmen. Aber abgesehen davon, erlaube ich mir, dich wieder einmal darauf aufmerksam zu machen, daß ich Deutscher bin, geradeso wie du. Und ich versichere dich, wenn sich einer von meiner Abstammung heutzutage als Deutscher und Christ bekennt, so gehört dazu ein größerer Mut, als wenn er das bleibt, als was er auf die Welt gekommen ist. Als Zionist hätt' ich's leichter gehabt.

EBENWALD Schon möglich. Eine Professur in Jerusalem wär' dir sicher gewesen.

SCHREIMANN Öde G'spaß.

EBENWALD Na, Schreimann, du weißt doch, wie ich zu dir stehe, aber du mußt doch andererseits begreifen, wir leben in einer so konfusen Zeit – und in einem so konfusen Land –

SCHREIMANN Du, komm mir nicht vielleicht wieder mit den anonymen Briefen.

EBENWALD Ah, denkst du noch daran? Übrigens, die waren gar nicht anonym. Die waren mit vollem Namen unterschrieben, von guten alten Freunden aus der Studentenzeit. Natürlich haben die sich gewundert, daß ich mich für dich so engagiert hab'. Du darfst ja nicht vergessen, lieber Schreimann, auf der Universität und noch später als alter Herr war ich ein Führer der Deutschnationalen strengster Observanz. Und du weißt, was das heißt: Wacht am Rhein – Bismarck-Eiche – Waidhofner Beschluß – Juden wird keine Satisfaktion gegeben, auch Judenstämmlingen –

SCHREIMANN Ist doch manchmal nicht anders gegangen trotz der strengsten Observanz. Den Schmiß da hab ich noch als Jud' gekriegt.

EBENWALD Na, leben wir nicht in einem konfusen Land? Auf deinen jüdischen Schmiß bist du heut' noch stolzer als auf dein ganzes Deutschtum.

PROFESSOR PFLUGFELDER *kommt.* SCHREIMANN, EBENWALD

PFLUGFELDER , 65, *Gelehrtenphysiognomie, Brille* Guten Abend, meine Herren. Wissen Sie schon? Das Kuratorium hat demissioniert!

EBENWALD Darum sind wir ja da, verehrter Herr Professor.

PFLUGFELDER Also, was sagen Sie dazu?

EBENWALD Sie scheinen erstaunt zu sein. Man war doch allgemein darauf gefaßt.

PFLUGFELDER Erstaunt? Keine Idee. Oh, das Erstaunen, wissen Sie, das habe ich mir lange abgewöhnt. Aber, den Ekel leider nicht. Nein, der geht mir bis daher.

SCHREIMANN Ekel?

PFLUGFELDER Sie werden mir doch zugeben, meine Herren, daß

die Hetze, die jetzt gegen Bernhardi inszeniert wird, jeder inneren Berechtigung entbehrt.

EBENWALD Mir ist von einer Hetze nichts bekannt.

PFLUGFELDER Ah! – Ihnen ist nichts bekannt? So, so... Und daß Ihr Vetter, der Ottokar Ebenwald, der Hauptmacher ist, das wissen Sie auch nicht?

EBENWALD Ich muß sehr bitten –

PFLUGFELDER Aber ich will Sie selbstverständlich nicht mit Ihrem Herrn Vetter identifizieren. Sie werden mit Recht jede Gemeinsamkeit ablehnen. Denn es stellt sich ja jetzt heraus, gerade bei dieser Gelegenheit, daß Ihr Herr Vetter, der so herrlich als Deutschnationaler begonnen, sich einfach dazu hergibt, die Geschäfte der Klerikalen zu besorgen. Und Sie sind doch nicht klerikal, Ebenwald. Sie sind doch deutsch, ein alter deutscher Student. Und was sind denn die deutschen Tugenden, Ebenwald? Mut, Treue, Gesinnungsfestigkeit. Habe ich noch eine vergessen? Macht nichts. Wir kommen ja vorläufig mit denen aus. Und daher hoffe ich, daß Sie mit mir einer Meinung sind: wir werden heute unserem Bernhardi eine solenne Genugtuung bereiten.

EBENWALD Genugtuung? Wofür denn? Was ist ihm denn passiert? Bisher nichts anderes, als daß das Kuratorium demissioniert hat. Und wir können zusperren, weil wir nicht wissen, woher wir Geld kriegen sollen. Ob das gerade der richtige Anlaß ist, dem Herrn Direktor eine Ovation zu bringen, der uns durch sein nicht sehr taktvolles Benehmen in die Situation gebracht hat –

PFLUGFELDER Ach so... na ja. Sie sind halt, wie Sie sind, Ebenwald. Operieren ließ ich mich ja doch nur von Ihnen. Denn das können Sie, ja. Aber Sie, Schreimann? Sie schweigen? Auch gegen Bernhardi? Auch empört, daß er den Herrn Pfarrer gebeten hat, ein armes, krankes Menschenkind ungestört sterben zu lassen... Begreiflich, begreiflich. So ganz frische religiöse Gefühle, die müssen besonders geschont werden.

EBENWALD *ruhig* Laß dich nicht hetzen, Schreimann.

SCHREIMANN *ganz ruhig* Hab's grad früher zu Kollegen Eben-

wald gesagt, Herr Professor, nicht in meinen religiösen Ge-
fühlen, sondern in meinem guten Geschmack bin ich verletzt.
Ich finde nämlich, ein Krankenzimmer ist nicht der richtige
Ort, um Politik zu machen.

PFLUGFELDER Politik! Bernhardi hat Politik gemacht! Sie werden mir doch nicht einreden, daß Sie das selber glauben. Das
ist doch –

FILITZ *tritt ein.* SCHREIMANN, EBENWALD, PFLUGFELDER. *Begrüßung.*

FILITZ Guten Abend, meine Herren. Ich will Ihnen gleich sagen,
was ich zu tun gedenke. Sie können ja das halten, wie Sie
wollen. Ich für meinen Teil folge dem guten Beispiel des Kuratoriums und demissioniere.

EBENWALD Wie?

PFLUGFELDER He!

FILITZ Ich wüßte nicht, was man korrekterweise anderes tun
kann, wenn man nicht direkt die Absicht hat, sich mit dem
hier nicht näher zu bezeichnenden Benehmen unseres Herrn
Direktors solidarisch zu erklären, und –

EBENWALD Verzeihen Sie, Herr Professor, ich bin durchaus
nicht Ihrer Ansicht. Es gibt sicher eine andere Art zu beweisen, daß wir keineswegs daran denken, uns mit dem Direktor
solidarisch zu fühlen. Wir dürfen das Institut jetzt nicht im
Stich lassen, gerade jetzt nicht. Wir müssen das Kuratorium
vielmehr zu bewegen suchen, die Demission wieder zurückzuziehen.

FILITZ Das wird niemals geschehen, solange Bernhardi an der
Spitze steht.

SCHREIMANN Sehr richtig... solang’ er an der Spitze steht.

FILITZ Solang’ er –

PFLUGFELDER Ah, sind Sie schon so weit, Meine Herren! Das
übertrifft ja –

ADLER Guten Abend, meine Herren, haben Sie schon gelesen?

EBENWALD Was denn?

ADLER Die Interpellation.

SCHREIMANN In der Affäre Bernhardi?

FILITZ Ist schon erfolgt?

ADLER Steht ja im Abendblatt.

EBENWALD *klingelt* Nichts haben wir gelesen. *Zu Filitz* Ich hab'
geglaubt, erst morgen.

SCHREIMANN Wir Praktiker haben nämlich keine Zeit, uns
nachmittag ins Kaffeehaus zu setzen.

DIENER tritt ein.

EBENWALD Sein S' so gut, gehn S' hinüber in die Trafik und
kaufen S' ein Abendblatt.

FILITZ Bringen Sie drei.

SCHREIMANN Sechs!

EBENWALD *zum Diener* Bringen S' gleich ein Dutzend. Aber
g'schwind!

DIENER *ab.*

SCHREIMANN *zu Adler* Ist sie sehr scharf, die Interpellation?

PFLUGFELDER Sollte hier niemand sein, dem der Wortlaut schon
bekannt ist?

WENGER *kleiner Mensch, gedrückt, unsicher und dabei manchmal über-
laut, mit Brille* Guten Abend, meine Herren.

SCHREIMANN Geben S' her, Doktor Wenger. *Zieht ihm aus der
Brusttasche ein Abendblatt* Der hat ja eins.

WENGER Aber, Herr Dozent!

EBENWALD Das ist schön, daß Sie uns das gleich mitgebracht
haben.

WENGER Was hab' ich mitgebracht? Ach so! Ist das der Usus,
daß der Benjamin immer in die Sitzungen das Abendblatt
mitbringt?

EBENWALD *mit der Zeitung* Da steht's!

Die andern, außer Adler und Wenger, versuchen mit Ebenwald in die Zeitung zu sehen.

ADLER *zu Wenger* Was sagst du dazu?

WENGER Ja, was soll ich sagen? Ich versteh' nichts von Politik. Und ich war ja nicht dabei.

SCHREIMANN *zu Ebenwald* So sehn wir keiner was. Lies vor.

EBENWALD Also, meine Herren, die Interpellation hat folgenden Wortlaut: »Die Unterfertigten halten es für ihre Pflicht –«

PFLUGFELDER Es verschlägt Ihnen ja die Red'! Professor Filitz soll lesen! Es ist sonor und rhetorisch und hat den Brustton der Überzeugung.

EBENWALD Den hätt ich auch, aber Professor Filitz liest gewiß schöner. Also bitte.

FILITZ *liest* »Die Unterfertigten halten es für ihre Pflicht, der Regierung folgenden Vorfall zur Kenntnis zu bringen, der sich am 4. Februar im Elisabethinum« – und so weiter, und so weiter. »Seine Hochwürden Franz Reder, Pfarrer an der Kirche zum Heiligen Florian, wurden von der weltlichen Schwester Ludmilla an das Sterbebett der schwer erkrankten ledigen Philomena Beier gerufen, um ihr das heilige Sakrament der letzten Ölung zu erteilen. Im Vorraum des Krankensaales fand Seine Hochwürden einige Ärzte versammelt, darunter Herrn Professor Bernhardi, Chef der betreffenden Abteilung, Direktor des Instituts, welch letzterer Seine Hochwürden in barscher Weise aufforderte, von seinem Vorhaben abzustehen, mit der Begründung, daß die Sterbende durch die Aufregung eventuell Schaden an ihrer Gesundheit erleiden könnte.«

PFLUGFELDER Nein, nein!!

DIE ANDERN Ruhe!

FILITZ *liest weiter* »Herr Professor Bernhardi, als Bekenner der mosaischen Konfession, wurde von Seiner Hochwürden dahin belehrt, daß er in Erfüllung einer heiligen Pflicht erschienen sei, die in diesem Fall um so dringender geboten war, als die Kranke an den selbstverschuldeten Folgen eines verbre-

cherischen Eingriffes darniederlag, worauf Professor Bernhardi in höhnischer Weise seine Hausherrnrechte in den natürlich vom Gelde edler Spender erbauten und erhaltenen
Räumen betonte. Als Seine Hochwürden nun, weitere Diskussionen ablehnend, sich in das Krankenzimmer begeben
wollte, verstellte Professor Bernhardi ihm die Türe, und in
dem Augenblick, da Seine Hochwürden die Klinke ergriff,
um in Ausübung seiner heiligen Pflicht das Krankenzimmer
zu betreten, versetzte ihm Professor Bernhardi einen Stoß –«

ADLER Eine absolute Unwahrheit!

PFLUGFELDER Infam!

SCHREIMANN Waren Sie denn dabei?

FILITZ Als wenn es auf den Stoß ankäme.

EBENWALD Es gibt ja Zeugen.

PFLUGFELDER Ihre Zeugen kenn' ich.

ADLER Ich war auch dabei.

PFLUGFELDER Aber Sie hat man nicht vernommen.

WENGER Vernommen?

PFLUGFELDER In der gewissen Kommission. Sollte Ihnen auch
von der Kommission nichts bekannt sein, Herr Professor
Ebenwald?

SCHREIMANN Weiterlesen!

FILITZ *liest* »Während dieser Szene im Vorraum verschied die
Kranke, ohne der Tröstungen der Religion, nach denen sie,
wie die Schwester Ludmilla bezeugt hat, dringend verlangte,
teilhaftig geworden zu sein. Indem wir diesen Vorfall der Regierung zur Kenntnis bringen, richten wir an die Regierung,
insbesondere an Seine Exzellenz den Herrn Minister für Kultus und Unterricht, die Frage, was er vorzukehren gedenkt,
um den durch diesen Vorfall aufs schwerste verletzten religiösen Gefühlen der christlichen Bevölkerung Wiens Genugtuung zu verschaffen, ferner welche Maßnahmen Seine Exzellenz zu ergreifen gedenkt, um der Wiederholung solch em-
pörender Vorfälle vorzubeugen, und endlich, ob es Seiner
Exzellenz mit Hinblick auf diesen Vorfall nicht angezeigt
erscheint, künftighin bei Besetzung öffentlicher Stellen ein

für allemal von Persönlichkeiten abzusehen, die durch Abstammung, Erziehung und Charaktereigenschaften nicht in der Lage sind, den religiösen Gefühlen der angestammten christlichen Bevölkerung das nötige Verständnis entgegenzubringen.« Unterschrieben... *Bewegung.*

EBENWALD Na, jetzt stehen wir schön da.

WENGER Wieso wir? Gegen das Institut ist doch kein Wort gesagt.

SCHREIMANN Sehr richtig!

EBENWALD Bravo, Wenger!

WENGER *ermutigt* Das Elisabethinum steht fleckenlos und rein da.

PFLUGFELDER Und der Direktor?

WENGER Natürlich auch, wenn es ihm gelingt, woran ich natürlich keinen Augenblick zweifle, die in der Interpellation enthaltenen Anwürfe zu entkräften.

PFLUGFELDER Anwürfe? – Das nennen Sie Anwürfe?... Aber, lieber Herr Kollega, diese Interpellation – muß man Ihnen das wirklich erst sagen –, daß diese Interpellation nichts anderes bedeutet als ein politisches Manöver der vereinigten klerikalen und antisemitischen Parteien.

FILITZ Unsinn!

EBENWALD Der alte Achtundvierziger!

WENGER Pardon, für mich gibt es überhaupt keine religiösen und keine nationalen Unterschiede. Ich bin der Mann der Wissenschaft. Ich perhorresziere –

SCHREIMANN Wir alle perhorreszieren!

BERNHARDI *und* CYPRIAN *treten ein.* ADLER, SCHREIMANN, EBENWALD, FILITZ, PFLUGFELDER, WENGER

BERNHARDI *sehr aufgeräumt, seine Art zu reden noch etwas humoristischer, ironischer gefärbt also sonst, aber nicht ganz unbefangen. Er nimmt dem Diener, der ihm die Türe öffnet, die Abendblätter aus der Hand* Guten Abend, meine Herren. Hier, bitte, sich zu bedienen. Ich bitte um Entschuldigung, daß ich mich ein wenig verspätet habe, die Herren haben sich ja hoffentlich indes gut unterhalten.

Allgemeine Begrüßung. Bernhardi nimmt sofort seinen Platz ein am oberen Tischende, die andern nehmen allmählich Platz, einige rauchen.

BERNHARDI Ich erkläre die Sitzung für eröffnet. Bevor ich zur Tagesordnung schreite, erlaube ich mir im Namen des Elisabethinums unser neues Mitglied, das heute zum erstenmal einer Sitzung unseres Kollegiums beiwohnt, und gleich einer außerordentlichen, aufs herzlichste zu begrüßen. Lassen Sie mich zugleich die Hoffnung aussprechen, daß Herr Dozent Doktor Wenger sich in unserer Mitte wohlfühlen, in seiner neuen verantwortlichen Stellung weiterhin Gelegenheit finden möge, seine bewährte Pflichttreue zu beweisen, sein Talent auszubilden und sich zu dem zu entwickeln, was jeder einzelne von uns ist, eine Zierde unseres Instituts. *Der Scherz findet keinen Widerhall* Herr Doktor Wenger, ich heiße Sie in unser aller Namen nochmals herzlich willkommen.

WENGER Hochverehrter Herr Direktor, meine hochverehrten Herren Kollegen! Es wäre unbescheiden, Ihre kostbare Zeit durch eine längere Rede in Anspruch zu nehmen –

EBENWALD und SCHREIMANN Sehr richtig!

WENGER So will ich mich denn begnügen, meinen innigsten Dank für die hohe Ehre – *Unruhe.*

SCHREIMANN *erhebt sich* In Anbetracht der vorgerückten Stunde beantrage ich, daß unser verehrter Herr Kollege Doktor Wenger seine zweifellos sehr gehaltvolle Dankrede auf die nächste Sitzung verschieben möge, damit wir sofort zur Tagesordnung schreiten können.

DIE ANDERN Einverstanden! Richtig!

SCHREIMANN *drückt Wenger die Hand, einige folgen seinem Beispiel.*

BERNHARDI Meine Herren, ich habe mir erlaubt, Sie zu einer außerordentlichen Sitzung einzuberufen, ich muß vor allem um Entschuldigung bitten, daß es in so später Stunde geschah, um so mehr darf ich meiner Befriedigung Ausdruck geben, daß die Herren vollzählig erschienen sind.

ADLER Löwenstein fehlt.

BERNHARDI Wird hoffentlich noch kommen. – Ich sehe darin einen neuen Beweis für das große, ich möchte sagen patriotische Interesse, das Sie alle unserm Institute entgegenbringen, einen Beweis für unser aller kollegiales Zusammenhalten, das nun einmal besteht, unbeschadet gelegentlicher Differenzen in Einzelheiten, wie sie schließlich in keiner größeren Körperschaft ganz zu vermeiden sind, um so weniger, aus je prominenteren Persönlichkeiten diese Körperschaft sich zusammensetzt. *Unruhe* Aber daß wir in allen wesentlichen Fragen eines Sinnes sind, das hat sich schon mehr als einmal gezeigt und wird sich hoffentlich auch in Zukunft erweisen zur Freude unserer wahren Gönner und zum Ärger unserer Feinde! Wir haben nämlich auch solche. Meine Herren, ich glaube den Vorwurf nicht fürchten zu müssen, daß ich Ihre Neugier auf die Folter spanne. Denn Sie wissen ja alle, warum ich mir erlaubt habe, Sie einzuberufen. Immerhin ist es meine Pflicht, den Brief zur Verlesung zu bringen, der mir heute morgen rekommandiert mit Retourrezepisse zugestellt wurde.

FILITZ Hört!

BERNHARDI *liest* »Hochverehrter –« usw. usw. »Ich beehre mich Ihnen mitzuteilen, daß die Mitglieder des Kuratoriums –« usw. usw. – »den einstimmigen Beschluß gefaßt haben, ihre Ehrenstellen zurückzulegen. Indem ich Ihnen, hochverehrter Herr Direktor, diesen Beschluß zur Kenntnis bringe, richte ich das Ersuchen an Sie, die verehrten Mitglieder des Direktoriums und des Lehrkörpers davon in Kenntnis zu setzen. Genehmigen Sie –« usw. usw. – »Hofrat Winkler als Schriftführer. «

EBENWALD *beugt sich über den Brief.*

BERNHARDI Bitte. *Der Brief zirkuliert, Bernhardi lächelt* Meine Herren, Sie werden sich hoffentlich überzeugen, daß ich Ihnen keine Silbe dieses interessanten Schreibens unterschlagen habe. Das Kuratorium hat demissioniert, und die Tagesordnung unserer heutigen Sitzung lautet logischerweise: Stel-

lungnahme des Direktoriums und des Plenums zu dieser Tatsache. Herr Professor Ebenwald wünscht das Wort.

EBENWALD Ich stelle die Anfrage an den Herrn Direktor, ob ihm
die Ursache bekannt ist, die das Kuratorium zur Demission
veranlaßt hat, eine Anfrage, die um so berechtigter ist, als das
Kuratorium sich in seinem Schreiben so gründlich darüber
ausschweigt.

PFLUGFELDER *angewidert* Eh!

BERNHARDI Ich könnte hierauf mit der Frage erwidern, ob diese
Ursache Herrn Professor Ebenwald oder einem der anderen
Herren nicht bekannt ist. Aber da wir ja alle auch außerhalb
dieses Saales noch mancherlei zu tun haben –

CYPRIAN Sehr richtig!

BERNHARDI – und die Verhandlung nicht überflüssig in die
Länge gezogen werden soll, so erwidere ich die Anfrage des
Herrn Vizedirektors Professor Ebenwald mit gebotener
Kürze: Ja, die Ursache ist mir bekannt. Die Ursache liegt in
demselben Vorfall, von dem Sie eine Schilderung soeben in
den Abendblättern, mit größerem oder geringerem Vergnügen, unter der Form einer sogenannten Interpellation gelesen
haben.

SCHREIMANN Die Interpellation gehört nicht her.

BERNHARDI Sehr richtig. Sie gehört meiner Ansicht nach nicht
einmal ins Parlament –

PFLUGFELDER Sehr gut.

BERNHARDI Da diese Interpellation einen Vorfall, meine Herren, von dem Zeugen auch hier anwesend sind, und für den
ich die volle Verantwortung trage, in einer faktiösen, den
Zwecken einer gewissen Partei –

FILITZ Welcher Partei?

PFLUGFELDER Der antisemitisch-klerikalen Partei –

FILITZ Unsinn!

BERNHARDI Einer gewissen Partei, über deren Wesen wir alle
hier nicht im Zweifel sind, mit so verschiedenen Gefühlen wir
ihr auch gegenüberstehen –

PFLUGFELDER Sehr gut!

BERNHARDI – in einer faktiösen Weise entstellt. Übrigens bin ich nicht hier, um mich zu rechtfertigen, vor wem es auch sei, sondern ich stehe vor Ihnen als Direktor dieser Anstalt, um Sie zu fragen, wie wir uns der Tatsache der Kuratoriumsdemission gegenüber zu verhalten haben. Herr Professor Cyprian hat das Wort.

CYPRIAN *in seiner eintönigen Weise beginnend* Vor wenigen Jahren, ich befand mich gerade auf einer Erholungsreise in Holland, da stand ich in der Gemäldegalerie – *Unruhe* Was gibt's, meine Herren?

SCHREIMANN In Anbetracht der vorgerückten Stunde möchte ich Herrn Professor Cyprian dringendst ersuchen, heute keine Anekdoten zu erzählen, sondern möglichst sofort zur Sache zu kommen.

CYPRIAN Es wäre keine Anekdote gewesen, es hätte im tiefsten Sinne – Aber wie Sie wollen, meine Herren. Also, das Kuratorium hat demissioniert. Den Grund, oder vielmehr den Vorwand, kennen wir alle. Denn wir wissen alle, daß Bernhardi, als er dem Priester den Eintritt in das Krankenzimmer verweigerte, ausschließlich in Ausübung seiner ärztlichen Pflicht gehandelt hat. Wir alle hätten uns im gleichen Falle genauso benommen wie er.

FILITZ Oho!

EBENWALD Sie haben's ja doch noch nie getan.

SCHREIMANN Auch bei Herrn Direktor Bernhardi war es unseres Wissens das erstemal.

FILITZ Sehr wahr.

CYPRIAN Wenn wir es noch nie getan haben, meine Herren, so lag es einfach daran, daß die Situation, in welcher sich Herr Professor Bernhardi neulich befand, in ihrer Schärfe sich selten darbieten mag. Niemandem fällt es ein, in Abrede zu stellen, daß schon zahllose gläubige Gemüter, die dem Tod entgegensahen, im Sakrament der letzten Ölung – und das selbst Zweifler in den Trostesworten gütiger Priester Beruhigung und Stärkung gefunden haben; und in allen Fällen, wo ein Priester von dem Sterbenden oder dessen Verwandten gewünscht wird, hat auch nie ein Arzt ihm den Eintritt verweigert.

FILITZ Das wär' nicht übel!

CYPRIAN Aber das Erscheinen des Priesters am Krankenbett gegen den Willen des Sterbenden oder gegen die wohlbegründeten Bedenken desjenigen, der in der letzten Stunde für ihn verantwortlich ist, muß als ein zum mindesten unstatthafter Übergriff kirchlicher – Fürsorge bezeichnet werden, den abzuwehren in bestimmten Fällen nicht nur erlaubt ist, sondern zur Pflicht werden kann. Und solch ein Fall, meine Herren, ist es, dem wir hier gegenüberstehen. Und darum wiederhole ich aus voller Überzeugung: Wir hätten alle getan wie Bernhardi – auch Sie, Professor Ebenwald – auch Sie, Professor Filitz. –

FILITZ Nein!

CYPRIAN Oder richtiger gesagt: wir hätten so tun müssen, mindestens, wenn wir einem ursprünglichen Gefühl nachgegeben hätten. Erst die sekundäre Rücksicht auf die eventuell möglichen Folgen hätte uns dazu veranlaßt, dem Priester den Eintritt zu gestatten. Bernhardis Fehler, wenn wir ihn überhaupt so nennen wollen, bestand also nur darin, daß er die Folgen nicht bedachte, daß er seiner ärztlich-menschlichen Eingebung gefolgt ist, die wir alle als Ärzte und Menschen gutheißen müssen; somit gibt es eine einzige Antwort, die dem Briefe des Kuratoriums gegenüber geboten erscheint, nämlich unserem Direktor, Herrn Professor Bernhardi, unser vollstes Vertrauen einmütig auszusprechen.

PFLUGFELDER Bravo!

ADLER *nickt, aber etwas unentschlossen.*

WENGER *blickt zu Adler, dann zu den andern.*

BERNHARDI Herr Vizedirektor Ebenwald hat das Wort.

EBENWALD Meine Herren, täuschen wir uns nicht, die Demission des Kuratoriums ist unter heutigen Umständen so ziemlich das Schlimmste, was unserem Institute passieren konnte. Ich stehe nicht an, sie als eine Katastrophe zu bezeichnen. Jawohl, meine Herren, als Katastrophe. Ob das Kuratorium im ethischen Sinne berechtigt war, zu demissionieren, möchte ich ununtersucht lassen. Wir sind nicht hier versammelt, um religiöse Fragen zu behandeln, wie Professor Cyprian es notwendig fand – um Kritik zu üben am Prinzen Konstantin oder an Seiner Eminenz oder am Bankdirektor Veith und so weiter, wir stehen einfach vor der Tatsache, daß die Förderer unseres Institutes, denen wir materiell und ideell so viel verdanken, und auf deren materielle und ideelle Weiterunterstützung wir angewiesen sind *Einwürfe* – wir sind es, meine Herren –, daß diese Förderer sich von uns abgewendet haben; – und stehen vor der weiteren unbezweifelbaren Tatsache, daß für dieses Mißgeschick unser verehrter Direktor, Herr Professor Bernhardi, die alleinige Verantwortung trägt.

BERNHARDI Ich trage sie.

EBENWALD Und ich finde, es wäre nicht nur im höchsten Grade undankbar gegen das Kuratorium, sondern geradezu schnöde gegen unser Institut gehandelt, wenn wir uns in einem Augenblick, wo der Herr Direktor, gewiß ohne böse Absicht, aber doch höchst unbedachterweise, das Elisabethinum an den Rand des Abgrundes gebracht hat, mit seinem Vorgehen solidarisch erklärten. *Entsprechende Unruhe* Ich wiederhole, an den Rand des Abgrundes. Daher bin ich, im Gegensatz zu Herrn Professor Cyprian, nicht nur gegen das von ihm vorgeschlagene Vertrauensvotum für Herrn Professor Bernhardi, sondern stelle vielmehr den Antrag, unserm Bedauern über den bekannten Vorfall geziemenden Ausdruck zu verleihen und zu betonen, daß wir das Vorgehen des Herrn Direktors Seiner Hochwürden gegenüber aufs schärfste mißbilligen. *Er überschreit die wachsende Unruhe* Ich stelle den weiteren Antrag, daß diese Resolution dem Kuratorium in angemessener Weise zur Kenntnis gebracht und diesem auf Grund dessen die Bitte unterbreitet wird, die Demission zurückzuziehen.

Große Unruhe.

BERNHARDI Meine Herren! *Unruhe. Er beginnt aufs neue* Meine Herren – Um jedem Mißverständnis vorzubeugen, will ich gleich bemerken, daß mich Mißtrauenskundgebungen um so weniger berühren, je leichter sie vorauszusehen waren, daß ich aber auch in der angenehmen Lage bin, auf offizielle Vertrauenskundgebungen zu verzichten. Immerhin, um Sie vor Schritten zu bewahren, die Sie nachher doch bereuen könnten, möchte ich Ihnen verraten, daß wir in absehbarer Zeit ein Kuratorium wahrscheinlich nicht mehr nötig haben werden. Schon für die nächste Zeit ist uns eine staatliche Subvention von beträchtlicher Höhe ziemlich sicher, und, was wohl noch von weitertragender Bedeutung ist, die Verstaatlichung unseres Institutes wird von den maßgebenden Faktoren, wie Seine Exzellenz mir erst gestern wieder angedeutet hat, in allerernsteste Erwägung gezogen.

EBENWALD Ballgespräche.

CYPRIAN *steht auf* Ich muß bemerken, daß Seine Exzellenz vor wenigen Tagen auch mir gegenüber –

FILITZ Das gehört ja alles nicht hierher.

SCHREIMANN Zukunftsmusik!

EBENWALD Eine Subvention jetzt nach der Geschichte!

FILITZ Nach dieser Interpellation! *Große Unruhe.*

BERNHARDI *stark* Sie vergessen, meine Herren, daß diese Interpellation auch ihre Antwort finden wird. Und wie diese Antwort ausfallen wird, daran ist ein Zweifel wohl unzulässig, oder würde vielmehr eine Verdächtigung des Unterrichtsministers bedeuten, der über die Vorgänge, die dieser Interpellation vorhergegangen sind, informiert sein dürfte.

FILITZ Hoffentlich nicht einseitig.

SCHREIMANN Die Interpellation steht nicht zur Debatte.

FILITZ Ganz richtig. Es liegt ein Antrag vor.

SCHREIMANN Abstimmen lassen!

CYPRIAN *zu Bernhardi, leise* Ja, laß zuerst einmal abstimmen.

BERNHARDI Meine Herren! Es liegen zwei Anträge vor. Der eine von Professor Ebenwald dahin gehend –

LÖWENSTEIN Meine Herren, ich komme aus dem Parlament. *Bewegung* Die Interpellation ist beantwortet worden.

EBENWALD Ich bitte abstimmen zu lassen, Herr Direktor.

CYPRIAN Wir haben doch die Parlamentsspielerei verschworen, meine Herren. Wir wünschen doch alle zu wissen –

SCHREIMANN *der Löwensteins verstörtes Gesicht wohl bemerkt hat* Ich glaube im Sinne aller Anwesenden zu sprechen, wenn ich an den Herrn Direktor das Ersuchen stelle, die offizielle Sitzung auf ein paar Minuten zu unterbrechen, damit Herr Kollega Löwenstein Gelegenheit erhält, uns nähere Mitteilungen über die Beantwortung der Interpellation zu machen.

BERNHARDI Die Herren sind alle einverstanden? So unterbreche ich die Sitzung auf einige Zeit. *Humoristisch* Löwenstein, du hast das Wort.

LÖWENSTEIN Es ist – es wird eine Untersuchung wegen Religionsstörung gegen dich eingeleitet. *Entsprechende Bewegung.*

PFLUGFELDER Das ist doch nicht möglich!

CYPRIAN Löwenstein!

SCHREIMANN Oh!

ADLER Religionsstörung?

CYPRIAN Erzähl' uns doch.

EBENWALD Herr Kollega Löwenstein wird vielleicht die Liebenswürdigkeit haben, uns etwas genauer zu informieren.

BERNHARDI *steht regungslos.*

LÖWENSTEIN Was ist da viel zu informieren? Die Untersuchung wird eingeleitet! Eine Schmach! Ihr habt es erreicht.

FILITZ Keine Invektiven, lieber Löwenstein.

CYPRIAN So sprich doch endlich!

LÖWENSTEIN Was kann die Herren daran noch weiter interessieren? Sie werden ja das Genauere morgen früh in der Zeitung lesen. Das Wesentliche der ganzen Rede war der Schluß, und den kennen Sie jetzt. Daß Seine Exzellenz im Anfang offenbar auf etwas ganz anderes hinauswollte, das ist ja nebensächlich.

CYPRIAN Wo anders hinaus?

SCHREIMANN Lieber Kollega Löwenstein, versuchen Sie doch
möglichst im Zusammenhang –

LÖWENSTEIN Also, ich versichere Sie, meine Herren, im Anfang
mußte man absolut den Eindruck haben, daß die Herren Interpellanten eine schmähliche Niederlage erleben werden.
Der Minister sprach von den großen Verdiensten unseres Direktors und betonte ausdrücklich, daß von irgendeiner Absicht einerseits absolut nicht die Rede gewesen sein konnte,
daß Professor Bernhardi dem politischen Getriebe vollständig fernstünde, daß kein Anlaß vorliege, öffentliche Stellen
anders zu besetzen als nach Würdigkeit und Verdienst. Und
bei dieser Gelegenheit gab es schon Zwischenrufe: »Ja, wenn
es so wäre!« und »Verjudung der Universität!« und dergleichen. Da kam dann der Minister irgendwie von seinem Thema
ab, wurde, wie es scheint, ärgerlich und verwirrt. Dann
kam er irgendwie auf die Notwendigkeit der religiösen Erziehung, auf eine Verbindung von christlicher Weltanschauung
und Fortschritt der Wissenschaft, und er endete plötzlich –
ich bin überzeugt, zu seiner eigenen Überraschung –, wie
ich schon erzählt habe, mit der Mitteilung, daß er sich mit
seinem Herrn Kollegen von der Justiz ins Einvernehmen setzen werde, *Höhnend*, ob dieser sich nicht veranlaßt sehe, die
Vorerhebungen gegen Herrn Professor Bernhardi wegen
Vergehens der Religionsstörung einzuleiten, um auf diese
Weise – so ungefähr sagte er – eine Klarstellung des von den
Herren Interpellanten gerügten Einzelfalles in einer vollkommen einwandfreien, alle Parteien des Hauses und die Bevölkerung in gleichem Maße befriedigenden Weise durchzuführen.

PFLUGFELDER Pfui Teufel!

FILITZ Oho!

CYPRIAN Und wie benahm sich denn das Haus?

LÖWENSTEIN Ziemlich viel Beifall, kein Widerspruch, soviel ich
gehört habe... Redner wurde beglückwünscht.

ADLER Es ist unmöglich, daß Sie sich verhört haben, Löwenstein?

LÖWENSTEIN Bitte, Sie brauchen mir ja nicht zu glauben.

CYPRIAN Es geht uns ja auch im Grunde nichts an.

FILITZ Na!

EBENWALD Ich denke, man könnte die Sitzung wieder aufneh-
men.

BERNHARDI *gefaßt* Ich glaube im Sinne aller Anwesenden zu
sprechen, wenn ich Herrn Doktor Löwenstein für seinen
freundlichen Bericht unseren Dank ausspreche, bitte die Herren, sich zu beruhigen, und nehme die für kurze Zeit unter-
brochen gewesene Sitzung wieder auf. Meine Herren, wie Sie
früher richtig bemerkt haben, die Interpellation steht nicht
zur Debatte, ihre Beantwortung ebensowenig; es liegen zwei
Anträge vor.

EBENWALD Ich ziehe meinen Antrag zurück.

Bewegung. Adler flüstert Löwenstein Erklärungen zu.

EBENWALD Respektive, ich lasse ihn aufgehen in einem andern
Antrag, der mir im Hinblick auf die durch die Antwort des
Ministers geschaffene Sachlage im Interesse unseres Institutes
geboten erscheint.

CYPRIAN Die Antwort des Ministers gehört nicht hierher.

PFLUGFELDER Gar nichts geht uns diese Antwort an.

EBENWALD Also, ich beantrage: Suspendierung unseres verehrten Herrn Direktors von der Leitung des Elisabethinums bis
zum Abschluß der gegen ihn eingeleiteten strafrechtlichen
Untersuchung. *Große Unruhe.*

PFLUGFELDER Schämen Sie sich, Ebenwald!

CYPRIAN Sie wissen ja noch nicht einmal, ob die Anklage erhoben wird.

LÖWENSTEIN Unerhört!

CYPRIAN Wenn Sie Ihren ersten Antrag zurückziehen, so bleibt
doch der meine aufrecht, daß wir nämlich Herrn Direktor
Bernhardi unseres Vertrauens –

PFLUGFELDER *unterbricht* Was geht uns die Interpellation und ihre
Beantwortung überhaupt an? Es ist eine externe Angelegenheit.

EBENWALD *brüllend* Bedenken Sie doch, daß wir in Gefahr stehen, uns vor der ganzen Welt lächerlich zu machen, wenn wir hier weiterberaten und beschließen – im Angesichte der Möglichkeit, daß alle unsere Beschlüsse von einer höheren Instanz bei nächster Gelegenheit annulliert werden.

CYPRIAN Entschuldigen Sie, Ebenwald, das ist ein Unsinn.

ADLER Wer hat denn das Recht, unsere Beschlüsse zu annullieren?

LÖWENSTEIN Professor Bernhardi ist und bleibt Direktor des Elisabethinums. Kein Mensch kann ihn absetzen.

FILITZ Für mich ist er es schon heute nicht mehr!

CYPRIAN *zu Bernhardi* Laß über meinen Antrag abstimmen. *Bewegung.*

BERNHARDI Ich werde der Ordnung gemäß... *Unruhe.*

ADLER *sehr erregt.* Meine Herren, gestatten Sie mir nur ein paar Worte. Wenn die vom Minister für Kultus und Unterricht in Aussicht gestellte Untersuchung zu einer Verhandlung führen sollte, wird unter anderem auf meine Aussage nicht verzichtet werden können, da ich bei jenem Vorfall anwesend war. Und nicht nur ich, sondern alle hier Anwesenden wissen, daß der in Rede stehende Vorfall von den Herren Interpellanten in einer der Wahrheit nicht völlig entsprechenden Weise geschildert worden ist. Aber gerade weil ich von der Unschuld des Professor Bernhardi in tiefster Seele überzeugt bin, ja sie bezeugen kann –

BERNHARDI Ich danke.

ADLER – gerade darum begrüße ich es – und wir alle ohne Unterschied der Parteirichtung müssen es begrüßen –

SCHREIMANN Es gibt keine Parteirichtung!

ADLER – daß jene Angelegenheit vor der gesamten Öffentlichkeit durch eine ordnungsgemäße Untersuchung klargestellt werde. Es soll auch nicht der Eindruck erweckt werden, als wenn wir hier durch eine vorzeitige Parteinahme vor Abschluß der gerichtlichen Untersuchung der endgültigen Entscheidung, die ja für Herrn Professor Bernhardi nicht anders als günstig ausfallen kann, vorgreifen würden. Wenn ich also dem Antrag des Herrn Vizedirektors, Professor Ebenwald, auf Suspendierung des Herrn Direktors zustimme – *Bewegung.*

FILITZ Bravo!

ADLER – so bitte ich Sie alle, und vor allem den verehrten Herrn Professor Bernhardi, darin einen Beweis meines Vertrauens für ihn – und die Überzeugung zu erblicken, daß Herr Professor Bernhardi aus der gegen ihn eingeleiteten Untersuchung rein hervorgehen wird.

CYPRIAN Aber, Doktor Adler, damit geben Sie ja die Berechtigung zu, daß eine solche Untersuchung überhaupt eingeleitet wird.

FILITZ Wer gibt das nicht zu?

LÖWENSTEIN Auf eine solche Denunziation hin –

FILITZ Das wird sich ja herausstellen.

PFLUGFELDER Liebedienerei des Ministers! Er kriecht vor den Klerikalen!

LÖWENSTEIN Es ist ja nicht das erstemal!

CYPRIAN *zu Bernhardi* Laß über meinen Antrag abstimmen!

BERNHARDI Meine Herren! *Unruhe.*

SCHREIMANN Ist denn das überhaupt noch eine Sitzung! Kaffeehaus ohne Billard!

FILITZ Der Antrag des Professor Ebenwald ist der weitergehende, über ihn muß zuerst abgestimmt werden.

BERNHARDI Meine Herren! Ich habe eine Anfrage an den Herrn Vizedirektor Professor Ebenwald zu richten.

SCHREIMANN Was heißt denn das?

FILITZ Das ist nach der Geschäftsordnung nicht zulässig.

PFLUGFELDER Kindische Parlamentsspielerei!

BERNHARDI Es wird Sache des Herrn Professor Ebenwald sein, meine Frage zu beantworten oder nicht.

EBENWALD Bitte.

BERNHARDI Ich frage Sie, Herr Professor Ebenwald, ob Ihnen bekannt ist, daß ich die Interpellation, deren Beantwortung durch den Minister Sie zu dem Antrag auf meine Suspendierung veranlaßt, ob Ihnen bekannt ist, daß ich diese Interpellation hätte verhindern können?

LÖWENSTEIN Hört!

SCHREIMANN Nicht antworten!

BERNHARDI Wenn Sie ein Mann sind, Herr Professor Ebenwald, so werden Sie antworten. *Bewegung.*

EBENWALD Meine Herren, die Frage des Herrn Professor Bernhardi kommt mir nicht überraschend. Ich habe sie eigentlich schon im Laufe dieser ganzen sonderbaren Sitzung erwartet. Aber man wird es mir nicht übelnehmen, wenn ich bei dem eigentümlichen Ton, den der Herr Direktor mir gegenüber anzuschlagen beliebt, verzichte, ihm direkt zu antworten, sondern Ihnen allen darüber Aufschluß gebe, was es mit dieser etwas insinuösen Anfrage des Herrn Direktor für eine Bewandtnis hat. *Unruhe, Spannung* Also, meine Herren, bald nach jenem Vorfall, der unser Institut in eine so unangenehme Situation gebracht hat, habe ich mir erlaubt, bei dem Herrn Direktor vorzusprechen, um ihm die Befürchtung auszudrücken, daß das Parlament vielleicht Gelegenheit nehmen dürfte, sich in einer für die Interessen unseres Institutes sehr unvorteilhaften Weise mit diesem Vorfall zu beschäftigen. Sie wissen, unser Institut hat immer Feinde gehabt und es hat noch heute mehr, als manche von Ihnen ahnen. Denn es gibt ja noch immer einige unter Ihnen, meine Herren, die mit Zeit- und Volksströmungen nicht zu rechnen wissen, und bei öffentlichen Anstalten muß man damit rechnen, ob man diese Strömungen von einem philosophischen Standpunkt aus für berechtigt hält oder nicht. Es gibt halt viele Leute, die es nicht richtig finden, daß in einem Institut, wo ein Prinz Kurator ist und ein Bischof, und wo statistisch fünfundachtzig Perzent der Patienten Katholiken sind, die behandelnden Ärzte zur überwiegenden Anzahl einer anderen Konfession zugehören. Das macht nun einmal böses Blut in gewissen Kreisen.

LÖWENSTEIN Aber das Geld, das wir kriegen, stammt zu achtzig Perzent auch von der anderen Konfession.

EBENWALD Das ist Nebensache, die Patienten sind die Hauptsache. – Also, da hat sich's neulich darum gehandelt, wie Sie wissen, wer die Abteilung vom Herrn Professor Tugendvetter kriegen soll. Der Professor Hell aus Graz oder der Dozent Wenger. Ich darf wohl davon sprechen, trotz der Anwesenheit unseres verehrten Kollegen, der es ja selber weiß. Der Hell ist ein tüchtiger Praktiker vor allem, unser Kollega Wenger hat hauptsächlich auf theoretischem Gebiete gearbeitet, so viel Praxis wie der Hell hat er natürlich noch nicht haben können; wird auch schon kommen. Also, jetzt stellen Sie sich vor, meine Herren, es kommt ein guter Freund zu einem –

PFLUGFELDER Oder ein Vetter –

EBENWALD – kann auch ein Vetter sein – und sagte einem: Du, das wird auffallen, daß ihr ins Elisabethinum schon wieder einen Juden wählt, besonders jetzt nach dem peinlichen Vorfall, von dem schon ganz Wien spricht. Und es könnte euch passieren, daß das Parlament über euch herfallt. Ja, meine Herren, finden Sie es gar so tadelnswert, wenn man da zum Direktor geht, wie ich's getan habe, und ihm sagt, nehmen wir doch lieber den Hell, der ja schließlich auch kein Hund ist, um eventuellen Unannehmlichkeiten zu entgehen?

WENGER Sehr richtig! *Heiterkeit.*

EBENWALD Na, Sie hören! Vielleicht hätt' ich lieber zum Doktor Wenger gehen sollen und ihn ersuchen, daß er seine Kanditatur zurückzieht. Aber ich liebe keine Winkelzüge. Und so bin ich geraden Wegs zum Herrn Direktor gegangen. Also, darauf bezieht sich die Anfrage des Herrn Professor Bernhardi an mich, die mich wahrscheinlich in Grund und Boden hätte bohren sollen. Und es stimmt, daß uns die Interpellation vielleicht erspart geblieben wäre, wenn der Hell heute dasäße statt dem Wenger. Also, ich will nicht sagen, es wär' zu schön gewesen, aber, es hat nicht sollen sein. Und jetzt sitzen wir in der Tinten. Dixi.

PFLUGFELDER Bravo, Bernhardi!

BERNHARDI Meine Herren, Professor Ebenwald hat meine Frage nach berühmten Mustern mehr populär als sachlich beantwortet. Aber jeder von Ihnen wird wissen, wie er über die Angelegenheit zu denken hat. Mich zu verteidigen, daß ich auf den mir vorgeschlagenen Handel nicht eingegangen bin –

SCHREIMANN Oho!

BERNHARDI Ich gestatte mir, das einen Handel zu nennen, zumindest mit demselben Recht, mit dem man mein Vorgehen gegenüber Seiner Hochwürden eine Religionsstörung nennt.

PFLUGFELDER Sehr gut.

BERNHARDI Aber wie immer, ich muß mich schuldig bekennen – schuldig, daß ich als Direktor des Institutes nicht das Möglichste getan habe, eine Interpellation zu verhindern, die geeignet scheint, das Ansehen unseres Institutes bei allen Heuchlern und Dummköpfen herabzusetzen. Und um selbst die richtigen Konsequenzen zu ziehen, sowie um weiteren Aufschub zu verhindern, lege ich hiermit die Leitung des Institutes nieder!

Große Bewegung.

CYPRIAN Was fällt dir denn ein!

LÖWENSTEIN Das darfst du nicht!

PFLUGFELDER Es muß abgestimmt werden.

BERNHARDI Wozu? Für die Suspendierung sind Professor Ebenwald, Professor Filitz, die Dozenten Schreimann und Adler –

LÖWENSTEIN Das sind erst vier.

BERNHARDI Und Herrn Doktor Wenger möchte ich einen seelischen Konflikt ersparen. Er würde vielleicht aus Dankbarkeit für mich stimmen, weil ich neulich für ihn entschieden habe, und einem solchen Motiv will ich nicht am Ende die noch dazu nicht ganz zweifellose Ehre zu verdanken haben, fernerhin Ihr Direktor zu sein.

SCHREIMANN Oho!

FILITZ Das geht zu weit!

CYPRIAN Aber was tust du denn?

PFLUGFELDER Das ist Ihre Schuld, Adler.

LÖWENSTEIN Es muß abgestimmt werden.

PFLUGFELDER Es wäre Fahnenflucht!

BERNHARDI Flucht?

CYPRIAN Du müßtest die Abstimmung abwarten.

LÖWENSTEIN Abstimmen!

BERNHARDI Nein, ich lasse nicht abstimmen, ich unterwerfe mich keinem Urteil.

FILITZ Besonders, da es schon gesprochen ist.

SCHREIMANN Hat Herr Professor Bernhardi die Direktion niedergelegt oder nicht?

BERNHARDI Ja.

SCHREIMANN Somit hat Herr Professor Ebenwald statutenge-
mäß als Vizedirektor die Leitung des Institutes und vor allem
auch die Leitung dieser Sitzung zu übernehmen.

LÖWENSTEIN Unerhört!

FILITZ Selbstverständlich.

PFLUGFELDER Man muß sich das gefallen lassen?

CYPRIAN Bernhardi! Bernhardi!

EBENWALD Da Herr Professor Bernhardi zu unserem Bedauern
die Direktorstelle niedergelegt hat, übernehme ich nach § 7
unserer Statuten die Leitung des Elisabethinums und zugleich
den Vorsitz dieser noch im Gang befindlichen Sitzung. Ich
bitte Sie, meine Herren, um das gleiche Vertrauen, das Sie
dem scheidenden Direktor in so reichem Maße entgegenge-
bracht haben, hoffe mich desselben würdig zu erweisen und
erteile Herrn Professor Filitz das Wort.

LÖWENSTEIN Infam!

PFLUGFELDER Sie sind nicht Direktor, Herr Professor Ebenwald, noch nicht! *Unruhe.*

FILITZ Wir stehen nun vor der Frage, wer die Leitung von Professor Bernhardis Abteilung zu übernehmen hat.

CYPRIAN Ja, was fällt Ihnen denn ein?

BERNHARDI Meine Herren, ich bin wohl nicht mehr Direktor,
aber ich bin Mitglied des Institutes, so gut wie Sie alle, und
Leiter der Abteilung.

ADLER Das ist ja selbstverständlich.

WENGER Gewiß.

CYPRIAN Darüber kann es überhaupt keine Diskussion geben.

SCHREIMANN Es würde zweifellos zu Unzukömmlichkeiten
führen, wenn der suspendierte Direktor des Institutes –

LÖWENSTEIN Er ist nicht suspendiert.

CYPRIAN Er hat die Leitung des Institutes niedergelegt.

FILITZ Nicht ganz freiwillig.

PFLUGFELDER Er hat sie euch hingeschmissen!

EBENWALD Ruhe, Ruhe, meine Herren!

BERNHARDI *der nun ganz die Fassung verloren hat* Es hat natürlich niemand das Recht, mich von der Leitung meiner Abteilung zu entheben, aber ich nehme Urlaub bis zur Erledigung meiner Angelegenheit.

CYPRIAN Was tust du denn?

BERNHARDI – nehme Urlaub –

EBENWALD Ist erteilt.

BERNHARDI Danke! Und betraue für die Dauer meiner Abwesenheit mit der provisorischen Leitung meiner Abteilung meine bisherigen Assistenten, die Doktoren Kurt Pflugfelder und Oskar Bernhardi.

EBENWALD Dagegen finde ich nichts einzuwenden.

BERNHARDI Und nun, meine Herren, trete ich meinen Urlaub an und habe die Ehre, mich zu empfehlen.

LÖWENSTEIN Ich desgleichen.

CYPRIAN *nimmt seinen Hut.*

BERNHARDI Das wäre ja den Herren eben recht. Ich bitt' euch, bleibt!

PFLUGFELDER Und vor allem bleib du!

BERNHARDI Hier?

ADLER *zu Bernhardi* Herr Professor, ich wäre unglücklich, wenn Sie mein Benehmen mißdeuteten. Es liegt mir daran, Ihnen in dieser Stunde vor allen Anwesenden meine besondere Verehrung auszudrücken.

BERNHARDI Ich danke bestens. Wer nicht für mich ist, ist wider mich. Guten Abend, meine Herren. *Ab.*

PFLUGFELDER *spricht unter wachsender Unruhe, die er oft überschreien muß* Und Sie lassen ihn gehen, meine Herren? Ich bitte Sie ein letztes Mal, kommen Sie doch zur Besinnung. Sie dürfen Bernhardi nicht gehen lassen. Lassen Sie doch alles Persönliche beiseite. Verzeihen Sie auch mir, wenn ich früher zu heftig gewesen bin. Werfen Sie doch einen Blick zurück, denken Sie, wie diese ganze unglückliche Geschichte angefangen hat – und Sie müssen zur Besinnung kommen. Ein armes Menschenkind liegt todkrank im Spital, ein junges Geschöpf, das

das bißchen Jugend und Glück und Sünde, wenn Sie wollen, teuer genug mit Todesangst und Qual und mit dem Leben selbst bezahlt. In den letzten Stunden kommt es zu Euphorie. Sie fühlt sich wohl, sie ist wieder glücklich, sie ahnt nicht den nahen Tod. Genesen glaubt sie sich! Sie träumt davon, daß ihr Geliebter kommen wird, sie abzuholen, sie hinauszuführen aus den Räumen des Elends und des Leids ins Leben und ins Glück. Es war vielleicht der schönste Augenblick ihres Lebens, ihr letzter Traum. Und aus diesem Traum wollte Bernhardi sie nicht mehr zur furchtbaren Wirklichkeit erwachen lassen. Das ist seine Schuld! Dieses Verbrechen hat er begangen! Dies und nichts mehr. Er hat den Pfarrer gebeten, das arme Mädel ruhig hinüberschlummern zu lassen. Gebeten. Sie wissen es alle. Wenn er auch minder höflich gewesen wäre, jeder müßte es ihm verzeihen. Was für eine ungeheuere Verlogenheit gehört dazu, um den ganzen Fall anders anzusehen als rein menschlich. Wo existiert der Mensch, dessen religiöse Gefühle durch das Vorgehen Bernhardis in Wahrheit verletzt worden wären? Und gibt es einen, wer anders ist daran schuld als diejenigen, die diesen Fall, boshaft entstellt, weiterverbreitet haben? Wer anders als diejenigen, meine Herren, in deren Interesse es eben lag, daß religiöse Gefühle verletzt werden sollten, in deren Interesse es liegt, daß es Leute gibt, die religiöse Gefühle verletzen? Und gäbe es nicht Strebertum, Parlamentarismus, menschliche Gemeinheit – Politik mit einem Wort, wäre es jemals möglich gewesen, aus diesem Fall eine Affäre zu machen? Nun, meine Herren, es ist geschehen, denn es gibt Streber, Schurken und Tröpfe. Aber wir wollen doch zu keiner dieser Kategorien gehören, meine Herren. Welche Verblendung treibt uns, Sie dazu, Ärzte, Menschen, gewohnt an Sterbebetten zu stehen, uns, denen ein Einblick in wirkliches Elend, in das Wesentliche aller Erscheinungen gegönnt ist, welche Verblendung treibt Sie dazu, diesen jämmerlichen Schwindel mitzumachen, eine lächerliche Parlamentsparodie aufzuführen, mit Für und Wider, mit Anträgen und Winkelzügen, mit Hinauf- und Hinunterschielen, mit Unaufrichtigkeiten und Schönschwätzerei – und Ihren Blick beharrlich vom Kern der Dinge abzuwenden, und aus kleinlichen Rücksichten der Tagespolitik einen Mann im Stich zu lassen, der nichts weiter getan hat als das Selbstverständliche! Denn ich bin weit davon entfernt, ihn darum zu preisen und ihn als Helden hinzustellen, einfach weil er ein Mann ist. Und von Ihnen, meine Herren, verlange ich nichts anderes, als daß Sie dieses bescheidenen Ruhmestitels gleichfalls würdig wären, die Entschlüsse und Beschlüsse dieser heutigen Sitzung einfach als nicht erfolgt betrachten und Herrn Professor Bernhardi bitten, die Stellung wieder anzunehmen, die keinen besseren, keinen würdigeren Vertreter haben kann als ihn. Rufen Sie ihn zurück, meine Herren, ich beschwöre Sie, rufen Sie ihn zurück.

EBENWALD Ich erlaube mir die Anfrage, ob Herr Professor Pflugfelder mit seinem Couplet zu Ende ist? Es scheint. Somit, meine Herren, gehen wir zur Tagesordnung über.

PFLUGFELDER Habe die Ehre, meine Herren!

CYPRIAN Adieu!

LÖWENSTEIN Sie sind nicht mehr beschlußfähig, meine Herren.

SCHREIMANN Wir werden das Institut nicht im Stich lassen.

FILITZ Wir werden es verantworten, ohne Sie unsere Beschlüsse zu fassen.

PFLUGFELDER *die Tür öffnend* Ah, das trifft sich ja gut! Herr Doktor Hochroitzpointner, bitte nur hereinspazieren.

LÖWENSTEIN Exkneipe, Herr Vizedirektor!

PFLUGFELDER So, nun sind die Herrschaften unter sich. Ich wünsche gute Unterhaltung!

Cyprian, Pflugfelder, Löwenstein ab.

EBENWALD Wünschen Sie was, Herr Doktor Hochroitzpointner?

HOCHROITZPOINTNER Oh! *Er steht an der Türe.*

EBENWALD Also Türe zu! *Geschieht* Die Sitzung dauert fort, meine Herren.

Vorhang

Vierter Akt

Salon bei Bernhardi. Türen im Hintergrund. Türe rechts.

PFLUGFELDER, *gleich nach ihm* LÖWENSTEIN *von rechts.*

LÖWENSTEIN *noch hinter der Szene* Professor Pflugfelder!
Herein.

PFLUGFELDER Ah, Löwenstein!... Sie sind ja ganz außer Atem.

LÖWENSTEIN Schon von der Straße aus lauf' ich Ihnen nach. *Fragend* Also was ist –?

PFLUGFELDER Waren Sie denn nicht im Gerichtssaal?

LÖWENSTEIN Während der Beratung über das Strafausmaß bin ich weggeholt worden. Wieviel –?

PFLUGFELDER Zwei Monate.

LÖWENSTEIN Zwei Monate, trotz der Aussage des Pfarrers? Ist das möglich?

PFLUGFELDER Diese Aussage! Die war nur für den Pfarrer selbst von Vorteil. Bernhardi hat nicht den geringsten davon gehabt.

LÖWENSTEIN Das ist aber doch... Wieso für den Pfarrer –?

PFLUGFELDER Ja, haben Sie denn das Plädoyer des Staatsanwalts nicht angehört?

LÖWENSTEIN Nur den Anfang. Viermal bin ich heute weggeholt worden während der Verhandlung. Sonst kann man tagelang warten bis es einem Patienten einfällt –

PFLUGFELDER Na, na, Sie haben sich nicht zu beklagen –

LÖWENSTEIN Also, was war mit dem Staatsanwalt?

PFLUGFELDER Nun, daß der Pfarrer keinen Stoß, sondern nur eine leichte Berührung an der Schulter verspürt haben wollte, das gab dem Staatsanwalt willkommenen Anlaß, Seine Hochwürden als ein Musterbild christlicher Langmut und Milde zu preisen und bei dieser Gelegenheit dem ganzen Priesterstand, der ja zur Not darauf verzichten könnte, ein Loblied zu singen.

LÖWENSTEIN Da ist also Bernhardi tatsächlich nur auf die Zeu-
genaussagen von dieser hysterischen Schwester Ludmilla und
von diesem sauberen Herrn Hochroitzpointner hin verurteilt
worden?! Denn alle anderen Aussagen haben ihn doch vollständig entlastet. Adler muß ich direkt Abbitte leisten. Er hat
sich famos benommen. Und Cyprian! Von Ihrem Herrn
Sohn gar nicht zu sprechen!

CYPRIAN *tritt ein.* LÖWENSTEIN, PFLUGFELDER *Begrüßung.*

PFLUGFELDER Wo bleibt Bernhardi?

LÖWENSTEIN Haben sie ihn vielleicht gleich dort behalten?

CYPRIAN Er wird wohl mit Doktor Goldenthal kommen.

PFLUGFELDER So? Den bringt er sich gar mit?

CYPRIAN *befremdet* Auf den Verteidiger können wir bei unserer
Beratung heut' wohl nicht verzichten.

PFLUGFELDER Wir hätten von Beginn an auf ihn verzichten sollen.

LÖWENSTEIN Sehr wahr.

CYPRIAN Was habt ihr denn gegen ihn? Er hat vorzüglich gesprochen. Nicht sehr schneidig vielleicht –

PFLUGFELDER Das kann man allerdings nicht behaupten.

LÖWENSTEIN Goldenthal hat sich benommen wie ein Schub-
jack, wie übrigens nicht anders zu erwarten war.

CYPRIAN Wieso nicht anders zu erwarten?

LÖWENSTEIN Ein Getaufter! Seine Frau trägt so ein Kreuz. Seinen Sohn läßt er in Kalksburg erziehen! Das sind schon die
Richtigen.

CYPRIAN Du machst einen wirklich schon nervös mit deiner
fixen Idee.

LÖWENSTEIN Ich bin kein Vogel Strauß, sowenig als ich ein
Kiebitz bin. Herr Doktor Goldenthal ist einer von denen, die
immerfort Angst haben, man könnte doch vielleicht glauben
– Mit einem andern Advokaten wär' die Sache anders ausgegangen.

CYPRIAN Das bezweifle ich sehr. Mit einem andern Ange-
klagten vielleicht.

PFLUGFELDER Wie?

CYPRIAN Wir wollen Bernhardi ja nachträglich keine Vorwürfe
machen, meine Lieben, gewiß nicht heute. Aber daß er sich
besonders klug benommen hätte, das können ihm seine glü-
hendsten Verehrer nicht nachsagen.

LÖWENSTEIN Wieso? Ich habe ihn geradezu bewundert. Daß er
sogar während der Aussage dieses Lumpen Hochroitzpointner die Ruhe bewahrte...

CYPRIAN Ruhe nennst du das? Trotz war es.

LÖWENSTEIN Trotz? Wieso Trotz?

PFLUGFELDER zu Cyprian Er war wahrscheinlich nicht dabei, als
Bernhardi die Vorladung Ebenwalds verlangte.

LÖWENSTEIN Ah!

CYPRIAN Das weißt du nicht? – Auch den Minister Flint wollte
er vorladen lassen. –

LÖWENSTEIN Großartig!

CYPRIAN Das war nichts weniger als großartig. Was haben Flint
und Ebenwald mit der Prozeßsache zu tun?

LÖWENSTEIN Na, hörst du –

CYPRIAN Absolut nichts. Es sah geradezu nach Sensationsha-
scherei aus.

PFLUGFELDER Na –

CYPRIAN Wenn man die Dinge so weit an ihre Wurzeln verfol-
gen wollte, was für Leute hätte man heute noch vor Gericht
laden müssen! Es wäre eine illustre Gesellschaft gewesen, sag'
ich euch.

LÖWENSTEIN Schad', schad'!

KURT tritt ein.

PFLUGFELDER Kurt!
Auf ihn zu, umarmt ihn.

LÖWENSTEIN zu Cyprian Was ist denn das für eine rührende Fa-
milienszene?

CYPRIAN Weißt du denn nicht? Kurt hat Herrn Hochroitzpointner vor Gericht einen Lügner genannt.

LÖWENSTEIN Was –

CYPRIAN Und wurde im Disziplinarwege zu zweihundert Kronen Geldstrafe verurteilt.

LÖWENSTEIN Lieber Doktor Pflugfelder, darf ich Ihnen auch einen Kuß geben?

KURT Danke bestens, Herr Dozent, ich betrachte ihn als genossen.

LÖWENSTEIN So lassen Sie mich wenigstens was zu den zweihundert Kronen beitragen.

PFLUGFELDER Die zahlen schon wir. *Zu Kurt* Aber das sag' ich dir, Kurt, wenn du dir's vielleicht einfallen läßt, dich mit dem Menschen zu schlagen –

KURT Er soll's nur versuchen, mich zu fordern. Dann bring' ich die Sache vor einen Ehrenrat. Und da wollen wir sehen –

LÖWENSTEIN Er wird sich hüten.

KURT Das fürcht' ich auch. Aber wie immer, abgeschlossen ist die Affäre Hochroitzpointner noch nicht, auch wenn es die Affäre Bernhardi sein sollte.

CYPRIAN Was wir nicht hoffen wollen.

LÖWENSTEIN Was haben Sie vor, Doktor Kurt?

DR. GOLDENTHAL, *beleibter Herr von 45 Jahren, graumeliertes krauses Kopfhaar; schwarze Bartkotelettes; würdig, etwas salbungsvoll und nasal, kommt.* CYPRIAN, PFLUGFELDER, LÖWENSTEIN, KURT

GOLDENTHAL Guten Abend, meine Herren.

CYPRIAN Wo ist Bernhardi?

GOLDENTHAL Ich habe dem Professor geraten, sich durch eine Seitentüre aus dem Gerichtsgebäude zu entfernen.

LÖWENSTEIN Um den ihm zugedachten Ovationen zu entgehen?

GOLDENTHAL Nur Geduld, meine Herren, auch das könnte noch kommen.

CYPRIAN Na –

GOLDENTHAL Denn wenn wir auch diesmal keinen Sieg erfochten haben –

LÖWENSTEIN Das kann man allerdings nicht sagen.

GOLDENTHAL Es war doch eine ehrenvolle Niederlage.

PFLUGFELDER Zum mindesten für die, die nicht eingesperrt werden.

GOLDENTHAL *lacht* Sollten Sie den Verteidiger meinen, Herr Professor? Nun, das ist eine der wenigen Ungerechtigkeiten, gegen die einzuschreiten ich bisher noch niemals eine Nötigung empfunden habe. *Neuer Ton* Aber nun, meine Herren, lassen Sie uns ein ernstes Wort sprechen. Es trifft sich vielleicht ganz gut, daß der Professor noch nicht hier ist. Ich wollte Sie nämlich dringend bitten, bei der nun bevorstehenden Beratung mich nach besten Kräften zu unterstützen.

CYPRIAN Inwiefern?

GOLDENTHAL Unser verehrter Professor Bernhardi ist – wie soll ich nur sagen – ein wenig eigensinnig. Es hat sich ja heute auch leider im Laufe der Verhandlung gezeigt. Diese Idee mit der Vorladung des Ministers und sein obstinates Schweigen nachher... Es machte keinen günstigen Eindruck...! Wir wollen nicht weiter davon reden. – Aber nun scheint Professor Bernhardi die Rolle des Beleidigten weiterspielen zu wollen und beabsichtigt, auf alle Rechtsmittel gegenüber dem Urteil von vorherein zu verzichten... und das...

CYPRIAN So etwas habe ich vorausgesehen.

LÖWENSTEIN Und Sie wollen die Nichtigkeitsbeschwerde einbringen, Herr Doktor?

GOLDENTHAL Selbstverständlich.

LÖWENSTEIN Wäre ja aussichtslos.

PFLUGFELDER Ich weiß, was jetzt zu tun wäre. An die Öffentlichkeit müßte man appellieren.

GOLDENTHAL Entschuldigen Sie, Herr Professor, der Prozeß hat nicht hinter verschlossenen Türen stattgefunden.

PFLUGFELDER Zum Volk müßte man reden. Das mein' ich. Der Unsinn war, daß wir bisher das Maul gehalten haben. Schaut euch die Gegenpartei an! Die klerikalen Blätter haben gehetzt, soviel sie nur konnten. Die haben es doch überhaupt dahin gebracht, daß die Anklage nicht wegen Vergehens, sondern gleich wegen Verbrechens, gegen Bernhardi erhoben worden ist, und man ihn so vor die Geschworenen bringen konnte. Die haben nicht erst den Ausgang der Verhandlung abgewartet, um über die Affäre zu schreiben, wie es unsere liberalen Zeitungen offenbar für nötig hielten.

LÖWENSTEIN Die sind halt vornehm.

PFLUGFELDER Ja, man könnte es zuweilen auch anders nennen. Aber es ist eben gegangen, wie leider so oft in der Welt. Was der Unbedenklichkeit und dem Haß der Feinde vielleicht doch nicht ganz gelungen wäre, das hat die Laxheit und die Feigheit der sogenannten Freunde besorgt.

CYPRIAN Zum Volk willst du sprechen? Zu unserer Bevölkerung! Die Geschworenen heute könnten dir doch als Kostprobe dienen.

PFLUGFELDER Man hat heute vielleicht nicht die richtigen Worte gefunden, um auf sie zu wirken.

GOLDENTHAL Oh!

PFLUGFELDER Haltet mich für einen Narren, wenn es euch beliebt, ich glaube an ein elementares Rechtsgefühl in juridisch unverbildeten Köpfen, an den ursprünglich gesunden Sinn des Volkes.

LÖWENSTEIN Pflugfelder hat recht! Man muß Versammlungen einberufen und die Leute über den Fall Bernhardi aufklären.

CYPRIAN Versammlungen zur Besprechung des Falles Bernhardi dürften nicht gestattet werden.

PFLUGFELDER Es bieten sich andere Gelegenheiten. Die Landtagswahlen stehen vor der Tür.

CYPRIAN Kandidierst du vielleicht?

PFLUGFELDER Nein, aber reden werde ich. Und werde nicht ermangeln, den Fall Bernhardi –

CYPRIAN Was wirst du reden? Du wirst genötigt sein, Selbstverständlichkeiten zu sagen.

PFLUGFELDER Meinethalben. Wenn unsere Gegner die Frechheit haben, diese Selbstverständlichkeiten zu leugnen, bleibt uns nichts übrig, als sie immer wieder in die Welt hinauszuschreien. Die Angst, daß uns die Snobs bei dieser Gelegenheit

Phrasendrescher heißen könnten, darf uns nicht verleiten, den Paradoxen und Lügen das Feld zu räumen.

LÖWENSTEIN Und es wäre sehr zu überlegen, ob im Interesse der Sache Bernhardi nicht jedenfalls seine zwei Monate absitzen sollte. *Gelächter.*

PFLUGFELDER Gewiß würde die Infamie, die an ihm verübt wurde, augenfälliger.

BERNHARDI *und* OSKAR *treten ein.* PFLUGFELDER, CYPRIAN, KURT, LÖWENSTEIN, GOLDENTHAL

BERNHARDI *sehr aufgeräumt, da er die andern eben noch lachen hört* Da geht's ja hoch her. Bin auch dabei. Bitte um Entschuldigung, daß ich habe warten lassen. *Händedrücke.*

CYPRIAN Also, ist es dir gelungen, dich den Ovationen zu entziehen?

BERNHARDI Nicht so ganz. An der Seitentür haben vorsichtshalber auch einige... Herren... gewartet und mir einen gebührenden Empfang bereitet.

LÖWENSTEIN Hat man dir die Pferde ausgespannt?

BERNHARDI »Nieder mit den Juden!« haben sie geschrien. »Nieder mit den Freimaurern!«

LÖWENSTEIN Hört ihr!

BERNHARDI Sie machen mir doch das Vergnügen zum Abendessen, meine Herren. Willst du nicht nachsehen, Oskar, ob genügend vorgesorgt ist? Meine Wirtschafterin hat mir nämlich gekündigt. Ihr Beichtvater hat ihr erklärt, daß sie unmöglich in so einem Haus bleiben dürfe, ohne größte Gefahr für ihr Seelenheil! – Es wird natürlich etwas frugal sein, wie es sich für die Tafel eines angehenden Sträflings geziemt. Aber Oskar! Mir scheint gar, der Bub hat Tränen im Auge. *Leiser* Nicht sentimental sein.

OSKAR Ich bin nur wütend. *Ab, kommt bald wieder.*

ADLER *tritt ein.*

BERNHARDI Seien Sie mir gegrüßt, Doktor Adler. Ein reuiger
Sünder ist meinem Angesicht wohlgefälliger als zehn Gerechte.

ADLER *leicht* Ich war niemals ein Sünder, Herr Professor. Ich
betone nochmals, dieser Prozeß erschien mir von allem Anfang an als eine Notwendigkeit. Allerdings konnte ich nicht
voraussehen, daß Herr Hochroitzpointner vor Gericht mehr
Glauben finden würde als Professor Cyprian und ich.

CYPRIAN Wir können uns nicht beklagen. Dem Herrn Pfarrer
selbst ist es nicht anders ergangen.

GOLDENTHAL Ja, meine Herren. Der Herr Pfarrer!... Das war
ein merkwürdiger, in gewissem Sinn vielleicht sogar ein
historischer Moment, als Seine Hochwürden Zeugenschaft
ablegte, und – freilich erst auf meine Frage hin – seiner Überzeugung Ausdruck verlieh, daß Professor Bernhardi keine
feindselige Demonstration der katholischen Kirche gegenüber
beabsichtigt hätte. Man kann ermessen, wie stark gewisse
Strömungen in unserer Bevölkerung heute sein müssen,
wenn nicht einmal die Aussage des Herrn Pfarrers imstande
war, unserer Sache zu nützen.

BERNHARDI Wenn Seine Hochwürden das hätte befürchten
müssen, so hätte er jedenfalls anders ausgesagt.

GOLDENTHAL Oh, Herr Professor! Wie können Sie annehmen,
daß ein Diener der Kirche jemals wissentlich eine Unwahrheit
aussprechen würde.

PFLUGFELDER Soll schon vorgekommen sein.

ADLER Ich glaube, Herr Professor, Sie tun dem Pfarrer unrecht.
Aus seinen Worten, aus seiner ganzen Haltung sprach geradezu eine Art Sympathie für Sie. Das ist kein ganz gewöhn-
licher Mensch. Schon damals im Krankenzimmer hatte ich
den Eindruck.

BERNHARDI Sympathie! An die glaube ich nur, wenn es mit eini-
gem Risiko verbunden ist, sie zu beweisen.

GOLDENTHAL Ich bezweifle, daß Seiner Hochwürden die heutige Aussage in seiner weiteren Karriere von besonderem Vorteile sein dürfte. Wir wollen übrigens hoffen, daß er noch einmal in die Lage versetzt sein wird, Zeugenschaft abzulegen; – und dann, Herr Professor, wenn Ihnen Gerechtigkeit widerfahren sein wird, werden auch Sie gerechter urteilen.

BERNHARDI Ich sagte Ihnen schon, Herr Doktor, daß ich auf jedes Rechtsmittel verzichte. Der Prozeß heute war eine Farce. Ich werde mich nicht noch einmal vor diese Leute oder ihresgleichen hinstellen. Nebstbei wissen Sie so gut wie ich, Herr Doktor, daß es vollkommen aussichtslos wäre.

GOLDENTHAL Pardon – wie sich die obersten Instanzen verhalten werden, das läßt sich durchaus nicht –

PFLUGFELDER Je höher hinauf, um so schlimmer.

GOLDENTHAL Meine Herren, es wird auch Ihnen nicht entgangen sein, daß sich gerade im Laufe der letzten Monate gewisse Veränderungen in der politischen Konstellation vorbereiten.

LÖWENSTEIN Ich merke nichts davon. Immer ärger wird es.

GOLDENTHAL Verzeihen Sie, ich fühle, wie durch unser Vaterland allmählich wieder ein freiheitlicher Zug zu wehen beginnt – und ein nächster Prozeß könnte sich schon unter einem minder verhängten Himmel abspielen.

BERNHARDI Und was wäre schon das Höchste, was ich erreichen könnte? Ein Freispruch. Das genügt mir nicht mehr. Wenn ich nur zu meinem R e c h t komme, so bin ich noch lange nicht quitt mit den Herren Flint, Ebenwald und Konsorten.

GOLDENTHAL Verehrter Herr Professor, ich sagte Ihnen schon, für das, was Sie diesen Herren vorzuwerfen haben, gibt es keine gerichtlichen Beweise.

BERNHARDI Man wird mir glauben – auch ohne gerichtliche Beweise.

GOLDENTHAL Aber eine Schuld dieser Herren im juridischen Sinn ist überhaupt nicht zu konstruieren.

BERNHARDI Darum verzichte ich eben auf weitere juridische Behandlung des Falles.

GOLDENTHAL Es ist meine Pflicht, Herr Professor, Sie vor

Übereilungen zu warnen. Ich tue es hier vor Zeugen. Ich verstehe ja, daß das an Ihnen verübte Unrecht Ihr Blut in Wallung bringt. Aber auf dem Wege, der Ihnen jetzt vorzuschweben scheint, liegen nur neue Prozesse –

CYPRIAN Und wahrscheinlich neue Verurteilungen.

BERNHARDI Man wird wissen, wo die Wahrheit ist, geradeso wie man's heute weiß.

PFLUGFELDER Was immer du vorhast, auf mich kannst du zählen.

LÖWENSTEIN Auch auf mich. Und ich behaupte, das ganze System muß getroffen werden.

PFLUGFELDER Flint müßte man zum Teufel jagen.

GOLDENTHAL Aber meine Herren!

LÖWENSTEIN Ja, dieser Flint, auf den ihr so große Hoffnungen gesetzt habt, und der jetzt einfach der Handlanger der Klerikalen geworden ist. Dieser sogenannte Mann der Wissenschaft, unter dem die Pfaffen frecher geworden sind als je. Wenn es so weitergeht, liefert er der schwarzen Brut die ganze Schule aus, dieser Minister für Kultus und Heuchelei!

GOLDENTHAL Pardon, es ist eine bekannte Tatsache, daß zweifellos liberale Journalisten im Unterrichtsministerium aus und ein gehen. Und was gewisse Maßnahmen des Herrn Ministers anbelangt, meine Herren, auf die Sie offenbar anspielen, so muß ich sagen, auf die Gefahr hin, mir Ihr Mißfallen zuzuziehen, daß ich sie nicht so durchaus verwerflich finde.

PFLUGFELDER Wie, Sie sind für den Beichtzwang bei Schulkindern? Sie sind für die Gründung einer katholischen Universität, Herr Doktor?

GOLDENTHAL Ich will ja nicht sagen, daß ich meine Söhne dort studieren ließe.

LÖWENSTEIN Warum, Herr Doktor? Man wird von Kalksburg aus ohne Umsteigen hingelangen.

GOLDENTHAL Kalksburg, meine Herren, ist eine der vorzüglichsten Schulen, die Österreich besitzt. Und ich konstatiere bei dieser Gelegenheit gern, daß auch unter den von mancher Seite so sehr verlästerten Klerikalen Männer von geistiger Bedeutung, ja sogar, wie es sich heute wieder gezeigt hat, tapfere und edle Menschen zu finden sind. Und mein Prinzip war immer, auch im erbittertsten Kampf: Respekt vor der Überzeugung meiner Gegner.

LÖWENSTEIN Die Überzeugung des Ministers Flint!

GOLDENTHAL Er schützt eben alle Überzeugungen. Und das ist seine Pflicht auf der Warte, wo ihn die Vorsehung hingestellt hat. Glauben Sie mir, meine Herren, es gibt Dinge, an die man nicht rühren – und nicht rühren lassen soll.

PFLUGFELDER Warum, wenn ich fragen darf? Die Welt ist überhaupt nur dadurch weitergekommen, daß irgend jemand die Courage gehabt hat, an Dinge zu rühren, von denen die Leute, in deren Interesse das lag, durch Jahrhunderte behauptet haben, daß man nicht an sie rühren darf.

GOLDENTHAL In dieser allgemeinen Form dürfte Ihre geistreiche Behauptung kaum aufrechtzuerhalten sein, und jedenfalls kann sie auf unsere Affäre keine Anwendung finden, da ja unserem verehrten Freunde Bernhardi, wie er ohne weiteres zugeben wird, gewiß die Absicht ferngelegen war, die Welt weiterzubringen.

LÖWENSTEIN Es wird sich vielleicht einmal zeigen, daß er es getan hat.

BERNHARDI Oh! Oh! Wohin geratet ihr!

PFLUGFELDER Wie die Dinge heute stehn, ist deine Angelegenheit nur von einem allgemeinen Standpunkt aus zu behandeln. Deine Gegner haben ja den Anfang gemacht. Auch der Staatsanwalt hat sich nicht geniert. Sollten Sie das nicht bemerkt haben, Herr Doktor?

GOLDENTHAL Auf dieses Gebiet konnte ich dem Herrn Staatsanwalt nicht folgen. Meine Aufgabe ist es nicht, Politik zu machen, sondern zu verteidigen.

PFLUGFELDER Wenn Sie wenigstens diese Aufgabe erfüllt hätten.

BERNHARDI Aber, Pflugfelder, ich werde nicht gestatten –

GOLDENTHAL Oh, lassen Sie doch, Herr Professor, die Sache beginnt mich zu interessieren. – Also, Sie finden, daß ich meinen Klienten nicht verteidigt habe?

PFLUGFELDER Meiner unmaßgeblichen Ansicht nach – nein. Denn wenn man Ihnen zugehört hat, Herr Doktor, mußte man ja wirklich glauben, daß sämtliche religiösen Gefühle der katholischen Welt, von denen Seiner Heiligkeit des Papstes an bis zu denen des Betbruders im entlegensten Dorf, durch Bernhardis Vorgehen gegen den Pfarrer aufs tiefste verletzt worden seien. Und statt einfach zu erklären, daß jeder Arzt so handeln müßte, wie Bernhardi tat, und daß jeder, der das bestreitet, nur ein Tropf oder ein Schurke sein kann, haben Sie es für nötig gefunden, als einen Akt der Unbesonnenheit zu entschuldigen, was einfach seine ärztliche Pflicht gewesen ist. Die böswilligen Idioten auf der Geschworenenbank, die vom ersten Augenblick entschlossen waren, Bernhardi schuldig zu sprechen, haben Sie behandelt wie die erlesensten Köpfe der Nation – und die Richter, die die Kerkerschaft für Bernhardi sozusagen in der Aktentasche mitgebracht hatten, als Musterbilder von Scharfsinn und Gerechtigkeit. Sogar den Lumpen Hochroitzpointner und die Schwester Ludmilla haben Sie mit Glacéhandschuhen angefaßt und sind so weit gegangen, diesen falschen Zeugen den guten Glauben zuzubilligen. Und Sie haben sich nicht anders gebärdet, als glaubten Sie, Sie, Herr Doktor Goldenthal, im Innersten Ihrer Seele selbst an die Unerläßlichkeit und Kraft jenes Sakramentes, gegen das sich Bernhardi angeblich vergangen, und ließen durchblicken, daß unser Freund Bernhardi im Grunde doch sehr unrecht täte, nicht auch daran zu glauben. Immer zuerst ein höfliches Neigen des Kopfes gegen den Herrn Klienten, und dann ein tiefes Buckerl nach der Seite, wo seine Feinde standen, vor der Dummheit, der Verleumdung, der Heuchelei. Wenn Bernhardi damit zufrieden ist, so ist das seine Sache, ich, Herr Doktor Goldenthal, vermag für diese Art Verteidigung das nötige Verständnis nicht aufzubringen.

GOLDENTHAL Und ich, Herr Professor, muß es begrüßen, daß Sie Ihre großen Gaben der Medizin und nicht dem Jus gewidmet haben, denn zweifellos wäre es Ihnen gelungen, bei Ihrem Temperament und Ihrer Auffassung von der Würde des

Gerichtssaales, auch den Unschuldigsten ins Kriminal zu bringen.

LÖWENSTEIN Das treffen Sie ja auch, Herr Doktor, trotz Ihres erfreulichen Mangels an Temperament.

BERNHARDI Aber jetzt ist es wahrhaftig genug. Ich muß euch bitten –

Die Türe ins Speisezimmer wurde geöffnet.

GOLDENTHAL *abwehrend* Verehrter Herr Professor, glücklich der Mann, der solche Freunde sein eigen nennt. Ich für meinen Teil lasse gern den Vorwurf auf mir sitzen, daß ich nicht zu den gewissenlosen Verteidigern gehöre, die einem rednerischen Effekt zuliebe ihren Klienten der Erbitterung seiner Richter preisgeben. – Aber selbstverständlich, Herr Professor, denke ich nicht daran, Ihnen meinen Rat weiterhin aufzudrängen, und stelle anheim –

CYPRIAN *zu Pflugfelder* Siehst du!

BERNHARDI Was fällt Ihnen ein, Herr Doktor.

PFLUGFELDER Wenn sich hier einer zu entfernen hat, so bin das selbstverständlich ich. Ich muß dich auch um Verzeihung bitten, lieber Bernhardi, daß ich mich habe hinreißen lassen; zurücknehmen kann ich selbstverständlich nichts. Kein Wort mehr, Bernhardi, ich bin hier überflüssig.

DIENER *kommt, flüstert Bernhardi etwas zu.*

BERNHARDI *sehr betreten, zögert eine Weile, er will sich an Cyprian wenden, läßt es wieder sein.*

PFLUGFELDER *hat sich indessen entfernt.*

BERNHARDI Verzeihen Sie, meine Herren, ein Besuch, den ich unmöglich abweisen kann. Er wird mich hoffentlich nicht allzulange – Bitte fangen Sie nur an zu essen. Oskar, sei so gut –

CYPRIAN *zu Bernhardi* Was ist denn?

BERNHARDI Später, später.

Oskar, Kurt, Löwenstein, Adler, Cyprian, Goldenthal ins Speisezimmer.

BERNHARDI *zum Diener* Ich lasse bitten.

DIENER *ab.*

BERNHARDI *schließt die Portiere zum Speisezimmer.*

PFARRER *tritt ein.* BERNHARDI *und* PFARRER

BERNHARDI *ihn an der Tür empfangend* Ich bitte –
PFARRER Guten Abend, Herr Professor.
BERNHARDI Eine Beileidsvisite, Hochwürden?
PFARRER Nicht eben das. Aber es war mir ein unabweisbares
Bedürfnis, noch heute mit Ihnen zu sprechen.
BERNHARDI Ich bin zu Ihrer Verfügung, Hochwürden.
Bietet ihm einen Stuhl an, beide setzen sich.
PFARRER Trotz des für Sie ungünstigen Ausganges des Prozes-
ses, Herr Professor, dürfte Ihnen klar sein, daß ich an Ihrer
Verurteilung keine Schuld trage.
BERNHARDI Wenn ich Ihnen dafür dankte, Hochwürden, daß
Sie unter Ihrem Zeugeneid die Wahrheit gesprochen haben,
müßte ich fürchten, Sie zu verletzen. Also –
PFARRER *schon etwas verstimmt* Ich bin nicht gekommen, mir Ihren Dank zu holen, Herr Professor, obwohl ich mehr getan
habe, als einfach die Antwort zu erteilen, zu der ich als Zeuge
verpflichtet war. Denn, wenn Sie sich freundlichst erinnern
wollen, gab ich auf eine Frage Ihres Herrn Verteidigers hin
ohne Zögern meiner Überzeugung Ausdruck, daß Sie bei Ihrem Verhalten gegen mich damals an der Türe des Kranken-
zimmers keineswegs von ostentativ feindlichen Absichten
gegen die katholische Kirche geleitet waren.
BERNHARDI Damit sind Hochwürden gewiß über das Maß Ihrer
Verpflichtungen hinausgegangen, aber vielleicht belohnt Sie
hierfür die Wirkung, die Sie mit Ihrer Aussage erzielt haben.
PFARRER Ob diese Wirkung, Herr Professor, auch überall außerhalb des Gerichtssaales als eine mir günstige bezeichnet
werden darf, das wollen wir dahingestellt sein lassen. Aber
Sie können sich wohl denken, Herr Professor, daß ich nicht
gekommen bin, um meine Aussage vor Gericht privatim vor
Ihnen zu rekapitulieren. Was mich dazu veranlaßt, noch heute
zu so später Stunde bei Ihnen vorzusprechen, ist der Um-
stand, daß ich Ihnen ein – noch weiter gehendes Zugeständnis
zu machen habe.

BERNHARDI Ein weiter gehendes Zugeständnis?

PFARRER Ja. Vor Gericht gab ich meiner Überzeugung Ausdruck, daß Sie nicht in feindlicher Absicht gegen mich oder
gegen – das, was ich zu repräsentieren habe, vorgegangen
sind. Ich sehe mich aber nun veranlaßt, Ihnen zuzugestehen,
Herr Professor, daß Sie in dem speziellen Fall – verstehen Sie
mich wohl, Herr Professor – in dem speziellen Fall, um den es
sich hier handelt, in Ihrer Eigenschaft als Arzt vollkommen
korrekt gehandelt haben, daß Sie innerhalb Ihres Pflichten-
kreises, geradeso wie ich innerhalb des meinen, nicht anders
handeln konnten.

BERNHARDI Habe ich Sie recht verstanden? Sie gestehen mir zu,
daß ich vollkommen korrekt – daß ich nicht anders handeln
konnte?

PFARRER Daß Sie als Arzt nicht anders handeln konnten.

BERNHARDI *nach einer Pause* Wenn dies Ihre Meinung ist, Hochwürden, dann muß ich allerdings sagen, daß sich vor wenigen
Stunden für dieses Zugeständnis eine bessere, ja vielleicht die
einzig richtige Gelegenheit geboten hätte.

PFARRER Daß es nicht Mangel an Mut war, der mir die Lippen
verschloß, brauche ich Ihnen nicht zu versichern. Wäre ich
sonst hier, Herr Professor?

BERNHARDI Was also –

PFARRER Das will ich Ihnen sagen, Herr Professor. Was mich
vor Gericht verstummen ließ, das war die mit der Kraft gött-
licher Erleuchtung in mir hervorbrechende Einsicht, daß ich
durch ein Wort mehr einer wahrhaft heiligen, ja, der mir
heiligsten Sache unermeßlichen Schaden zugefügt hätte.

BERNHARDI Ich kann mir nicht denken, daß es für einen so muti-
gen Mann, wie Hochwürden es sind, eine heiligere Sache geben könnte als die Wahrheit.

PFARRER Wie? Keine heiligere, Herr Professor, als die geringfügige Wahrheit, die ich etwa in jenem Einzelfall bis zu Ende
hätte vertreten dürfen? Das werden Sie wohl selbst nicht behaupten wollen. Hätte ich Ihnen öffentlich nicht nur Ihre gute
Absicht zugestanden, worin ich schon weiter ging, als mir

manche Wohldenkende verzeihen werden, sondern es überdies als Ihr Recht erkannt, mich von dem Bett einer Sterbenden, einer Christin, einer Sünderin, fortzuweisen, so hätten die Feinde unserer heiligen Kirche eine solche Erklärung
weit über das Maß ausgenützt, für das ich die Verantwortung
hätte übernehmen können. Denn wir haben nicht nur loyale
Feinde, Herr Professor, wie Ihnen gewiß nicht unbekannt
sein wird. Und die geringfügige Wahrheit, die ich ausgesprochen hätte, wäre dadurch in einem höheren Sinne Lüge geworden. Und was wäre das Resultat gewesen? Nicht etwa als
ein allzu Nachsichtiger, nein, als ein Abtrünniger, als ein Ver-
räter wäre ich vor denjenigen gestanden, denen ich Rechenschaft und Gehorsam schuldig bin, – und vor meinem Gotte
selber. Darum habe ich nicht gesprochen.

BERNHARDI Und warum, Hochwürden, tun Sie es jetzt?

PFARRER Weil ich in dem Augenblick, da jene Erleuchtung über
mich kam, sofort das Gelübde tat, Ihnen persönlich als dem
einzigen, dem ich es vielleicht schuldig bin, ein Bekenntnis
abzulegen, das die Öffentlichkeit mißverstanden und miß-
deutet hätte.

BERNHARDI Hierfür danke ich Ihnen, Hochwürden. Und lassen
Sie mich hoffen, daß Sie niemals in die Lage kommen werden, öffentlich in einer Sache auszusagen, wo mehr auf dem
Spiele stünde als – mein geringes Schicksal. Denn es könnte
sich ja fügen, daß Sie auch dann, was mir als Ihr höchst per-
sönliches Bedenken erscheint, als göttliche Erleuchtung emp-
fänden, und daß damit eine noch höhere Wahrheit zu Schaden
käme als die ist, die Sie glauben vertreten und schützen müssen.

PFARRER Eine höhere als die meiner Kirche vermag ich nicht
anzuerkennen, Herr Professor. Und meiner Kirche höchstes
Gesetz heißt Einordnung und Gehorsam. Denn bin ich aus
der Gemeinschaft ausgestoßen, von deren Wirken so unend-
licher Segen über die Welt ausstrahlt, so ist für mich, anders
als bei Männern, die in einem freien Berufe stehen, wie Sie,
Herr Professor, die Möglichkeit jeden Wirkens und damit der
ganze Sinn meines Daseins aufgehoben.

BERNHARDI Mir ist, Hochwürden, als hätte es Priester gegeben, denen der Sinn des Daseins erst damit begann, daß sie sich aus ihrer Gemeinschaft lösten und ohne jede Rücksicht auf Unannehmlichkeit und Gefahr verkündeten, was sie für Recht und Wahrheit hielten.

PFARRER Wenn ich zu diesen gehörte, Herr Professor –

BERNHARDI Nun?

PFARRER – so hätte Gott mich wohl heute schon vor Gericht aussprechen lassen, was Sie nun erst in diesen vier Wänden vernehmen durften.

BERNHARDI Gott also war es, der Ihnen dort die Lippen verschloß? Und nun schickt Gott Sie zu mir, auf daß Sie mir unter vier Augen zugestehen, was vor Gericht auszusprechen Ihnen verwehrt war? Man muß sagen, er macht es Ihnen recht bequem, Ihr Gott!

PFARRER *sich erhebend* Verzeihen Sie, Herr Professor, meinem Zugeständnis, das Sie sonderbarerweise als ein Bekenntnis eines an Ihnen begangenen Unrechtes aufzufassen scheinen, habe ich nichts hinzuzufügen. Keineswegs war es in meinem Gelöbnis mit einbegriffen, mit Ihnen ein Gespräch über Dinge zu führen, in denen wir uns kaum verstehen können.

BERNHARDI Und so schlagen Sie mir die Türe vor der Nase zu, Hochwürden –? Als einen Beweis dafür, daß Sie drin sind und ich draußen, vermag ich das allerdings nicht anzuerkennen. Immerhin bleibt mir nun nichts anderes mehr übrig als zu bedauern, Hochwürden, daß Sie sich vergeblich herbemüht haben.

PFARRER *nicht ohne Ironie* Vergeblich?

BERNHARDI Da ich es doch nicht vermag, Sie so völlig zu absolvieren, als Sie nach einem so ungewöhnlichen Schritt vielleicht erwarten durften.

PFARRER Absolution? Um die war es mir wohl nicht zu tun, Herr Professor. Vielleicht um Beruhigung. Und die ist mir geworden, sogar in weit höherem Maße, als ich hoffen durfte. Denn jetzt, Herr Professor, beginne ich diese ganze Angelegenheit in neuem Lichte zu sehen. Es wird mir allmählich offenbar, daß ich mich über den wahren Grund meines Hierherkommens, meines Hierhergesandtseins im Irrtum befunden habe.

BERNHARDI Oh!

PFARRER Kein Bekenntnis hatte ich Ihnen abzulegen, wie ich anfangs glaubte, sondern von einem Zweifel mich zu befreien. Von einem Zweifel, Herr Professor, der mir selbst als solcher noch nicht bewußt war, als ich hier eintrat. Nun aber hat er sich gelöst, Klarheit dringt in meine Seele, und was ich Ihnen früher zugestanden habe, Herr Professor, ich bedauere sehr, ich muß es wieder zurücknehmen.

BERNHARDI Sie nehmen es zurück? Ich habe es nun einmal empfangen, Hochwürden.

PFARRER Es gilt nicht mehr. Denn jetzt weiß ich es, Herr Professor, Sie waren nicht im Recht, als Sie mich von dem Bett jener Sterbenden fortwiesen.

BERNHARDI Ah!

PFARRER Sie nicht! Andere im gleichen Falle wären es vielleicht gewesen. Sie aber gehören nicht zu diesen. Jetzt weiß ich es. Es ist bestenfalls eine Selbsttäuschung, wenn Ihnen als ärztliche Fürsorge, als menschliches Mitleid erscheint, was Sie veranlaßt hat, mir den Eintritt in jenes Sterbezimmer zu verweigern. Dieses Mitleid, diese Fürsorge, sie waren nur Vorwände; nicht völlig bewußte vielleicht, aber doch nichts anderes als Vorwände.

BERNHARDI Vorwände? Sie wissen mit einemmal nicht mehr, Hochwürden, was Sie noch vor wenigen Minuten wußten und mir zugestanden, daß mir eine Verantwortung auferlegt war – wie Ihnen!?

PFARRER Das gestehe ich Ihnen auch weiterhin zu. Was ich bestreite, ist nur, daß Sie aus diesem Gefühl der Verantwortung heraus mir den Eintritt in das Sterbezimmer verweigert haben. Der wahre Grund Ihrer Haltung gegen mich lag nicht in Ihrem Verantwortungsgefühl, auch nicht in der edlen Aufwallung eines Momentes, wie Sie sich vielleicht einbilden, wie sogar ich selbst zu glauben nahe war, sondern er lag viel tiefer, in den Wurzeln Ihres Wesens selbst. Jawohl, Herr Professor, der wirkliche Grund war, – wie soll ich sagen –, eine Antipathie gegen mich… eine unbeherrschbare Antipathie – vielmehr eine Feindseligkeit –

BERNHARDI Feindseligkeit –?

PFARRER – gegen das, was dieses Gewand hier für Sie – und Ihresgleichen bedeutet. Oh, im Laufe dieser Unterredung haben Sie mir genugsam Beweise gegeben, daß es sich so verhält. Und nun weiß ich auch, daß geradeso wie heute auch damals schon aus Ihrer ganzen Haltung, aus jedem Ihrer Worte mir doch nur jene Feindseligkeit entgegenklang, jene unbezwinglich tiefe, die Männer Ihrer Art gegen meinesgleichen nun einmal nicht überwinden können.

BERNHARDI »Feindseligkeit!« wiederholen Sie immer wieder. Und wenn es so wäre! Was mir im Laufe dieser letzten Wochen widerfuhr, diese ganze Hetze gegen mich, die Sie ja selbst als verlogen und unwürdig empfinden, könnte die nicht noch nachträglich rechtfertigen, was Sie Feindseligkeit nennen, wenn so etwas wirklich schon vorher bei mir bestanden hätte? Und ich will nicht leugnen, daß ich, trotz einer angeborenen beinahe ärgerlichen Neigung zur Gerechtigkeit, im Laufe dieser letzten Wochen von einer solchen – Feindseligkeit eine Ahnung in mir aufsteigen gefühlt habe – nicht so sehr gegen Ihre Person, Hochwürden – als gegen die – Gesellschaft, die sich um Sie geschart hat. Aber das kann ich beschwören, in dem Augenblick, Hochwürden, da ich Ihnen den Eintritt in jenes Krankenzimmer verweigerte, da war von dieser Feindseligkeit kein Hauch in mir. So reinen Herzens stand ich Ihnen dort gegenüber in meiner Eigenschaft als Arzt – wie nur je irgendein Angehöriger Ihres Standes am Altar eine kirchliche Handlung verrichtet hat. Nicht weniger reinen Herzens, als Sie mir gegenüberstanden, – der gekommen war, meiner Kranken die letzten Tröstungen der Religion zu bringen. Das wußten Sie, als Sie vorhin in mein Zimmer traten. Das gestanden Sie mir zu. Sie sollten diese Erkenntnis nicht plötzlich wieder von sich weisen – weil Sie fühlen – was ja auch ich fühle – und vielleicht nie stärker gefühlt habe als in dieser Stunde, daß irgend etwas uns trennt – über dessen Vorhandensein wir auch unter freundlicheren Umständen uns nicht hinwegtäuschen könnten.

PFARRER Und Sie fühlten es nie stärker als in dieser Stunde?

BERNHARDI Ja, – in dieser Stunde, da ich doch wohl einem der – Freiesten Ihres Standes gegenüberstehe. Aber für das, was uns trennt, und wahrscheinlich für alle Zeiten trennen muß, Hochwürden – dafür scheint mir – Feindseligkeit ein zu armes und kleines Wort. Es ist von etwas höherer Art, denk' ich – und – von hoffnungsloserer.

PFARRER Da mögen Sie recht haben, Herr Professor. Hoffnungslos. Gerade diesmal – gerade zwischen Ihnen und mir will es sich erweisen. Denn schon manchmal ward mir Gelegenheit zu ähnlichen bis an eine gewisse nicht unbedenkliche Grenze führenden Unterredungen mit Männern aus Ihren Kreisen, mit... Gelehrten, mit Aufgeklärten *Etwas spöttisch* niemals aber schien jede Verständigung so außer dem Bereich der Möglichkeit zu liegen wie hier. Allerdings hätte ich es vielleicht gerade am Abend des heutigen Tages vermeiden sollen – Ihnen im Gespräch bis zu diesen Grenzen zu folgen.

BERNHARDI Ich hoffe, Hochwürden, Sie erweisen mir so viel – Respekt, um nicht etwa eine durch persönliche Erlebnisse des heutigen Tages verursachte üble Laune für meine Art der – Weltbetrachtung verantwortlich zu machen.

PFARRER Das liegt mir fern, Herr Professor... Wenn es sich so unüberbrückbar – so abgrundtief auftut zwischen zwei Männern wie – Sie und ich, die ja vielleicht beide... ohne *Lächelnd* Feindseligkeit sein mögen, dann muß das wohl seine tieferen Ursachen haben. Und ich sehe diese Ursache darin, daß immerhin zwischen Glaube und Zweifel eine Verständigung möglich sein dürfte – nicht aber zwischen Demut und – Sie werden das Wort nicht mißverstehn, wenn Sie sich mancher Ihrer früheren Äußerungen erinnern – zwischen Demut – und Vermessenheit.

BERNHARDI Vermessenheit –?! Und Sie, Hochwürden, dem

sich für das, was Sie auf dem Grund meiner Seele vermuten, kein – milderes Wort darbietet, Sie glauben sich frei von – Feindseligkeit gegen – Männer meiner Art?

PFARRER *will zuerst etwas heftiger werden, nach kurzer Sammlung, mit kaum merklichem Lächeln* Ich weiß mich frei. Mir, Herr Professor, gebietet meine Religion, auch die zu lieben, die mich hassen.

BERNHARDI *stark* Und mir die meine, Hochwürden – oder das, was an ihrer Stelle in meine Brust gesenkt ist – auch dort zu verstehen, wo ich nicht verstanden werde.

PFARRER Ich zweifle nicht an Ihrem guten Willen. Aber das Verstehen, Herr Professor, hat seine Grenzen. Wo der menschliche G e i s t waltet – Sie haben es gewiß selbst oft genug erfahren –, gibt es Trug und Irrtum. Was nicht trügt – Menschen meiner Art nicht zu trügen vermag –, ist – *Zögert* ich will lieber gleich ein Wort wählen, gegen das auch Sie nichts werden einzuwenden haben, Herr Professor, ist – das innere Gefühl.

BERNHARDI Wollen wir's denn so nennen, Hochwürden. Diesem inneren Gefühl, wenn es auch in meine Seele aus andern Quellen fließen dürfte – dem versuche ja auch ich zu vertrauen. Was bleibt uns – allen am Ende anderes übrig? Und wenn es... unsereinem nicht so leicht wird wie Männern Ihrer Art, Hochwürden, Gott, der Sie – so demütig schuf, und mich – so vermessen, dieser – unbegreifliche Gott wird schon seine Gründe dafür haben.

PFARRER *sieht ihn lang an – dann, mit einem plötzlichen Entschluß streckt er ihm die Hand entgegen.*

BERNHARDI *zögernd, ganz wenig lächelnd* Über – den Abgrund, Hochwürden?

PFARRER Lassen Sie uns – nicht hinabschauen – für einen Augenblick!

BERNHARDI *reicht ihm die Hand.*

PFARRER Leben Sie wohl, Herr Professor! –
Er geht.
Bernhardi allein, eine Weile wie unentschlossen, sinnend, gefaltete

Stirn, die sich wieder glättet, Bewegung, wie wenn er etwas von sich abschüttelte, dann schiebt er die Portiere zurück und öffnet die Türe. Man sieht die andern bei Tisch sitzen, zum Teil schon stehen und rauchen.

CYPRIAN Endlich!

ADLER Wir halten schon bei der Zigarre.

CYPRIAN *aus dem Zimmer tretend, zu Bernhardi kommend* Was hat's denn gegeben? Heute – so spät noch ein Patient?

BERNHARDI ... Das ist schwer zu beantworten.

OSKAR *auch aus dem Zimmer kommend* Da sind ein paar Telegramme für dich gekommen, Papa.

BERNHARDI *öffnet eines* Ah, das ist nett.

CYPRIAN Darf man wissen?

BERNHARDI Ein einstiger Patient, der mich seiner Sympathie versichert. Ein armer Teufel, der ein paar Wochen bei uns im Elisabethinum gelegen ist.

GOLDENTHAL Darf man sehen? Florian Ebeseder?

LÖWENSTEIN Ebeseder? Florian? Das scheint ja ein Christ zu sein.

PFLUGFELDER *ihn an der Schulter berührend* Kommt vor!

BERNHARDI *ein anderes Telegramm öffnend* O Gott! *Zu Cyprian* Da, sieh einmal.

ADLER Vorlesen, vorlesen!

CYPRIAN *liest* »Wir versichern den mannhaften Kämpfer für Freiheit und Aufklärung unserer herzlichsten Verehrung und Teilnahme und bitten ihn zu glauben, daß er uns im Kampf gegen die Dunkelmänner stets an seiner Seite finden wird. Doktor Reiß, Walter König...«

BERNHARDI Namen, die ich gar nicht kenne.

GOLDENTHAL Das ist eine höchst erfreuliche Kundgebung. Es ist anzunehmen, daß sie nicht vereinzelt bleiben wird.

BERNHARDI Und dagegen kann man nichts machen?

GOLDENTHAL *lachend* Wie? Das fehlte noch, daß man dagegen –

OSKAR Papa, willst du dich nicht endlich zu Tisch setzen?

DIENER *bringt eine Karte.*

BERNHARDI Was gibt's denn schon wieder?

OSKAR *liest* Der Vorstand des Vereines der Brigittenauer Freidenker.

BERNHARDI Die Freidenker aus der Brigittenau –? Ich bin nicht
zu Hause. Bitte sagen Sie das den Herren.

GOLDENTHAL Aber warum denn?

BERNHARDI Ich bin schon im Kerker... Ich bin hingerichtet.
*Geht ins Speisezimmer, ebenso die andern außer Goldenthal und
Löwenstein.*

GOLDENTHAL *zum Diener, den er noch bei der Türe erwischt* Sagen
Sie den Herren, der Herr Professor sei jetzt etwas abgespannt,
es wird ihm aber – Wann hat der Professor Ordination?

DIENER Von zwei Uhr an.

GOLDENTHAL Also, es wird dem Herrn Professor morgen um
dreiviertel zwei ein Vergnügen sein, die Herren zu empfangen.

DIENER *ab.*

LÖWENSTEIN Ein Vergnügen? Sind Sie davon überzeugt?

GOLDENTHAL Überlassen Sie es doch mir, die Interessen meines
Klienten zu wahren.

LÖWENSTEIN *achselzuckend ins Speisezimmer.*

DIENER *kommt mit Karte.*

GOLDENTHAL *wendet sich um* Was gibt's denn? Lassen Sie sehen.
Oh!

DIENER Der Herr will sich nicht abweisen lassen.

GOLDENTHAL Führen Sie den Herrn nur herein.

DIENER *ab.*

GOLDENTHAL *räuspert sich, macht sich irgendwie bereit.*

KULKA *tritt ein* Oh, Herr Doktor Goldenthal? – wenn ich nicht
irre.

GOLDENTHAL Der bin ich. Wir kennen uns ja, Herr Doktor
Kulka... Sie müssen schon für heute mit mir vorliebnehmen.
Der Professor ist etwas müde, wie Sie sich wohl denken kön-
nen –

KULKA Müde... Hm... Da werde ich wohl noch einmal – Ich
könnte vor meinem Chef nicht verantworten –

GOLDENTHAL Aber Sie hören doch, Herr Doktor –

KULKA Ja, freilich höre ich. Ich verstehe auch, aber was hilft mir das? Wenn ich den Herrn Professor nicht persönlich sprechen kann, vor meinem Chef hab' doch nur ich die Schuld.

GOLDENTHAL Vielleicht bin ich in der Lage, Ihnen Rede zu stehen.

KULKA *zögernd* Wenn Sie so liebenswürdig sein wollen... Darf ich vielleicht fragen, Herr Doktor, ob es richtig ist, daß Herr Professor Bernhardi keine Nichtigkeitsbeschwerde einzubringen gedenkt?

GOLDENTHAL Wir haben uns der Form wegen Bedenkzeit vorbehalten.

KULKA *hat ein Notizbuch herausgenommen.*

GOLDENTHAL *hiervon beeinflußt, in rednerischem Ton* Denn wenn es uns auch fernliegt, in die Gesetzeskenntnis und die Weisheit österreichischer Richter den geringsten Zweifel zu setzen, oder gar dem gesunden Sinn der Wiener Bürger auf der Geschworenenbank Mißtrauen entgegenzubringen, so können wir uns doch der Vermutung nicht verschließen, daß die faktiöse Haltung einer gewissen, hier nicht näher zu bezeichnenden Presse geeignet schien, den Boden für einen Rechtsirrtum vorzubereiten und –

BERNHARDI *kommt herein.*

KULKA Oh, Herr Professor.

BERNHARDI Was ist denn das?

GOLDENTHAL Ich war so frei, Herr Professor, da Sie ja nicht gestört sein wollten – und glaube ganz in Ihrem Sinne –

BERNHARDI Mit wem habe ich denn das Vergnügen?

KULKA Kulka von den ›Neuesten Nachrichten‹. Mein Chef, der die Ehre hat, persönlich von Ihnen gekannt zu sein, läßt sich bestens empfehlen und –

GOLDENTHAL Es sind Gerüchte verbreitet, denen man am besten gleich entgegentreten sollte.

KULKA Es heißt nämlich, daß Herr Professor auf jedes Rechtsmittel verzichten –

GOLDENTHAL Ich habe den Herrn Doktor schon aufgeklärt, daß wir uns Bedenkzeit vorbehalten haben.

BERNHARDI Das stimmt. *Allmählich kommen aus dem Nebenzimmer Löwenstein, Cyprian, Adler, Kurt, Oskar.*

KULKA Für diese Aufklärung bin ich sehr dankbar. Aber nun, Herr Professor, habe ich Ihnen noch eine spezielle Bitte meines Chefs vorzutragen. Herr Professor haben heute im Laufe der Verhandlung die Vorladung des Unterrichtsministers beantragt. Es geht daraus zur Evidenz hervor, daß in dieser Angelegenheit noch Momente mitspielen, die im Laufe des Prozesses nicht zur Sprache gekommen sind oder nicht kommen durften. Mein Chef würde sich nun eine besondere Ehre daraus machen, Herr Professor, Ihnen die Spalten unseres Blattes zur Verfügung zu stellen –

BERNHARDI *abwehrend* Danke, danke.

KULKA Es ist Ihnen gewiß nicht unbekannt, Herr Professor, daß unser Blatt, wenn es auch Seiner Exzellenz im Beginn seiner Amtstätigkeit mit dem größten Vertrauen entgegenkam, sich neuerdings genötigt sah, gegen gewisse überraschende fortschrittsfeindliche, ja geradezu reaktionäre Maßnahmen des Ministers in energischer Weise Front zu machen, wobei stets jene maßvolle Form gewahrt wurde, die uns seit jeher als die Vorbedingung eines gedeihlichen Wirkens auch auf politischem Gebiete erschienen ist. Und so wäre es uns höchst willkommen in unserm Kampfe für Fortschritt und Freiheit, einen Mann wie Sie an unserer Seite zu wissen, dessen durch Geschmack gezügelte Leidenschaft uns die Gewähr bietet, einen Bundesgenossen . . .

BERNHARDI Verzeihen Sie, ich bin kein Bundesgenosse.

KULKA Aber wir sind die Ihren, Herr Professor.

BERNHARDI Das kommt Ihnen heute so vor. Meine Angelegenheit ist eine rein persönliche.

LÖWENSTEIN Aber –

KULKA Manche persönliche Affären tragen eben den Keim von politischen in sich. Die Ihrige –

BERNHARDI Das ist ein Zufall, für den ich keine Verantwortung übrnehme. Ich gehöre keiner Partei an und wünsche von keiner als der ihrige in Anspruch genommen zu werden.

KULKA Herr Professor werden nicht vermeiden können –

BERNHARDI Ich will nichts dazu tun. Wer für mich eintritt, tut es auf seine eigene Gefahr. *Immer leicht und jetzt mit dem ihm eigenen ironischen Lächeln* So wie ich heute beschuldigt wurde, die katholische Religion gestört zu haben, könnte es mir nächstens passieren, als Feind einer andern, Ihnen vielleicht näherstehenden, verdächtigt zu werden. –

KULKA Ich bin konfessionslos, Herr Professor. Wir sind es alle, wenigstens innerlich. Unser Standpunkt, der Standpunkt unseres Blattes, wie männiglich bekannt, ist derjenige der absoluten Gewissensfreiheit. Wie sagt Friedrich –? Jeder soll nach seiner Fasson selig werden.

BERNHARDI Also, dann bitte ich Sie auch bei mir nach diesem Grundsatz zu handeln. Danken Sie Ihrem Herrn Chef für seine freundliche Einladung, es wär einfach ein Mißbrauch seines Vertrauens, eine Art Falschmeldung, wenn ich ihr folgte.

KULKA Ist das wirklich Ihr letztes Wort, Herr Professor?

BERNHARDI Die unterscheiden sich selten von meinen ersten.

KULKA Mein Chef wird unendlich bedauern – ich weiß wirklich nicht... Aber bitte, Herr Professor, falls Sie sich doch noch entschließen sollten, Ihren Gefühlen gegenüber Seiner Exzellenz publizistischen Ausdruck zu verleihen, können wir wenigstens darauf rechnen, daß kein anderes Blatt –

BERNHARDI Sie können sich darauf verlassen, daß ich mich, was immer ich unternehmen sollte, nicht in den Schutz irgendeiner Zeitung zu stellen gedenke. Meine beste Empfehlung Ihrem Herrn Chef.

KULKA Ich danke, Herr Professor. Ich habe die Ehre, meine Herren.

Ab. Kleine unbehagliche Pause.

CYPRIAN Notwendig war das nun gerade nicht.

GOLDENTHAL Ich muß eigentlich auch sagen, Herr Professor...

BERNHARDI Ja, verstehen Sie denn noch immer nicht, meine Herren, daß ich mit den Leuten absolut nichts zu tun haben will, die eine politische Affäre aus meiner Angelegenheit machen wollen.

LÖWENSTEIN Aber es ist doch nun einmal eine.

GOLDENTHAL Gewiß, wie die Dinge sich gestaltet haben, stehen Sie mitten im politischen Kampf. Und eigentlich müßten wir es begrüßen –

BERNHARDI Ich bitte, lieber Herr Doktor, begrüßen Sie nichts! Ich führe keinen politischen Kampf. Das lächerliche Kriegsgeschrei, das sich von einigen Seiten erheben will, wird mich nicht zu einer Rolle verführen, die mir nicht behagt, zu der ich mich gar nicht tauglich fühle, weil es eben nur eine Rolle wäre. Und was die Bedenkzeit anbelangt, Herr Doktor, ich bitte Sie hiermit, sie als abgelaufen zu betrachten.

GOLDENTHAL Ich verstehe nicht –

BERNHARDI Ich wünsche meine Strafe anzutreten, und zwar so bald als möglich. Am liebsten morgen.

CYPRIAN Aber –

BERNHARDI Ich will die Sache hinter mir haben. Das ist das Einzige, worauf es mir jetzt ankommt. Diese ganzen letzten Monate waren für meine Arbeit, meinen Beruf schon so gut wie verloren. Nichts als Konferenzen und Vernehmungen. Und was ist dabei herausgekommen? Als Rechtsfall war die Sache schon unerquicklich genug; nun soll sie gar ein Politikum werden, davor flücht' ich mich, und wär' es ins Gefängnis. Meine Sache ist es, Leute gesund zu machen, – oder ihnen wenigstens einzureden, daß ich es kann. Dazu will ich so bald wieder Gelegenheit haben, als es nur angeht.

LÖWENSTEIN Und deine Rache?

BERNHARDI Wer spricht von Rache?

LÖWENSTEIN Nun, Flint, Ebenwald. Die Herren willst du so einfach laufen lassen?

BERNHARDI Keine Rache soll es werden – eine Abrechnung. Auch dazu wird es kommen. Aber es soll doch nicht plötzlich mein Lebensinhalt sein, mich mit diesen Leuten herumzuraufen. Das will ich nebstbei erledigen. Aber keine Angst. Geschenkt wird ihnen nichts bleiben.

CYPRIAN Ob du nun die Sache politisch oder juridisch oder ganz privatim weiterführen willst, ich bleibe dabei, es war nicht notwendig, diesem Herrn Kulka gewissermaßen die Türe zu weisen.

GOLDENTHAL Auch ich möchte nochmals betonen, daß die Freundschaft des Blattes, als dessen Vertreter Herr Kulka hier erschien –

BERNHARDI *ihn unterbrechend* Verehrter Herr Doktor, seine Feinde muß man nehmen, wie und wo man sie findet; meine Freunde kann ich mir aussuchen – glücklicherweise...

Vorhang

Fünfter Akt

Ein Kanzleiraum im Ministerium. Entsprechend eingerichtet, nicht ganz ohne Behaglichkeit.

HOFRAT WINKLER, *etwa 45, jünger aussehend, schlank, frisches Gesicht, kleiner Schnurrbart, kurzes blondes graumeliertes Haar, blitzende blaue Augen, allein, mit Akten beschäftigt. Er steht eben auf und ordnet die Akten in einen Schrank ein. Telephonzeichen.*

HOFRAT *an den Tisch zurück, ins Telephon* Hier Kaiserlich und Königliches Ministerium für Kultus und Unterricht – Nein. Hofrat Winkler. Oh, Herr Professor Ebenwald. – Er ist noch nicht da. – Vielleicht in einer halben Stunde. – Ins Parlament begibt sich Seine Exzellenz gewiß nicht vor halb zwei. – Ja, darüber bin ich leider nicht in der Lage Auskunft zu geben, jedenfalls nicht auf telephonischem Wege. – Wird mir ein Vergnügen sein. Habe die Ehre, Herr Professor. *Klingelt ab; fährt in seiner früheren Beschäftigung fort.*

AMTSDIENER *tritt ein, bringt die Post und eine Visitenkarte.*

HOFRAT Doktor Kulka?

DIENER Möchte aber Seine Exzellenz persönlich sprechen.

HOFRAT Soll halt später wiederkommen.

DIENER Es waren auch schon früher zwei Herren von Zeitungen da. Die kommen auch wieder.

HOFRAT Also, die Herren von der Zeitung brauchen Sie überhaupt nicht bei mir zu melden. Die wollen ja alle Seine Exzellenz persönlich sprechen.

DIENER *ab.*

Wieder Telephonzeichen.

HOFRAT Hier Kaiserlich und Königliches Ministerium für Kultus und Unterricht. – Hofrat Winkler, ja. – Ah, die Stimm' sollt' ich ja kennen. Küß die Hand, gnädige Frau. – Heut' abend? – Ja, wenn's mir möglich ist, gern. – Gar nix sag' ich zu den Wahlen. – Nein. – Weil ich das nicht mag, daß sich schöne Frauen auch schon mit Politik beschäftigen. – Von Politik versteht keiner was. – Bis dahin haben Sie noch mindestens zwanzig Jahre Zeit, gnädige Frau. – Also auf Wiedersehen, gnädige Frau. Schöne Empfehlungen dem Herrn Gemahl. *Klingelt ab.*

AMTSDIENER *mit einer Karte.*

HOFRAT Schon wieder einer? Ah, Doktor Feuermann. – Also, ich lasse bitten. *Diener ab.*

DOKTOR FEUERMANN *tritt ein.*

FEUERMANN *verbeugt sich tief.*

HOFRAT Habe die Ehre, Herr Doktor. – Was verschafft uns denn das Vergnügen?

FEUERMANN Ich komme in einer sehr ernsten Angelegenheit, Herr Hofrat.

HOFRAT Oh, Herr Doktor, hoffentlich nicht wieder ein Malheur passiert, nachdem erst, dank der Einsicht der braven Bürger von Oberhollabrunn –

FEUERMANN Allerdings, Herr Hofrat, hat man mich freigesprochen. Aber was hilft es mir? Kein Patient läßt sich mehr sehen. Wenn ich als Bezirksarzt in Oberhollabrunn bleiben soll, müßt' ich einfach verhungern. Daher bin ich so frei, um meine Versetzung anzusuchen und – *Telephonzeichen.*

HOFRAT Entschuldigen Sie, Herr Doktor. *Ins Telephon* Jawohl, Hofrat Winkler. – Oh, Herr Sektionsrat. – Wie? Was? *Sehr erstaunt* Aber gehen Sie! – Im Ernst? Die Schwester Ludmilla? Das wäre ein merkwürdiges Zusammentreffen. – Na, weil er ja heute herauskommt. – Natürlich der Professor Bernhardi. – Heute, ja. – Sie kommen selbst? – Ja. – Nein, hören Sie. – Selbstverständlich sage ich Seiner Exzellenz vorläufig nichts, wenn Sie's wünschen. – Habe die Ehre! – *Klingel. – Zuerst sehr bewegt, dann zu Feuermann* Also, bitte.

FEUERMANN Und wollte mir besonders Ihre Unterstützung erbitten, Herr Hofrat … der Sie immer –

FLINT Guten Tag, Herr Hofrat, *Bemerkt Feuermann* Ah –

FEUERMANN *sich tief verbeugend* Exzellenz, mein Name ist Doktor Feuermann.

FLINT Ah natürlich. – Ich habe ja schon – Von der ›Montagszeitung‹? – – –

HOFRAT *leise* Zufällig kein Journalist, Exzellenz. – Herr Doktor Feuermann aus Oberhollabrunn.

FLINT Ach ja – Doktor Feuermann.

HOFRAT *wie oben* Der wegen eines sogenannten Kunstfehlers angeklagt war und freigesprochen wurde.

FLINT Aber ich weiß ja. Professor Filitz hat ein lichtvolles Gutachten abgegeben. Zehn Stimmen gegen zwei. –

FEUERMANN Neun gegen –

HOFRAT *winkt ihm ab.*

FLINT Ich gratuliere Ihnen, lieber Herr Doktor Feuermann.

FEUERMANN Ich bin sehr gerührt, Exzellenz, daß Exzellenz sich für meine geringfügige Angelegenheit –

FLINT Es gibt für mich keine geringfügige Angelegenheit. Es darf für unsereinen gar keine geben. In einem höheren Sinn ist alles gleich wichtig. *Er schaut flüchtig, aber Beifall suchend zum Hofrat* Und es wird Ihnen vielleicht eine gewisse Genugtuung gewähren, wenn Sie erfahren, daß nicht zum geringsten unter dem Eindruck Ihrer »geringfügigen« Affäre eine gründliche Reform der medizinischen Studienordnung in Erwägung gezogen wird. Hoffentlich wird es möglich sein, diese auf Verordnungswege durchzuführen. Überhaupt, wenn man nicht immer erst das Parlament fragen müßte – *Blick zum Hofrat* wie einfach ließe sich regieren.

HOFRAT Jedenfalls g'schwinder, und das ist doch die Hauptsache.

FEUERMANN Ich war so frei, Exzellenz –

HOFRAT Ich nehme an, Sie haben alles in Ihrem Gesuche angeführt, Herr Doktor.

FEUERMANN Ich möchte nur noch erwähnen –

HOFRAT Das steht ja wahrscheinlich auch drin –

FEUERMANN Jawohl.

HOFRAT Also, geben Sie's nur her, Herr Doktor, wird so rasch
als möglich erledigt werden. Habe die Ehre, Herr Doktor.

FLINT *der indes vom Diener einige Zeitungen bekommen hat* Guten
Tag, Herr Doktor. *Reicht ihm die Hand, Feuermann geht.*
Flint, Hofrat.

FLINT *über eine Zeitung* Was will er denn eigentlich?

HOFRAT Gesuch um Versetzung, Exzellenz. Der arme Teufel
wird natürlich in Oberhollabrunn boykottiert trotz des Frei-
spruches…

FLINT Na ja, Sie ließen sich wahrscheinlich auch nicht von ihm
behandeln.

HOFRAT Keineswegs, wenn ich ein Kind kriegen sollte.

FLINT *Zeitung ärgerlich hinwerfend* Was gibt es sonst Neues?

HOFRAT Professor Ebenwald hat telephoniert. Er wird im Laufe
des Vormittags vorsprechen.

FLINT Schon wieder? Er war doch erst vorgestern da.

HOFRAT Sie brauchen halt dringend Geld im Elisabethinum. Die
Schulden wachsen ihnen über den Kopf.

FLINT Das Kuratorium hat doch seine Demission zurückgezo-
gen nach Bernhardis Entfernung.

HOFRAT Ja, es zeigt sich eben, daß der einzige, der das Kuratorium ein bisserl aufgemischt hat, der Bernhardi war. Seither
schlafen sie alle. Sogar ich.

FLINT Eine Subvention müssen sie bekommen. Das habe ich
schon seinerzeit dem Bernhardi versprochen.

HOFRAT Wir haben diesmal einen riesigen Voranschlag, mehr
als dreitausend drücken wir nicht heraus, Exzellenz. Der Fi-
nanzminister ist schon so bös' auf uns. Ich bin noch nicht einmal sicher, ob wir das Geld für den Neubau des physiologi-
schen Institutes kriegen werden. Und das ist ja doch noch –

FLINT Wenn wir's im Budgetausschuß nicht durchsetzen – und
noch einiges andere, so verlange ich im Parlament einen Sepa-
ratkredit.

HOFRAT Oh!

FLINT Man wird ihn mir nicht verweigern. Die Liberalen und die Sozialdemokraten können es doch nicht tun, die schnitten sich ja ins eigene Fleisch, wenn sie plötzlich beim Bau wissenschaftlicher Institute von der Regierung Sparsamkeit fordern würden. Und was die Herren Christlichsozialen anbelangt, so habe ich wohl ein Recht, von ihnen zu erwarten, daß sie mir keine Unannehmlichkeiten bereiten. Finden Sie nicht?

HOFRAT Die Herrschaften hätten zum mindesten alle Ursache, Exzellenz dankbar zu sein.

FLINT Der Hieb sitzt nicht, lieber Hofrat. Nicht auf Dankbarkeit kommt es an im öffentlichen Leben, sondern auf korrekte Buchführung. Warten Sie die Bilanz ab. – Im übrigen muß ich Ihnen ja noch zu den gestrigen Landtagswahlen gratulieren. Zehn neue sozialdemokratische Mandate, das war nicht vorauszusehen.

HOFRAT Exzellenz, ich werde erst nach den Parlamentswahlen in der Lage sein, Glückwünsche entgegenzunehmen.

FLINT Die Parlamentswahlen dürften anders ausfallen. Übrigens waren die Majoritäten auch gestern nicht überwältigend. Also triumphieren Sie nicht zu früh, mein verehrter Herr Anarchist.

HORFAT Exzellenz lassen mich aber geschwind avancieren. Eben erst wurde ich durch den Titel eines Sozialdemokraten ausgezeichnet.

FLINT Kein so großer Unterschied.

HOFRAT Im übrigen will auch ich nicht versäumen, zu der gestrigen Rede meinen Glückwunsch abzustatten.

FLINT Rede... Ich bitte Sie, die paar improvisierten Worte. Aber sie haben gewirkt.

HOFRAT Wird allgemein konstatiert. *Auf die Zeitungen weisend.*

FLINT Jedenfalls, Herr Hofrat, zeugt es von rühmenswerter Objektivität, daß auch Sie sich den Gratulanten anschließen. Vor Ihnen hab' ich ja geradezu Angst gehabt.

HOFRAT Zu schmeichelhaft, Exzellenz.

FLINT Denn daß Sie, lieber Hofrat, für eine Vermehrung der Religionsstunden eingenommen sein sollten, war mir vorerst unwahrscheinlich.

HOFRAT Und Exzellenz selbst?

FLINT Mein lieber Hofrat, wie ich privat zu diesen und anderen
Fragen stehe, das ist ein Extrakapitel. So glattweg seine Ansichten daherplappern, das ist die Art politischer Dilettanten.
Der Brustton der Überzeugung gibt einen hohlen Klang. Was
wirkt, auch in der Politik, ist der Kontrapunkt.

HOFRAT Bis einer kommt, Exzellenz, dem wieder einmal eine
Melodie einfällt.

FLINT Ganz fein. Aber um aus unserm metaphorischen Dialog
wieder ins Reale hinabzusteigen, glauben Sie denn wirklich,
lieber Hofrat, daß das Volk heute reif ist, oder jemals reif sein
wird, ohne Religion zu existieren?

HOFRAT Was ich unter Religion verstehe, Exzellenz, kann man
in jeder andern Stunde besser lernen als in der sogenannten
Religionsstunde.

FLINT Na, sind Sie ein Anarchist, lieber Hofrat, oder nicht?

HOFRAT Ja, es scheint, Exzellenz – als Beamter, da hat man nur
die Wahl – Anarchist oder Trottel...

FLINT *lachend* Na, einige Zwischenstufen werden Sie doch kon-
zedieren. Aber glauben Sie mir, lieber Hofrat, der Anarchis-
mus ist ein unfruchtbarer Seelenzustand. Ich habe auch einmal so ein Stadium durchgemacht. Das ist überwunden. Jetzt
läßt sich meine Weltanschauung in einem Wort ausdrücken,
mein lieber Hofrat: Arbeiten, Leisten! Alles übrige tritt dieser
gebieterischen Forderung gegenüber in den Hintergrund.
Und da ich, wie Ihnen nicht unbekannt ist, allerlei vorhabe,
wobei ich die Mitwirkung des Parlamentes nicht entbehren
kann, leider, so bin ich eben genötigt, was man so nennt,
Konzessionen zu machen. Auch die Anarchisten machen
Konzessionen, lieber Hofrat, sonst könnten sie nicht Hofräte
werden. *Ernster* Aber Sie irren sich, wenn Sie glauben, daß es
immer eine leichte Sache ist, Konzessionen zu machen. Oder
meinen Sie, lieber Hofrat, es hat für mich kein Opfer bedeutet, diesen Leuten meinen alten Freund Bernhardi in den
Rachen zu werfen? Und doch, es war notwendig. Die Zu-
sammenhänge werden einmal klar werden. Es ist alles auf-

bewahrt. Und sollte einmal die Zeit kommen, wo ich gewisse Leute von meinen Rockschößen abschütteln werde, na, ich will nichts weiter sagen – aber man wird einmal begreifen, daß ich nicht ein Minister für Kultus und Konkordat bin, wie mich heute irgendein Reporter in einem sogenannten Leitartikel zu nennen beliebt.

HOFRAT Ah!

FLINT Doch ganz nach Ihrem Herzen, was? Dabei ist es nicht einmal von ihm. Das Wort stammt von dem biedern Pflugfelder, der es neulich in einer dieser höchst überflüssigen Wählerversammlungen lanciert hat, wo er es notwendig fand, die Affäre Bernhardi aufzurollen. Ich finde überhaupt, lieber Hofrat, die Regierungsvertreter haben es in einigen dieser Versammlungen an der nötigen Energie fehlen lassen.

HOFRAT Aber die Versammlung, Exzellenz, in der Pflugfelder gesprochen hat, ist ja aufgelöst worden, mehr kann man doch nicht verlangen.

FLINT Aber wann? Erst als Pflugfelder den Erzbischof angriff, weil der den Pfarrer, der für Bernhardi so günstig ausgesagt hat, irgendwohin an die polnische Grenze versetzte.

HOFRAT Ja, die Erzbischöfe genießen natürlich eines höheren Schutzes bei der Regierung als die Minister.

FLINT Überhaupt diese Affäre Bernhardi! Es scheint, die Leute wollen sie nicht zur Ruhe kommen lassen. Es war ein absolut perfider Artikel, der neulich in der ›Arbeit‹ erschienen ist, in Ihrem Leiborgan, Herr Hofrat.

HOFRAT Er war nicht schlecht geschrieben. Aber ich hab' kein Leiborgan. Ich bin gegen alle Zeitungen.

FLINT Und ich erst! Und jetzt fangen gar die liberalen Blätter an, die sich doch bisher zurückgehalten haben, Bernhardi als eine Art Märtyrer hinzustellen, als ein politisches Opfer klerikaler Umtriebe, als eine Art medizinischen Dreyfus. Haben Sie heute den Artikel in den ›Neuesten Nachrichten‹ gelesen? Ein förmlicher Festgruß an Bernhardi, anläßlich seiner Haftentlassung. Es ist wirklich stark.

HOFRAT Bernhardi ist jedenfalls unschuldig daran.

FLINT Nicht so ganz. Er behagt sich offenbar in seiner Rolle. Daß ihm nahegelegt wurde, schon in der dritten Woche seiner Haft ein Gnadengesuch an Seine Majestät zu richten, das wahrscheinlich nicht abschlägig beschieden worden wäre, dürfte Ihnen auch bekannt sein, da Sie ja die Güte hatten, diese Mission bei ihm zu übernehmen.

HOFRAT Exzellenz wissen ja, ich hab' ihm zugeredet. Aber es hat mir doch ganz gut gefallen, daß er von Gnade nichts hat wissen wollen.

FLINT Nun, es wäre bedauerlich, wenn er sich von seinen Freunden noch weiter in eine Sache hineinhetzen ließe, in der er doch immer den kürzeren ziehen müßte. Denn ich bin keineswegs geneigt – und der Justizminister, mit dem ich gestern über die Sache gesprochen habe, steht durchaus auf meiner Seite –, gewissen Umtrieben noch weiter ruhig zuzusehen. Wir stehen vor einer res judicata und sind entschlossen, erforderlichenfalls ohne jede Rücksicht vorzugehen. Und, wenn das notwendig werden müßte, es täte mir leid um Bernhardis willen. Denn so unklug er sich auch bisher benommen hat, und so viele Unannehmlichkeiten er mir auch schon bereitet hat, da drin – *Auf sein Herz deutend* steckt noch immer eine gewisse Sympathie für ihn. So was, scheint's, wird man nie ganz los.

HOFRAT Ja, Jugendfreundschaften –

FLINT Freilich, das ist's. Aber unsereiner sollte von derlei Sentimentalitäten ganz frei sein. Was hat es am Ende mit der ganzen Angelegenheit zu tun, daß wir vor fünfundzwanzig Jahren gemeinsam Assistenten bei Rappenweiler waren? Daß wir im Garten des Krankenhauses miteinander spazierengegangen sind und einander unsere Zukunftspläne anvertraut haben? Man sollte keine Erinnerungen haben in unserer Stellung, kein Herz womöglich; über Leichen müßten wir gehen... ja, lieber Hofrat.

DIENER *tritt ein, bringt eine Karte.*

HOFRAT Professor Ebenwald.

FLINT Lasse bitten.

DIENER *ab.*

FLINT Wieviel, haben Sie gesagt, könnten wir für das Elisabethinum verlangen?

HOFRAT Dreitausend...

EBENWALD *tritt ein.*

EBENWALD, FLINT, HOFRAT

EBENWALD *verbeugt sich.*

FLINT Guten Morgen, lieber Herr Professor. Oder Herr Direktor vielmehr.

EBENWALD Noch nicht, Exzellenz, nur stellvertretend. Es ist
keineswegs unmöglich, daß Herr Professor Bernhardi in den
nächsten Tagen wiedergewählt wird. Er ist ja nur suspendiert.

HOFRAT Mit dieser Wiederwahl würde es hapern. Denn nach
dem augenblicklichen Stand der Dinge ist Bernhardi weder
Professor noch Doktor.

EBENWALD Nun ist es ja zweifellos, daß ihm die Rechtsfolgen
seiner Strafe bald nachgesehen werden. Dank den Bemühun-
gen einiger Freunde und einer gewissen Presse scheint sich ja
ein Umschwung in der Stimmung vorzubereiten. Exzellenz
wissen doch wohl auch schon, daß er soeben im Triumphe
aus dem Kerker nach Hause geleitet worden ist.

FLINT Wie?

EBENWALD Ja, meine Hörer haben es mir eben erzählt.

FLINT Im Triumph, was heißt das?

EBENWALD Nun, eine Anzahl von Studenten soll ihn an der Ker-
kerpforte mit Hochrufen begrüßt haben.

FLINT Jetzt fehlt nur noch der Fackelzug.

HOFRAT Wenn Exzellenz vielleicht wünschen, daß dahin ge-
hende Weisungen erteilt werden –

EBENWALD Wenn ich mir eine Bemerkung erlauben darf, ich
halte es für sehr wahrscheinlich, daß diese Demonstrationen
mit dem Ausfall der gestrigen Wahlen in Zusammenhang
stehen.

FLINT Glauben Sie? Es wäre nicht unmöglich. Ja, ja, sehen Sie, lieber Hofrat, man soll das nicht unterschätzen. Womit ich nicht sagen will, daß ich diesen Demonstrationen eine besondere Bedeutung beimessen möchte. Es werden Zionisten gewesen sein.

EBENWALD Haben ja bei uns auch schon eine gewisse Macht.

FLINT Na. – *Ablenkend* Sie kommen in Angelegenheit der Subvention, lieber Professor?

EBENWALD Jawohl, Exzellenz.

FLINT Wir werden Ihnen leider nur einen Bruchteil der von Ihnen erwarteten Summe zur Verfügung stellen können. Aber dafür kann ich Ihnen die Mitteilung machen, daß die Verstaatlichung Ihres Intitutes in ernste Erwägung gezogen wird.

EBENWALD Exzellenz wissen ja so gut wie ich, ein wie weiter Weg leider noch von Erwägungen bis zu Entschlüssen zurückzulegen ist.

FLINT Sehr wahr, lieber Professor. Aber Sie dürfen nicht vergessen, daß wir uns hier nicht nur mit dem Elisabethinum und nicht nur mit der medizinischen Fakultät, sondern mit dem ganzen ungeheuren Gebiet des Kultus und Konkor – und Unterrichts zu befassen haben.

EBENWALD Und wir Mitglieder des Elisabethinums wagen eben zu hoffen, daß Exzellenz, selbst aus unserm Stande hervorgegangen, überdies als akademischer Lehrer eine Zierde unserer Fakultät, gerade dem unter dem früheren Minister so arg vernachlässigten Zweig des medizinischen Unterrichts besondere Förderung würden angedeihen lassen.

FLINT *zum Hofrat* Dieser Mann weiß mich an meiner schwachen Seite zu packen. Lieber Professor, daß ich Arzt und Lehrer bin, habe ich nicht vergessen. Nämlich, alles kann man aufhören zu sein, Arzt – nie. Und soll ich Ihnen was sagen, lieber Professor, aber verraten Sie's nicht, sonst würde man es im Parlament gegen mich ausnützen, ich hab' manchmal eine Art Heimweh nach dem Laboratorium und nach dem Krankensaal. Es ist ein ruhigeres und schöneres Arbeiten, ich kann Sie versichern. Und wenn man etwas leistet, so merken's die andern. Eine Tätigkeit wie die unsere, die des Politikers meine ich, deren Resultate manchmal erst einer späteren Generation offenbar werden…

DIENER *bringt wieder eine Karte.*

HOFRAT Professor Tugendvetter.

FLINT Den überlasse ich Ihnen, lieber Hofrat. Bitte, Herr Professor – *Flint und Ebenwald ab.*

TUGENDVETTER, HOFRAT

TUGENDVETTER Habe die Ehre, Herr Hofrat. Ich will nicht lange stören. Wenn muntre Reden sie begleiten, so fließt die Arbeit munter fort – wie? Also, ich erlaube mir wieder einmal anzufragen, wie denn eigentlich meine Angelegenheit steht.

HOFRAT Sie ist auf dem besten Wege, Herr Professor.

TUGENDVETTER Ich brauche Ihnen nicht erst zu sagen, Herr Hofrat, daß mir persönlich an dem Titel nicht viel läge. Aber, Herr Hofrat, Sie wissen ja, wie die Frauen sind. –

HOFRAT Woher soll ich das wissen, Herr Professor?

TUGENDVETTER Ach ja. Einsam bin ich, nicht alleine – wie? Also, wir sind ja hier unter uns. Meine Frau ist wie verrückt auf den Hofratstitel. Sie kann es gar nicht mehr erwarten. Und wenn es zu ermöglichen wäre, daß die Ernennung schon vor dem ersten Juni erfolgte – das ist nämlich der Geburtstag meiner Gattin. Ich möcht' ihr gern meinen Hofratstitel als Angebinde bringen.

HOFRAT Jedenfalls ein praktisches und billiges Geburtstagsgeschenk.

TUGENDVETTER Also, wenn Sie etwas für die Beschleunigung meiner Angelegenheit tun könnten, Herr Hofrat –

HOFRAT *im forcierten Beamtenton* Das Unterrichtsministerium ist leider nicht in der Lage, bei Verleihung von Titeln auf private Beziehungen, insonderheit auf Familienverhältnisse der Herren Professoren irgendeine Rücksicht zu nehmen, sofern eine solche nicht etwa durch spezielle Bestimmungen gewährleistet worden wäre.

DIENER *bringt eine Karte.*

HOFRAT *erstaunt* Ah.

DIENER Der Herr möchte Seine Exzellenz persönlich sprechen.

HOFRAT Es wird gewiß kein Hindernis obwalten, aber es soll mir ein besonderes Vergnügen sein, den Herrn Professor vorher in meinem Bureau zu begrüßen.

DIENER *ab.*

TUGENDVETTER Ich störe wohl.

HOFRAT Es ist ein guter Bekannter.

BERNHARDI *tritt ein.*

HOFRAT, TUGENDVETTER, BERNHARDI

TUGENDVETTER *etwas erstaunt.*

BERNHARDI Oh, Sie sind nicht allein, Herr Hofrat.

TUGENDVETTER Bernhardi!

HOFRAT *sehr warm ihm die Hand schüttelnd* Ich freue mich sehr, Sie wiederzusehen, Herr Professor.

BERNHARDI Auch ich freue mich sehr.

TUGENDVETTER Sei mir gegrüßt, Bernhardi. *Streckt ihm die Hand entgegen.*

BERNHARDI *reicht sie ihm kühl* Seine Exzellenz nicht zu sprechen?

HOFRAT Es wird nicht lange dauern. Wollen Sie nicht Platz nehmen, Herr Professor?

TUGENDVETTER Du – du siehst famos aus. Ich – ich – ja weißt du, daß ich total daran vergessen hatte, – seit wann bist du denn eigentlich –

HOFRAT *zu Bernhardi* Ich muß Sie noch beglückwünschen zu den Ovationen, die Ihnen heute früh dargebracht worden sind.

TUGENDVETTER Ova –

BERNHARDI Ah, man ist hier schon informiert. Aber Ovationen, das ist doch ein etwas übertriebener Ausdruck.

HOFRAT Man spricht sogar von einem Fackelzug, der heute abend vor Ihrem Fenster stattfinden soll... – von einer Serenade des Brigittenauer Freidenkervereins.

TUGENDVETTER Weißt du, lieber Bernhardi, ich hatte total vergessen, daß deine Kerkerstrafe heute abläuft. Nein, wie rasch eigentlich zwei Monate vergehen.

BERNHARDI Besonders unter freiem Himmel.

TUGENDVETTER Aber du siehst wirklich geradezu glänzend aus. Ist's nicht wahr, Herr Hofrat? Wenn er an der Riviera gewesen wäre, könnte er auch nicht besser aussehen. Erholt geradezu.

HOFRAT Vielleicht entschließen sich Herr Professor zu einer kleinen Gotteslästerung, da könnte ich für so einen billigen Erholungsurlaub garantieren.

TUGENDVETTER *lachend* Danke, danke.

BERNHARDI Mir ist es übrigens wirklich nicht übel ergangen. Ein Engel hat über mir gewacht: das schlechte Gewissen der Leute, die mich hineingebracht haben.

TUGENDVETTER Ich freue mich, Gelegenheit zu haben, dir zu sagen, daß meine Sympathien in dieser Affäre unentwegt auf deiner Seite waren.

BERNHARDI Hast du endlich Gelegenheit? Das freut mich.

TUGENDVETTER Ich hoffe, du hast nie daran gezweifelt, daß ich –

BERNHARDI Wäre es nicht möglich, mich bei Seiner Exzellenz zu melden? Es ist nämlich eine ziemlich dringende Angelegenheit. –

HOFRAT Seine Exzellenz wird gewiß gleich erscheinen.

TUGENDVETTER Weißt du, was ich neulich gehört habe? Daß du die Absicht hast, eine Geschichte deiner ganzen Affäre zu schreiben.

BERNHARDI So, erzählt man das?

HOFRAT Das könnte ein interessantes Buch werden. Sie haben Gelegenheit gehabt, die Menschen kennenzulernen.

BERNHARDI Die meisten, lieber Hofrat, hat man ja doch schon früher gekannt. Und darüber, daß sich Leute schäbig gegen einen benehmen, den sie nicht mögen, oder weil sie persönlich aus ihrer Haltung einen gewissen Vorteil ziehen, darüber kann man sich doch am Ende nicht wundern. Eine Sorte ist mir ja allerdings immer rätselhaft geblieben –

TUGENDVETTER Nämlich?

BERNHARDI Die Leute mit der selbstlosen Gemeinheit, weißt du. Die, die sich gemein benehmen, ohne daß sie den geringsten Vorteil davon haben, nur aus Freude an der Sache sozusagen.

FLINT *und* EBENWALD *kommen.*

TUGENDVETTER, HOFRAT, BERNHARDI, FLINT, EBENWALD

FLINT *rasch gefaßt* Oh, Bernhardi!

EBENWALD *auch gleich gefaßt* Habe die Ehre, Herr Professor.

BERNHARDI Guten Tag. Herr Professor sind wohl in Angelegenheit des Elisabethinums hier?

EBENWALD Jawohl.

FLINT Es handelt sich um die Subvention...

BERNHARDI Ich habe mir immer gedacht, daß die Interessen meines Werkes bei Ihnen gut aufgehoben sein werden – für die Dauer meiner Abwesenheit.

EBENWALD Ich danke für die freundliche Anerkennung, Herr Professor.

FLINT *zu Bernhardi* Du hast mit mir zu sprechen, Bernhardi?

BERNHARDI Ich werde dich nicht lang' in Anspruch nehmen.

HOFRAT *zu Ebenwald und Tugendvetter* Darf ich die Herren vielleicht bitten – *Ab mit den beiden Herren.*

BERNHARDI, FLINT

FLINT *rasch entschlossen* Ich nehme gern Anlaß, lieber Bernhardi, dir zu deiner Entlassung aus der Haft meinen Glückwunsch abzustatten. In meiner offiziellen Stellung war es mir leider nicht möglich, dich in angemessener Form wissen zu lassen, wie peinlich mich der Ausgang deines Prozesses überrascht hat; – um so mehr wird es mich freuen, dir nun, nachdem die Affäre erledigt ist, in irgendeiner Weise gefällig sein zu können.

BERNHARDI Du bist wirklich sehr liebenswürdig, lieber Flint. Ich komme tatsächlich, dich um eine Gefälligkeit ersuchen.

FLINT Ich höre.

BERNHARDI Die Sache ist nämlich die: Prinz Konstantin ist schwer erkrankt und hat mich rufen lassen.

FLINT So... Aber ich wüßte nicht...

BERNHARDI Als Arzt rufen lassen. Ich soll wieder seine Behandlung übernehmen.

FLINT Nun ja, was hindert dich daran?

BERNHARDI Was mich daran hindert? Ich will mich nicht eines neuen Vergehens schuldig machen.

FLINT Eines Vergehens?

BERNHARDI Du weißt ja. Es wäre Kurpfuscherei, wenn ich die Behandlung des Prinzen Konstantin wieder übernähme. Da ich mich dazu habe hinreißen lassen, die Religion zu stören, und darum verurteilt worden bin, habe ich ja mein Diplom und damit das Recht zur Ausübung der ärztlichen Praxis verloren. Und daher bin ich so frei, hier persönlich mein Gesuch um Nachsicht der Rechtsfolgen meiner Strafe zu überbringen. Ich komme zu dir, meinem alten Freunde, der, wie sich ja schon in andern Fällen gezeigt hat, in der Lage ist, auf die Entschlüsse des Justizministers einigen Einfluß zu nehmen, und bitte zugleich um tunlichste Beschleunigung, um, für den Fall, daß mein Gesuch bewilligt würde, den Prinzen nicht lange warten zu lassen.

FLINT Ach so. Ach so. Du kommst her, um dich über mich lustig zu machen.

BERNHARDI Wieso denn? Ich gehe nur korrekt vor. Ich habe absolut keine Lust, noch einmal zu sitzen, so gut es mir verhältnismäßig gegangen ist. Also, wenn du so freundlich sein willst – *Überreicht ihm das Gesuch.*

FLINT Bewilligt. Ich trage jede Verantwortung. Es liegt kein Anlaß vor, daß du dem Ruf des Prinzen Konstantin nicht auf der Stelle Folge leisten könntest. Ich verbürge mich mit meinem Wort, daß keinerlei Folgen strafrechtlicher Natur für dich daraus resultieren werden. Genügt dir das?

BERNHARDI Es könnte diesmal wohl genügen, da ja in diesem Fall das Worthalten mit keinerlei Unannehmlichkeiten für dich verbunden sein dürfte.

FLINT Bernhardi!

BERNHARDI Exzellenz?

FLINT *gleich gefaßt* Nun, kenn' ich dich, mein Lieber? Wußt' ich
nicht sofort, daß du nicht um des Prinzen Konstantin willen
gekommen bist? Aber es ist gut so. Wir wollen einmal von
der Sache reden, auf die du anspielst. Ich hätte dir's ohnehin
nicht ersparen können. Also, des Wortbruches zeihst du
mich.

BERNHARDI Jawohl, mein lieber Flint.

FLINT Und weißt du, was ich dir erwidere? Daß ich niemals ein
Wort gebrochen habe. Denn ich hatte dir nie ein anderes gegeben als dies: für dich einzutreten. Und das konnte ich nicht
besser tun, als indem ich die prozessuale Klarheit deines Falles
anstrebte und durchsetzte. Ferner: selbst wenn ich das getan
hätte, was du nennst »ein Wort zu brechen«, wäre es töricht
von dir, mir daraus einen Vorwurf zu machen, denn du warst
verloren, auch für den Fall, daß ich mein Wort gehalten hätte.
Schon lag eine private Anzeige vor, und die Untersuchung
gegen dich war nicht mehr aufzuhalten. Endlich aber – begreif' es doch, daß es Höheres gibt im öffentlichen Leben, als
ein Wort zu halten oder was du so nennst. Und das ist: sein
Ziel im Aug' behalten, sein Werk sich nicht entwinden lassen.
Das aber habe ich niemals tiefer gefühlt als in jenem merkwürdigen Augenblick, da ich, im Begriff deine Partei zu nehmen, den Unmut, das Mißtrauen, die Erbitterung des Parlamentes immer näher an mich heranbrausen fühlte, und es mir
gelang, mit einer glücklichen Wendung den drohenden
Sturm zu beschwichtigen, die Wogen zu glätten und Herr der
Situation zu sein.

BERNHARDI Wendung, das stimmt.

FLINT Mein bester Bernhardi, ich hatte nur die Wahl, wie ich in
jenem Augenblick blitzartig erkannte, mit dir in einen Abgrund zu stürzen, also eine Art von Verbrechen an mir, meiner Mission, vielleicht an dem Staat zu begehen, der meiner
Dienste bedarf, oder – einen Menschen preiszugeben, der ohnedies verloren war; dafür aber in der Lage zu sein, neue wis-

senschaftliche Institute zu bauen, die Studienordnung der verschiedenen Fakultäten in einer dem modernen Geist entsprechenden Weise umzugestalten, die Volksgesundheit zu heben und auf den verschiedensten Gebieten unseres Geisteslebens Reformen durchzuführen oder wenigstens vorzubereiten, die, wie du mir selbst später einmal zugeben wirst, mit zwei Monaten eines nicht sonderlich schweren Kerkers nicht zu teuer bezahlt sein dürften. Denn du wirst hoffentlich nicht glauben, daß dein Märtyrertum mir besonders imponiert. Ja, wenn du für irgend was Großes, für eine Idee, für dein Vaterland, für deinen Glauben all die verschiedenen Unannehmlichkeiten auf dich genommen hättest, die nun durch allerlei kleine Triumphe schon längst aufgewogen sind, dann vermöchte ich Respekt vor dir zu empfinden. Aber ich sehe in deinem ganzen Benehmen – als alter Freund darf ich es dir wohl sagen –, nichts als eine Tragikomödie des Eigensinns, und erlaube mir überdies zu bezweifeln, daß du sie mit der gleichen Konsequenz durchgeführt hättest, wenn heute noch in Österreich die Scheiterhaufen gen Himmel lohten.

BERNHARDI *sieht ihn eine Weile an, dann beginnt er zu applaudieren.*

FLINT Was fällt dir ein?

BERNHARDI Ich dachte, es würde dir fehlen.

FLINT Und anders als mit diesem mäßigen Spaß vermagst du mir nicht zu erwidern?

BERNHARDI Was dir zu entgegnen wäre, weißt du geradesogut als ich selbst; ich glaube sogar – als alter Freund darf ich dir das wohl sagen –, du vermöchtest das mit bessern Worten als ich. Also, welchen Sinn hätte es, dir zu erwidern, hier unter vier Augen?

FLINT Ach so. So, so. Nun, du darfst nicht etwa glauben, daß es im Ministerium nicht bekannt ist, mit welchen Absichten du dich trägst. Ich frage mich nur, was dich unter diesen Umständen veranlassen konnte, mich durch die Ehre deines persönlichen Besuches auszuzeichnen? Denn wegen des Prinzen Konstantin –

BERNHARDI Vielleicht war ich etwas zu gründlich, mein Lieber.

Es mußte mich begreiflicherweise interessieren, was du zur Erklärung deines Verhaltens mir gegenüber vorbringen könntest. Und diese Unterhaltung zwischen der Exzellenz und dem entlassenen Kerkersträfling gäbe ein ganz wirksames Schlußkapitel für ein gewisses Buch, wenn es der Mühe wert wäre, es zu schreiben.

FLINT Oh, ich hoffe, du läßt dich nicht abhalten. Es könnte ja gleich als deine Kandidatenrede gelten.

BERNHARDI Kandidatenrede?

FLINT Ach, es ist gewiß nur eine Frage von Tagen oder Stunden, daß man dir ein Mandat anbietet.

BERNHARDI Mein lieber Flint, die Politik gedenke ich auch weiterhin dir ganz allein zu überlassen.

FLINT Politik! Politik! Wenn ihr mich nur endlich damit in Ruhe ließet. Der Teufel hole die Politik. Ich habe das Portefeuille angenommen, einfach weil ich weiß, daß kein anderer da ist, der das heute in Österreich machen kann, was endlich gemacht werden muß. Aber wenn es mir vielleicht auch bestimmt ist, eine neue Epoche einzuleiten, in meiner Existenz werden diese paar Ministerjahre – oder -monate nur eine Episode bleiben. Das hab' ich immer gewußt und fühle es stärker von Tag zu Tag. Ich bin Arzt, Lehrer, ich sehne mich nach Kranken, nach Studenten –

HOFRAT *tritt ein.* FLINT, BERNHARDI

HOFRAT Ich bitte vielmals um Entschuldigung, Exzellenz, daß ich so frei bin... aber ich erhalte soeben eine äußerst wichtige... Mitteilung aus dem Justizministerium – und da sie überdies auf die Affäre des Herrn Professor Bezug hat –

BERNHARDI Auf meine?

HOFRAT Jawohl. Nämlich, die Schwester Ludmilla, die Kronzeugin in Ihrer Affäre, hat eine Eingabe gemacht, in der sie sich selbst der falschen Zeugenaussage in Ihrem Prozeß bezichtigt.

BERNHARDI Sich selbst –

FLINT Ja, was ist denn da – – –

HOFRAT Herr Sektionsrat Bermann vom Justizministerium wird sich in kürzester Zeit hier einfinden, um persönlich genauen Bericht zu erstatten. An der Tatsache ist ein Zweifel keineswegs mehr zulässig. Die Eingabe der Schwester liegt vor.

FLINT Liegt vor?

HOFRAT Und Herr Professor werden selbstverständlich sofort eine Wiederaufnahme des Verfahrens verlangen.

BERNHARDI Wiederaufnahme?

HOFRAT Natürlich.

BERNHARDI Ich denke nicht daran.

FLINT Ah!

BERNHARDI Wozu denn? Soll ich den ganzen Schwindel noch einmal mitmachen? Jetzt in anderer Beleuchtung? Alle vernünftigen Menschen wissen doch, daß ich unschuldig gesessen bin, und die zwei Monate, die nimmt mir ja doch keiner ab.

FLINT Die zwei Monate! Immer diese zwei Monate! Als wenn es darauf ankäme. Hier stehen höhere Werte zur Frage. Du hast kein Rechtsgefühl, Bernhardi.

BERNHARDI Offenbar.

FLINT Wissen Sie schon etwas Näheres, Herr Hofrat?

HOFRAT Nicht sehr viel. Das Sonderbarste an der Sache ist, wie mir der Sektionsrat telephoniert, daß die Schwester Ludmilla, wie sie in ihrem Bericht angibt, das Geständnis ihrer falschen Zeugenaussage zuerst in der Beichte abgelegt hat, und der Beichtvater selbst habe ihr auferlegt, ihre schwere Sünde, soweit es in ihren Kräften steht, wieder gutzumachen.

FLINT Der Beichtvater?

HOFRAT Offenbar hat er keine Ahnung gehabt, um was es sich handelt.

FLINT Warum? Woher wissen Sie das so genau?

BERNHARDI Ich soll noch einmal vor Gericht? Ich bin imstande und stelle der Schwester Ludmilla ein Gutachten aus, daß sie schwer hysterisch und unzurechnungsfähig ist.

FLINT Das sähe dir ähnlich.

BERNHARDI Was ich schon davon habe, wenn diese Person nachträglich eingesperrt wird − −

HOFRAT Aber das könnte auch noch wem andern passieren bei dieser Gelegenheit. Es gibt da einen gewissen Herrn Hoch-roitzpointner, dem dürfte es übel ergehen, um so mehr, als über diesen Herrn auch von anderer Seite das Schicksal her-einzubrechen droht.

BERNHARDI In diesem Fall heißt das Schicksal wohl Kurt Pflug-felder?

HOFRAT Ich glaube.

FLINT Sie sind ja auffallend gut unterrichtet, Herr Hofrat.

HOFRAT Meine Pflicht, Exzellenz.

BERNHARDI Dieser Jämmerling ist doch wirklich nicht so viel Aufwand an Zeit wert. Daß der gute Kurt, der wahrhaftig auch was Besseres zu tun hätte −

FLINT *der hin und her gegangen ist* In der Beichte. − Das sollte gewisse Leute doch wohl stutzig machen. Es wird sich viel-leicht herausstellen, daß die katholischen Gebräuche zuweilen auch für Andersgläubige von ziemlich wohltätigen Folgen begleitet sein könnten.

BERNHARDI Ich verzichte auf die wohltätigen Folgen. Ich will meine Ruhe haben!

HOFRAT Es ist nicht anzunehmen, Herr Professor, daß der wei-tere Verlauf der Angelegenheit von Ihnen allein abhängen dürfte. Die wird jetzt ihren Weg gehen, auch ohne Sie.

BERNHARDI Es wird ihr nichts anderes übrigbleiben.

FLINT Ich möchte mir doch erlauben, dich aufmerksam zu ma-chen, Bernhardi, daß es sich in dieser Sache nicht ausschließ-lich um deine Bequemlichkeit handelt. Und es würde einen kuriosen Eindruck machen, wenn du jetzt, wo dir der kor-rekte Weg vorgezeichnet ist, zu deinem Recht zu gelangen, einen andern, deiner vielleicht weniger würdigen einschlü-gest und dich mit Leuten aller Art einließest, Reportern und −

BERNHARDI Ich schlage überhaupt keinen Weg mehr ein. Ich habe genug. Für mich ist diese Angelegenheit erledigt.

FLINT Ei, ei.

BERNHARDI Vollkommen erledigt.

FLINT So plötzlich? Und es hieß doch sogar, du wolltest über die Angelegenheit eine Broschüre schreiben oder gar ein Buch. Nicht wahr, Hofrat, man erzählte doch –

BERNHARDI Ich sehe ein, daß es nicht mehr notwendig ist... Und wenn es zu einem zweiten Prozeß kommt, meine Aussage aus dem ersten liegt vor, ich habe ihr nichts hinzuzufügen. Auf die Vorladung des Herrn Ministers verzichte ich.

FLINT Ach so. Aber du wirst schwerlich etwas dagegen tun können, wenn ich selbst es für richtig erachten sollte, vor Gericht zu erscheinen. Man wird es verstehen, sogar du, Bernhardi, wirst es am Ende verstehen müssen, daß meine Tendenz von Anfang an nach keiner andern Richtung ging, als Klarheit zu schaffen. Der erste Prozeß war eine Notwendigkeit; – denn wie konnten wir sonst zum zweiten gelangen, der erst völlige Klarheit bringen wird. Und es ist vielleicht ganz gut, mein lieber Bernhardi, sein Pulver nicht allzufrüh zu verschießen. *Deutet auf seine Brusttasche.*

BERNHARDI Was ist das?

FLINT Ein Brief, mein Lieber. Ein gewisser Brief, der vielleicht noch seine Dienste tun wird in dem Kampf, der uns bevorsteht. Dein Brief!

BERNHARDI Ah, mein Brief. Ich dachte schon, es wäre – dein Artikel.

FLINT Was für –

BERNHARDI Nun, der berühmte aus deiner Assistentenzeit – »Gotteshäuser – Krankenhäuser« –

FLINT Ach so –

HOFRAT *fragende Gebärde.*

FLINT Ja, lieber Hofrat, einer aus meiner – revolutionären Zeit. Wenn er Sie interessiert, so will ich ihn gern einmal hervorsuchen und –

BERNHARDI Er existiert?

FLINT *sich an die Stirne greifend* Nein, was es für Erinnerungstäuschungen gibt – ich habe ihn ja nie geschrieben... Aber wer weiß, vielleicht komme ich demnächst in die Lage, – ihn zu sprechen.

DIENER *tritt ein* Herr Sektionsrat Bermann möchte Seine Exzellenz persönlich –

FLINT Ah! *Zu Bernhardi* Willst du vielleicht die Freundlichkeit haben, dich noch ein wenig zu gedulden?

BERNHARDI Ja, der Prinz Konstantin –

FLINT Hat zwei Monate auf dich gewartet. Es wird ihm nicht auf die halbe Stunde ankommen. Halten Sie ihn mir zurück, bester Herr Hofrat. Es könnte sich vielleicht die Notwendigkeit ergeben, über ein gemeinsames Vorgehen zu beraten. Also, Bernhardi, die kleine Gefälligkeit kann ich wohl von dir verlangen. *Ab.*

HOFRAT, BERNHARDI

HOFRAT Herr Professor sind zum Prinzen Konstantin berufen worden? Heut' schon? Das sieht ihm ähnlich!

BERNHARDI Ich werde nur hingehen, ihn bitten, auf meinen ärztlichen Rat für die nächste Zeit zu verzichten. Vor dem, was sich jetzt zu entwickeln scheint, ergreife ich die Flucht.

HOFRAT Ich fürchte nur, da werden Sie länger ausbleiben müssen, als Ihren zahlreichen Patienten angenehm sein dürfte. Denn jetzt fängt die Geschichte erst an, Herr Professor... und sie kann lang' dauern!

BERNHARDI Ja, was soll ich nur tun?

HOFRAT Man gewöhnt's. Mit der Zeit wird man sogar stolz darauf.

BERNHARDI Stolz? Ich? Sie können sich ja gar nicht vorstellen, Herr Hofrat, wie lächerlich ich mir eigentlich vorkomme. Heute früh schon – der Empfang an der Kerkertür! und der Artikel in den ›Neuesten Nachrichten‹ – haben Sie ihn gelesen? Ich habe mich wahrhaftig geschämt – und allerlei Pläne sind in diesem lauen Gefühl des Lächerlichwerdens verronnen.

HOFRAT Pläne –? Ah, Sie meinen – Ihr Buch. –

BERNHARDI Nicht gerade das – Mit dem ist es mir schon in einem früheren Stadium der Angelegenheit ähnlich ergangen. Als ich mich daranmachte, es zu schreiben, in der beschaulichen Zurückgezogenheit meiner Haft, da habe ich noch einen ganz tüchtigen Zorn in mir gehabt, aber im Lauf der Arbeit verrauchte der mehr und mehr. Aus der Anklageschrift gegen Flint und Genossen wurde allmählich – ich könnte selber gar nicht recht sagen wie – vielleicht in der Erinnerung an ein ganz bestimmtes Erlebnis –, so was wie ein philosophischer Traktat.

HOFRAT Davon wird Ihr Verleger weniger Freud' haben.

BERNHARDI Das Problem war nicht mehr österreichische Politik oder Politik überhaupt, sondern es handelte sich plötzlich um allgemein ethische Dinge, um Verantwortung und Offenbarung, und im letzten Sinn um die Frage der Willensfreiheit...

HOFRAT Ja, darauf läuft's am Ende immer hinaus, wenn man den Dingen auf den Grund geht. Aber 's ist besser, man bremst früher, sonst passiert's einem eines schönen Tags, daß man anfangt, alles zu verstehen und zu verzeihen... und wenn man nicht mehr lieben und hassen darf – wo bleibt dann der Reiz des Lebens?

BERNHARDI Man liebt und haßt doch weiter, lieber Hofrat! Aber jedenfalls können Sie sich denken, daß in meinem Buch für Seine Exzellenz den Minister Flint nicht mehr viel Raum übrig war. Und da habe ich mir vorgenommen, wenn er schon nicht zu lesen bekommt, was ich gegen ihn auf dem Herzen habe, so soll er's doch wenigstens hören.

HOFRAT Darum also haben wir das Vergnügen?

BERNHARDI Ja, es war meine Absicht, ihm ins Gesicht zu sagen – na, Sie können sich ungefähr denken, was. Noch heute früh, als ich zum letztenmal im Gefängnis erwachte, war es meine Absicht. Aber da kam die Ovation und der Leitartikel und Briefe, die ich zu Hause fand, und da hab' ich nur getrachtet, meinem alten Freund möglichst rasch wieder gegenüberzutreten, um wenigstens für die große Abrechnung noch den nötigen Ernst zur Verfügung zu haben. Aber wie ich ihm endlich gegenüberstand, da ist auch der letzte Rest von Groll in mir verlöscht. Sie hätten ihn nur hören sollen –! Ich konnte ihm unmöglich böse sein. Fast glaub' ich, ich bin's ihm nie gewesen.

HOFRAT Der Minister hat Sie auch immer gern gehabt. Ich versichere Sie!

BERNHARDI Und jetzt noch die Geschichte mit der Schwester Ludmilla – und die in Aussicht stehende Revision, also, Sie werden begreifen, Herr Hofrat, daß ich, um überhaupt zu mir selbst zu kommen und wieder Respekt vor mir zu kriegen, vor all dem Lärm entfliehen muß, der sich jetzt rings um mich erhebt, einfach – weil die Leute allmählich drauf kommen, daß ich recht gehabt habe.

HOFRAT Aber Herr Professor, was fällt Ihnen denn ein? Vom Rechthaben ist noch keiner populär geworden. Nur wenn es irgendeiner politischen Partei in den Kram paßt, daß er recht hat, dann passiert ihm das... Und nebenbei, Herr Professor, ist das ja nur eine Einbildung von Ihnen, daß Sie recht gehabt haben.

BERNHARDI Was, Herr Hofrat? Einbildung, daß ich... Habe ich Sie richtig verstanden?

HOFRAT Ich glaub' schon.

BERNHARDI Sie finden, Herr Hofrat –? Das müssen Sie mir doch gefälligst erklären. Ihrer Ansicht nach hätt' ich Seine Hochwürden...

HOFRAT Allerdings hätten Sie, mein verehrter Herr Professor! Denn zum Reformator sind Sie ja wahrscheinlich nicht geboren.

BERNHARDI Reformator –? Aber ich bitte Sie –

HOFRAT So wenig wie ich... Das dürfte wohl daran liegen, daß wir uns doch innerlich nicht bereit fühlen, bis in die letzten Konsequenzen zu gehn – und eventuell selbst unser Leben einzusetzen für unsere Überzeugung. Und darum ist es das Beste, ja das einzig Anständige, wenn unsereiner sich in solche... G'schichten gar nicht hineinmischt...

BERNHARDI Aber...

HOFRAT Es kommt nichts heraus dabei. Was hätten Sie denn am End' damit erreicht, mein lieber Professor, wenn Sie der armen Person auf dem Sterbebett einen letzten Schrecken erspart hätten –? Das kommt mir grad' so vor, wie wenn einer die soziale Frage lösen wollte, indem er einem armen Teufel eine Villa zum Präsent macht.

BERNHARDI Sie vergessen nur das eine, lieber Herr Hofrat, wie die meisten übrigen Leute, daß ich ja nicht im entferntesten daran gedacht habe, irgendeine Frage lösen zu wollen. Ich habe einfach in einem ganz speziellen Fall getan, was ich für das Richtige hielt.

HOFRAT Das war eben das Gefehlte. Wenn man immerfort das Richtige täte, oder vielmehr, wenn man nur einmal in der Früh', so ohne sich's weiter zu überlegen, anfing', das Richtige zu tun und so in einem fort den ganzen Tag lang das Richtige, so säße man sicher noch vorm Nachtmahl im Kriminal.

BERNHARDI Und soll ich Ihnen etwas sagen, Herr Hofrat? Sie in meinem Fall hätten genau so gehandelt.

HOFRAT Möglich. – Da wär ich halt – entschuldigen schon, Herr Professor – grad' so ein Viech gewesen wie Sie.

Vorhang

Bibliographischer Nachweis

Das weite Land. Tragikomödie in fünf Akten. (1909) Erste Buchausgabe: S. Fischer Verlag, Berlin 1911 (= Textvorlage).

Der Schleier der Pierrette. Pantomime in drei Bildern. Musik von Ernst von Dohnányi. (1910) Erstausgabe des Librettos: Verlag L. Doblinger & Bernhard Herzmansky, Wien, Leipzig 1910 (= Textvorlage). Erste Buchausgabe mit sechs Radierungen von Stefan Eggeler: Verlag Frisch & Co., Wien 1922.

Professor Bernhardi. Komödie in fünf Akten. (1912) Erste Buchausgabe: S. Fischer Verlag, Berlin 1912 (= Textvorlage).

Ulrich Weinzierl

Arthur Schnitzler

Lieben Träumen Sterben

Band 13448

Liebe und Tod spielen im Werk Arthur Schnitzlers eine be-
stimmende, zentrale Rolle. »Die Hälfte Ihrer Produktion ist
Thanatos, die Hälfte Eros gewidmet«, schrieb ihm der däni-
sche Kritiker Georg Brandes, »dadurch haben Ihre Arbeiten eine so große Spannweite«. Schnitzler entgegnete ihm: »In dieser
Spannweite hat nicht mehr und nicht weniger Platz als das
Leben.« Zugleich hat kaum ein anderer Autor so penibel über
sich und seine Träume Protokoll geführt wie Arthur Schnitzler.
Die Scheu vor dem Einbruch der Zeitgenossen in seine Privat-
sphäre war verbunden mit schrankenloser Offenbarungsbe-
reitschaft gegenüber der Nachwelt: Arthur Schnitzler, der gna-
denlose Skeptiker seiner selbst, wollte posthum erkannt sein.
Ulrich Weinzierl beschreibt Leben und Werk vor dem Hintergrund der drei großen Schnitzlerschen Themen: Lieben, Träumen, Sterben. Sein Essay ist keine Biographie und auch keine
traditionelle Analyse der Schriften, sondern zielt darauf, den
biographischen Wurzelgrund des Werks zu erkennen. Weinzierl
will den Urgründen und Antrieben der literarischen Produkti-
vität Schnitzlers auf die Spur kommen. Weinzierl ist ein gründ-
licher Kenner sowohl der veröffentlichten als auch vieler unver-
öffentlichter Schriften Schnitzlers und zudem ein hervorragen-
der Fachmann für die österreichische Literatur der Jahrhundertwende. Sein Buch hält wissenschaftlichen Ansprüchen stand,
ist aber zudem mit Esprit und Sprachverstand geschrieben.

Fischer Taschenbuch Verlag

fi 1167 / 4

Arthur Schnitzler

Briefe 1875-1912
Herausgegeben von
Therese Nickl und Heinrich Schnitzler
1047 Seiten. Leinen

Arthur Schnitzler erweist sich ein halbes Jahrhundert nach seinem Tod als lebendiger Dichter. Sein Werk beschwört mit einer vergangenen Epoche, einer vergangenen Gesellschaft gleichermaßen Grundmächte und nur äußerlich sich wandelnde Gesetze des Lebens. Erst heute erkennen wir Schnitzlers illusionslosen Ernst und seine unerbittliche Wahrhaftigkeit ganz: Aus seinen Briefen gewinnen wir ein Selbstporträt und Schicksalsbild. Der erste Band führt von einem Gruß des Dreizehnjährigen an die Mutter bis zu der Vollendung des »Professors Bernhardi«, dem fünfzigsten Geburtstag und der ersten Werkausgabe, die S. Fischer ihm bereitete. Die Mehrzahl der Briefe wird hier zum ersten Mal veröffentlicht.

Briefe 1913-1931
Herausgegeben von
Peter Michael Braunwarth, Richard Miklin,
Susanne Pertlik und Heinrich Schnitzler
1198 Seiten. Leinen

Die Briefe sind Spiegelungen, Reaktionen, unerschrockene Stellungnahmen und Klärungen. Krieg. Krise und Scheidung der Ehe, Verhandlungen mit dem Verleger, mit Theatern und Schauspielern (z.B. Elisabeth Bergner). Reisen. Das schöne Vater-Sohn-Verhältnis zwischen ihm und Heinrich, die Vater- oder Tochtertragödie: der Selbstmord der noch nicht neunzehnjährigen Lili. Die tiefe, anhaltende Trauer um Hofmannsthal. Nicht zuletzt, vielmehr immer wieder: Politik. Diese Briefe sind geschrieben mit Bedacht auf den Adressaten, nicht auf spätere Publikation.

S. Fischer

fi 1123 / 6

Arthur Schnitzler

Aphorismen und Betrachtungen

Herausgegeben von Robert O. Weiss

*»Nicht so leicht hätte mich etwas
so bewegen können, wie dieses Buch mit einer Auswahl
Ihrer Betrachtungen und Aphorismen... der Rhythmus Ihres
Denkens rührt mich unmittelbar an, und damit das wahre
unauflösliche Geheimnis Ihrer Person.«*

Hugo von Hofmannsthal an
Arthur Schnitzler, 29. Dezember 1927

1. Band

Buch der Sprüche und Bedenken

Aphorismen und Fragmente

Band 11805

2. Band

Der Geist im Wort und der Geist in der Tat

Bemerkungen und Aufzeichnungen

Band 11968

3. Band

Über Kunst und Kritik

Materialien zu einer Studie, Methoden und Kritisches

Band 11969

Fischer Taschenbuch Verlag

fi 1072 / 8

Arthur Schnitzler

Das erzählerische Werk

Sterben
Erzählungen
1880-1892
Band 9401

Komödiantinnen
Erzählungen
1893-1898
Band 9402

Frau Berta Garlan
Erzählungen
1899-1900
Band 9403

Der blinde Geronimo und sein Bruder
Erzählungen
1900-1907
Band 9404

Der Weg ins Freie
Roman 1908
Band 9405

Die Hirtenflöte
Erzählungen
1909-1912
Band 9406

Doktor Gräsler, Badearzt
Erzählung 1914
Band 9407

Flucht in die Finsternis
Erzählungen 1917
Band 9408

Die Frau des Richters
Erzählungen
1923-1924
Band 9409

Traumnovelle
1925
Band 9410

Ich
Erzählungen
1926-1931
Band 9411

Therese
Chronik eines
Frauenlebens
1928. Band 9412

Einzelausgaben

Abenteurernovellen
Band 11408

Casanovas Heimfahrt
Novelle
Band 11597

Fräulein Else
und andere
Erzählungen
Band 9102

Frau Beate und ihr Sohn
Novelle
Band 9318

Spiel im Morgengrauen
Erzählung
Band 9101

Fischer Taschenbuch Verlag

Arthur Schnitzler

Das dramatische Werk

Das dramatische Werk

Das dramatische Werk

Anatol
Dramen
1888-1891
Band 11501

Zwischenspiel
Dramen
1905-1909
Band 11506

Das Wort
Dramen
1926-1927
Band 11511

Freiwild
Dramen
1892-1896
Band 11502

Der junge Medardus
Drama 1909
Band 11507

Im Spiel der Sommerlüfte
Dramen
1928-1930
Band 11512

Das Vermächtnis
Dramen
1896-1898
Band 11503

Das weite Land
Dramen
1910-1912
Band 11508

Einzelausgaben

Der Schleier der Beatrice
Dramen
1899-1900
Band 11504

Komödie der Worte
Dramen
1914-1916
Band 11509

Reigen/Liebelei
Band 7009

Jugend in Wien
Autobiographie
Band 2068

Lebendige Stunden
Dramen
1900-1904
Band 11505

Die Schwestern oder Casanova in Spa
Dramen
1919-1924
Band 11510

Medizinische Schriften
Band 9425

Fischer Taschenbuch Verlag

fi 297 / 5 b

Theater

Fischer Taschenbuch Verlag

fi 285 / 23 a

Theater

Franz Werfel
**Jacobowsky
und der Oberst**
Komödie
einer Tragödie
Band 7025

Thornton Wilder
Die Alkestiade
Schauspiel mit
einem Satyrspiel:
Die beschwipsten
Schwestern
Band 7076
Unsere kleine Stadt
Band 7022
**Wir sind noch
einmal davon-
gekommen**
Band 7029

Tennessee Williams
**Endstation
Sehnsucht**
Drama in
drei Akten
Band 7120
Die Glasmenagerie
Ein Spiel der
Erinnerungen
Band 7109
**Die Katze auf dem
heißen Blechdach**
Band 7110
**Die Nacht
des Leguan**
Stück in
drei Akten
Band 11985
**Die tätowierte
Rose**
Stück in
drei Akten
Band 10542

Carl Zuckmayer
**Der fröhliche
Weinberg/
Schinderhannes**
Zwei Stücke
Band 7007
**Der Hauptmann
von Köpenick**
Ein deutsches
Märchen
Band 7002
Der Rattenfänger
Band 7114
**Des Teufels
General**
Drama in
drei Akten
Band 7019

Fischer Taschenbuch Verlag

Arthur Schnitzler
Tagebuch 1879–1931

Bisher erschienen:

1879–1892. 488 Seiten
(ISBN 3 7001 1185 1)

1893–1902. 504 Seiten
(ISBN 3 7001 1636 5)

1903–1908. 491 Seiten
(ISBN 3 7001 1906 2)

1909–1912. 460 Seiten, mit einer Einleitung
„Zur Herausgabe von Schnitzlers
Tagebuch"
(ISBN 3 7001 0415 4)

1913–1916. 432 Seiten
(ISBN 3 7001 0601 7)

1917–1919. 428 Seiten
(ISBN 3 7001 0722 6)

1920–1922. 499 Seiten
(ISBN 3 7001 2006 0)

1923–1926. 496 Seiten
(ISBN 3 7001 2119 9)

1927–1930. 510 Seiten
(ISBN 3 7001 2120 2)

(alle Bände broschiert, je S 490,–/DM 75,–)

Geplant für Herbst 1999:

1931 und Gesamtregister. Ca. 500 Seiten

VERLAG DER ÖSTERREICHISCHEN
AKADEMIE DER WISSENSCHAFTEN